빅데이터를 지배하는
통계의 힘

데이터활용 편

STATISTICS

빅 데 이 터 를   지 배 하 는

통계의 힘

니시우치 히로무 지음 | 위정훈 옮김 | 홍종선 감수

데이터활용 편

비전코리아

비즈니스에 폭발적인 힘을 갖는 통계

일본과 한국의 통계학자들은 상호 초청하여 학술 논문을 발표하고 꾸준히 접촉해 공동 연구도 하기 때문에 매우 가까운 관계를 유지하고 있다. 따라서 감수자도 일본을 방문할 기회가 많았는데 그때마다 민주국가와 민주사회의 시민으로서 배울 점이 많은 나라임을 느낀다.

또 2013년에 한국에서 출간한《빅데이터를 지배하는 통계의 힘》과 2015년에 출간한《빅데이터를 지배하는 통계의 힘-실무활용 편》, 그리고 2017년에 출간하는《빅데이터를 지배하는 통계의 힘-데이터활용 편》을 읽으면서 한국의 통계학자로서 가이젠으로 대표되는 통계가 포함된 일본의 품질관리방법뿐 아니라 일본의 통계학자도 대단하다고 높이 평가하는 데 주저하지 않게 되었다.

일본에서 통계학 관련 교양도서가 다양하게 발간되고 그리고

4

이런 종류의 책이 베스트셀러라는 것이 정말 놀랍다. 일본 저자도 부럽고 일본 독자도 부럽다. 세계적인 경영 베스트셀러《더 골》의 저자이자 유명한 경영학자인 엘리 골드렛은 일본인이 전체최적방법을 배우면 1980년대와 같이 미국 기업이 위협을 받을 수 있다고 《더 골》의 일본어 번역을 오랫동안 허가하지 않았다고 한다. 그런데 현대 경영학의 최강 기법 중 하나인 빅데이터의 활용방법인 통계를 이토록 쉽게 풀어내다니!

'빅데이터'에서 가장 중요한 것은 엄청난 자료 분석이고, 이 자료 분석을 하는 데 가장 유용한 학문이 통계학이다.

그동안 통계학은 정말 어려운 학문으로 통했다. 감수자와 같이 한국에서 통계학을 강의하는 대부분의 대학 교수들은 어떻게 하면 통계학 강의 내용을 쉽게 전달하며 실생활에 적용하고 활용시킬지 끊임없이 생각한다. 그것도 복잡한 수식 없이 문장과 그림만으로 설명해 학생들을 이해시킬 수 있을지 계속 고민하며, 이에 관하여 강의를 하고 교재까지 개발하고 있다. 그런 의미에서 통계학을 최강의 학문이라고 정의한 세 권의 '빅데이터를 지배하는 통계의 힘' 시리즈를 읽으며 많은 것을 배웠다. 그리고 저자인 일본 통계학자를 존경하게 되었다. 저자는 통계학을 복잡한 수식 없이 문장과 그림만으로도 충분히 그리고 광범위하게 설명하고 있다.

저자 니시우치 히로무가 통계학을 최강의 학문이라고 정의한 세 번째 책《빅데이터를 지배하는 통계의 힘-데이터활용 편》은 통계분석보다 리서치 디자인에 역점을 두고 설명한다. 크게 4장으로 나뉘는데 경영전략, 인적자원관리, 마케팅 그리고 실무 개선을 위한 통계분석과 활용방법을 체계적으로, 순서에 맞춰 풀어나간다.

감수자인 본인도 이 책을 읽으면서 많은 점을 배웠고 느꼈다. 내가 공부하는 학문인 통계학이 최강이라는 자부심을 넘어, 통계학은 각종 학문 분야에서 폭넓게 사용되는데 특히 비즈니스 부문에서 엄청나게 폭발적인 힘을 발휘하고 있음을 깨달았다. 이 책을 동시대에 같이 살고 있는 많은 한국 사람들도 읽었으면 좋겠다. 그리고 통계학을 잘 활용하여 독자 여러분의 앞날에 큰 도움이 되고 많은 발전이 있기를 기원한다.

2017년 북악산 기슭에서

홍종선 교수(성균관대학교 통계학과)

통계분석보다 리서치 디자인이 먼저다

내가 《빅데이터를 지배하는 통계의 힘》(이후 《통계의 힘》)을 쓴 것은 통계학과 일반 비즈니스 사이에 존재하는 간극을 메우기 위해서였다.

당시 빅데이터라는 말이 주목을 받으면서도 '값비싼 시스템을 도입해 고도의 분산 처리를 해봤자 얻을 수 있는 것은 깔끔한 원 그래프나 꺾은선 그래프뿐이다'라는 식의 이야기가 비즈니스 최신 뉴스로 다루어지고 있었다. 데이터 분석을 생업으로 삼고 있는 사람으로서 이래서는 안 되겠다는 생각에 책으로 반론을 제시한 것이 사회적으로 커다란 반향을 불러온 것은 기쁜 일이다.

책이 많이 팔린 결과 내 인생에도 큰 변화가 생겼다. 데이터를 비즈니스에 활용하려 하는 다양한 사람들한테서 지금까지 이상으로 연락을 받게 된 것이다. 아니, 어쩌면 '데이터를 비즈니스에 활용하려 했으나 잘되지 않았던 분들로부터'라는 말이 좀 더 정확할지도 모르겠다. 그들은 회사 내 데이터베이스를 대대적으로 정비하거나, 값비싼 IT 시스템을 도입하거나, 회사 외부의 데이터 관련 전문가나 컨설턴트들에게 많은 보수를 지불했지만 거기서 어떤 성과나 이익도 얻지 못했다.

'데이터를 잘 활용해서 계속 이익을 올리는' 사람은 내 책에 호의를 갖고는 있지만 구태여 나와 연락을 취할 일이 없다. 그러나 현실에는 누구나 알고 있는 대기업이든 업계에서 '빅데이터를 활용하는 선진적인 기업'이라는 이미지를 가진 곳이든 빅데이터에 적지않은 투자를 했지만 성과는 미미한 곳이 많은 것 같다.

그들과의 상담을 통해 어떤 과정을 거쳐 어떻게 분석했고, 어떤 결과를 얻었으며, 어떻게 성과가 미미했는지 다양하게 알 수 있었다. 전형적인 사례는 다음과 같다.

우선 사장이나 임원 등 경영층이 '우리 회사도 앞으로는 빅데이터다!'라는 지침을 내린다. 그러면 정보 시스템 분야나 마케팅 분야 같은 빅데이터를 취급하기에 적합할 것으로 여겨지는 부서에 미션과 예산이 책정된다. 하지만 이 예산을 어떻게 사용하면 좋을지 모르는 담당자는 일단 범용적으로 쓸 하드웨어나 소프트웨어에 투자하지만 그것들을 실제 어떻게 활용할지는 알 수 없다. 그래서 외부 컨설턴트나 데이터 전문가를 초빙하지만 그들의 보고서에는 이익과 연관될 만한 발견이 전혀 포함되어 있지 않다. 또는 컨설턴트가 가져온 '타사의 성공사

레'를 참고로 기계학습 알고리즘을 사용해 자동으로 쿠폰을 발송해보거나 DM(Direct Mail) 발송을 최적화하려 해보지만, 딱히 매출 증가로 이어지는 분위기는 찾아볼 수 없다.

개인의 센스에 의존하지 않는 리서치 디자인

이는 모두 '리서치 디자인' 사고방식이 없기 때문이다.

리서치 디자인이란 연구자가 좋은 연구과제에 어떻게 접근하고 어떤 검사나 분석을 해야 하는지 먼저 생각하는 것이다. 보통 학계는 스승의 모습을 보면서 자기도 모르게 '연구는 이렇게 하는 것'을 배우는 일이 많다. 그러나 대다수 미국의 대학에서는 연구 방식을 가르쳐주는 커리큘럼이 짜여 있다. 미국 아마존닷컴(Amazon.com)에서 '리서치 디자인(research design)'이라는 단어로 검색을 해보면 (내가 이 책을 쓰고 있는 시점에서 이미) 1만 권 이상의 책이 검색될 정도다.

많은 경우 리서치 디자인의 필수 첫걸음이라고 공통적으로 여겨지는 것이 선행연구의 파악이다. 연구란 개인이 사무실이나 실험실에 틀어박혀서 골똘히 생각에 잠기거나 실험을 하다 어느 날 갑자기 멋진 아이디어가 반짝 떠올라 대발견으로 이어지는 것이 아니다.

머리가 약간 좋은 사람이 오랫동안 혼자 고민한 수준의 발견은 대부분 선조들이 이미 연구해 발표해버렸고, 그것에 대해 반론이나 반증까지 나와 있는 경우도 많다. 먼 옛날에 발명된 것을 굳이 개량

해서 발명하는 것을 '차바퀴의 재발명(reinventing the wheel)'이라고 한다. 물론 바퀴를 한 번도 본 적이 없는 사람이 무거운 것을 운반하려 하다가 바퀴를 발명했다면 '나는 천재잖아' 하고 착각할지도 모르겠다. 하지만 이런 식으로 한 사람이 바퀴를 몇 번씩 발명한다 해도 인류의 지혜는 전혀 진보하지 않는다.

내가 알고 있는 한, 연구란 '인류의 지혜'에 공헌하려는 행위다. 그러기 위해 자신이 관심 있어 하는 과제에 조상들이 '어디까지 명확하게 알고 있으며 어디까지 알고 있지 못하는가'를 먼저 파악해야 한다. 그런 다음 '아직 알고 있지 못한 중요한 것'을 줄이기 위해 어떤 데이터를 모으고, 어떻게 분석해야 하는지를 생각한다. 이것이 리서치 디자인의 사고방식이다.

일반적으로 학술논문에서 출전을 정확하게 표시하지 않거나 데이터의 내용이나 얻어진 상황을 조작하는 것은 연구윤리상 '부정'으로 처벌된다. 조상들이 쌓아올린 '인류의 지혜'를 오염시키는 행위이기 때문이다. 그러나 연구자와 달리 비즈니스맨이 데이터를 분석할 때는 제약이 적다. 또 최소한 '우리 회사의 많은 사람이 아직 알지 못하는 중요한 것'만 발견하면 된다. 그럼에도 리서치 디자인의 중요성은 변치 않는다.

일반적인 비즈니스맨이든 고도의 분석방법을 사용하는 데이터 전문가든, 리서치 디자인 사고방식이 없는 경우 개인의 경험이나 감, 센스 등에만 의존해 '가설'을 떠올리고 그것을 데이터로 검정하려 한다. 그러나 일반 사람이 생각해낼 정도의 가설, '여성은 남성보다 객단가가 높다' 'DM을 받은 사람은 그다음에 쇼핑을 하는 경향이 있다' 등은 데이터로 검정되었다 해도 가치가 크지 않다. '흠, 역시 그렇군' 정도의 반응을 얻는 데 그친다. 만약 자극적인 가설을 계속 생각해내고 그중 많은 것이 옳다고 검정되는 사람이 있다면 그는 극소수의 천재일 것이다.

그렇게 문득 떠오른 가설이 바닥나면 그들은 이제 '성공사례를 수집'한다. 분석 결과에 기초한 경영시책이나 '쿠폰 자동 배송' 같은 데이터를 활용한 앱이나, 자사와 동종 비즈니스를 하는 국내외 기업이 어떤 데이터를 활용하는가 등의 사례를 컨설턴트에게 의뢰해서 받고, 그것을 흉내 내려 하는 것이다.

이것은 개인의 센스에만 의존하는 것보다는 그래도 '인류의 지혜'에 가까이 가는 방식이지만 여기에도 함정이 있다. 같은 업계에서 같은 것을 취급한다 해도 기업들 사이에는 다양한 차이가 존재한다. 그래서 어떤 기업에서는 큰 이익으로 이어진 방법을 다른 회사가 그대로 도입해봤자 생각만큼 잘되지 않는 일이 많다. 합리적인 가격으로 소비자에게 인기 있는 소매기업이 '쿠폰의 최적 발송' 방식으로 성공을 거두었다고 하자. 이것을 같은 소매업이지만 '서비스가 좋아서 안정적'이라는 브랜드 이미지로 고급 고객을 끌어모으던 기업이 흉내 내면 어떻게 될까? 할인에 열광하는 사람들만 모여들어 고객층은 흩어지고 기존의 우량고객이 떠나버릴 수도 있다.

더욱이 나는 물론 데이터 관련 업무에 종사해 송송 매스컴에 얼굴을 내미는 지인들에게는 공통사항이 하나 있다. 그것은 직접적으로 큰 이익으로 이어진 분석 결과를 솔직하게 공표하는 일은 결코 없다는 것이다. 클라이언트 기업이나 자신이 몸담은 회사가 기껏 시간과 비용을 들여 발견한 경쟁우위 요소를 잃어버릴지도 모르기 때문이다. 그런 까닭에 외부로 유출되는 '빅데이터 성공사례'는 대개 기본적으로 발설해도 되는 수준의 것들뿐이다.

만약 엄청난 성공사례를 당신에게 살짝 가르쳐주는 사람이 있다면 비즈니스 파트너로 삼을 때는 조심하는 것이 좋다. 만에 하나 앞으로 당신의 회사가 그 사람과 데이터를 활용해 커다란 이익을 얻는다 해도, 그 성과가 머지않아 경쟁기업에 유출돼 순식간에 가치를 잃어버릴지도 모르기 때문이다.

곁가지보다 몸통에 집중하라

그리고 원초적인 문제로서 데이터 분석을 가치로 전환시키는 영역은 쿠폰을 누구에게 어떻게 보낼 것인가, 콜센터에서 클레임을 어떻게 처리해야 하는가 등 세상에 넘쳐나는 빅데이터의 '성공사례'보다 훨씬 광범위한 영역이라는 점이다. 비즈니스 활동에서 '곁가지' 영역에서의 데이터 활용은 약간의 이익으로 이어지기는 하며 그리 어렵지 않으므로 즉효성이 있다. 그러나 보다 근본적인 '몸통'의 개선에 집중하는 것이 효과가 훨씬 크다.

나는 지난 몇 년 동안 그야말로 다양한 업계와 영역에서 여러 조언을 해왔다. 그것이 가능했던 이유는 리서치 디자인 기술을 익혔기 때문으로, 새로운 분야의 업무를 맡으면 반드시 미리 경영학자나 응용심리학자 등 다양한 선조들의 선행연구와 관련 업계의 지성인이나 베테랑의 지혜를 머릿속에 입력해왔기 때문이다. 국내에서는 아직 정성(定性) 연구에만 매달리는 경영학자가 많은데, 유럽이나 미국의 많은 경영학자는 통계를 해석해 어떻게 하면 기업이 좀 더 수익을 올릴 수 있을까에 대한 과학적 근거를 쌓아올리고 있다.

그러나 많은 비즈니스맨들에게 선행연구의 파악은 결코 쉽지만은 않은 일이다. 바로 그렇기 때문에 이 책은 지금까지 내가 학습한 선행연구를 소개하는 동시에 누구든지 어떤 회사에서든지 이것만 따르면 어느 정도까지는 분석이 가능한 리서치 디자인 매뉴얼을 제시한다. 제로에서 가설을 생각해내는 것은 어렵지만 매뉴얼이 있으면 평소 언어화하기 힘든 암묵지(暗默知, 말로 할 수 없는 지혜나 문서화되어 있지 않은 기업 내 조직관행 등)를 데이터와 연결해 새로운 통찰을 얻을 수 있다.

Contents

이 책의 구성

비즈니스에서 가장 큰 몸통은 경영전략이다. 뒤에서 자세히 소개할 경영학자 제이 버니(Jay Barney)는 저서에서 '경영전략이란 그에 관해 쓰인 책 권수만큼의 정의가 존재한다고 해도 과언이 아니다'라고 한 다음, 스스로는 '어떻게 경쟁에서 성공할 것인가에 대해 하나의 기업이 갖고 있는 이론'이라고 말했다. 이 책에서는 '전사적인 수준에서 일관된(또는 일관되어야 할) 수익을 올리는 방침' 정도의 의미로 이 말을 사용한다.

어떤 업계에 진입하고 그 안에서 어떤 차별화를 꾀하고 어떤 식으로 강점을 높일까 하는 것들에 관한 판단이 틀린 상태에서 지엽적인 것만 개선해봤자 효과가 약하다. 경영전략과의 연계성 여부를 무시하고 '빅데이터 성공사례'를 흉내 낸다면 무의미함을 넘어 역효과까지 낳는다.

이 책에서 다루는 경영전략이란 경영자나 그 주위 컨설턴트들만 배우고 알면 되는 것이 아니다. 현장의 실무력을 높이거나 마케팅 기획 등을 위한 분석을 위해서라도 '이 업계에서 성공하려면 무엇이 중요한가'라는 전사적인 전략 수준의 방향성을 모든 조직원이 공유해야 한다. 그렇기에 모든 비즈니스맨을 위한 전략분석법의 기초를 제공하려 한다. 일반적으로 경영전략은 경쟁전략(사업전략)과 기업전략(전사전략)으로 나눌 수 있는데, 이 책에서는 주로 경쟁전략에 대해서만 언급한다. 기업전략은 사업다각화나 M&A 등인데, 이들은 '모든 비즈니스맨이 생각해야 하는 전략분석'의 범위에서는 벗어나 있다고 판단했기 때문이다.

1장에서는 기업의 수익성을 좌우하는 경영전략의 토대가 되는 경영학 이론과 선행연구를 소개하고, 실제 어떤 데이터를 어떻게 분석하면 좋은가 하는 구체적인 순서와 상세한 주의사항을 설명한다. 물론 경영전략의 결정에는 센스도 필요하지만 경영학 이론과 선행연구를 적절히 이용하면 보다 유망한 전략을 발견할 수 있다.

이렇게 세워진 경영전략의 실현에는 크게 두 가지가 필요하다. 기업 내부에 존재하는 인재 관리와 외부의 고객 관리다. 일반적으로 전자는 인적자원관리, 후자는 마케팅이라 불리는데 각각 2장과 3장에서 역시 기초 이론과 선행연구를 토대로 구체적인 데이터 분석과 활용 순서를 이야기하겠다. 요컨대 생산성이 높고 우수한 인재를 보유하고 수익성이 높은 우량고객을 상대로 사업을 할 수 있다면 DM 발송방법 같은 소소한 업무의 최적화보다 더 큰 효과를 올릴 수 있다.

마지막 4장에서는 실무 개선방안을 이야기한다. '빅데이터의 성공사례'가 별로 나오지 않는 영역도 포함해 기업의 모든 업무는 데이터에 의해 생산성이 개선될 수 있으며, 현재 많은 기업이 다양한 업무에 IT를 도입하고 의식하지 못하지만 데이터도 축적되어 있다.

여기서는 각자의 업무에서 어떻게 생산성을 높이고 어떤 데이터를 어떤 측면에서 분석해야 하는가 등을 전체적으로 훑어본다. 또한 현재 축적되어 있는 업무 시스템의 데이터를 어떻게 분석 가능한 상태로 가공해야 하는지에 대해서도 이야기한다. 다양한 업무 중 어디에 초점을 맞추는 것이 중요한가도 말한다.

1장부터 4장까지의 관계를 그림으로 보면 〈도표 0-1〉과 같다.

이 책의 설명 순서와 중요 용어

또한 실제 분석 순서대로 아웃컴(outcome), 해석단위, 설명변수 등과 구체적인 데이터 소스 사례, 사용하는 분석방법과 해석 등도 이야기한다. 아웃컴이란 분석할 때 가장 중요한 '최대화하고 싶은, 구체화하고 싶은' 값이다. 일반 통계학 교과서에서는 결과변수나 종속변수 또는 단순히 y 등으로 불리며, 기계학습에서는 외적 기준이라 하는데 아웃컴이라는 단어를 고집하는 데에는 이유가 있다.

우리말로 하면 '성과' 등으로 옮길 수 있는 아웃컴은 원래 정책과학이나 의학 등의 영역에서 사용된 단어로 이 분야에서 '분석을 함으로써 실제 어떤 좋은 일이 있는가'라는 실용적인 의식이 반영되어 있다. 통계학의 방법상 종속변수는 아무 값이나 사용해도 분석 결과는 얻을 수 있지만 아웃컴이라는 단어는 '최종적으로 지향해야 할 성과는 무엇인가?'를 생각할 필요가 있음을 시사한다.

이 책은, 아니 나는 언제나 기업이 이익을 올린다는 목표에 보다 직접적이고 효과적으로 연결될 수 있는 것을 생각한다. 이익과 관련성이 낮은 아웃컴보다는 직접 관련되는 아웃컴이 좋으며, 겨우 수백만 엔의 수익밖에 좌우하지 못하는 아웃컴보다는 수백억 엔의 이익을 좌우할 아웃컴이 좋다.

내가 지금까지 보아온 '유용하지 않은 분석 보고서'는 대부분 처음부터 아웃컴의 설정이 부적절한데다 '통계학적으로 아무리 옳다 해도 무가치'하다는 것이 문제였다. 한 번 가게에 오는 것에 대한 구매단가라는, 최선이라고는 말하기 힘든 아웃컴을 분석한 결과 '세일기간 중에 물건을 한꺼번에 쇼핑하는 고객을 중시해야 한다'라는 분석 결과를 얻는 경우가 있다. 이것 자체는 통계학적으로 옳다 해도 매년 대대적으로 가격 인하를 하는 세일 기간에만 손님이 몰리는 가게는 수익을 전혀 높이지 못할지도 모른다. 그보다는 정기적으로 방문해 정가로 사주는 고객들에 의해 그 기업의 대다수 수익이 지탱된다. 아웃컴으로는 한 번의 구매단가보다는 보다 장기적인 라이프 타임 가치가 적절하며, 더 나아가 매출보다는 총이익을 분석하는 것이 좋다. '총이익을 높여주는 고객과 그렇지 않은 고객의 차이는 어디에 있는가'를 분석하면 이와 같은 '유용하지 않은 보고서'가 만들어지는 위험을 피할 수 있다.

다음으로, 이 아웃컴을 어떤 해석단위(분석단위라고 부르는 사람도 있지만 이 책에서는 해석단위로 통일한다)로 분석하는가 하는 시점이 필요해진다. 같은 데이터에서 같은 매출이라는 아웃컴을 분석해도 '매출이 높은 기업과 그렇지 않은 기업의 차이'를 찾아내고 싶은가, '매출(즉 객단가)이 높은 고객과 그렇지 않은 고객의 차이'를 찾아내고 싶은가, 또는 '매출이 높은 상품과 그렇지 않은 상품의 차이'를 찾아내고 싶은가 등에 따라 전혀 다른 분석 결과를 얻을 수 있으며, 그에 따라 해야 하는 행동도 달라진다.

이런 해석단위에 따른 아웃컴의 차이를 '설명할 수 있다고 기대되는' 특성을 설명변수라고 부른다. 또 설명변수는 '데이터로 표시되는 해석단위의 특징'이라고 할 수도 있다. 이것에 대해서도 각 장에서 다양한 사례를 들어본다.

　후보로 하는 설명변수가 많으면 많은 만큼, 의외의 설명변수가 사실은 아웃컴과 관련되어 있었다는 발견으로 이어진다. 반대로 말하면 설명변수의 후보가 되어줄 데이터가 없다면 이들이 아웃컴과 관련되어 있는지 그렇지 않은지 데이터 분석은 어떤 정보도 제공하지 않는다. 그래서 이 책에서는 되도록 다양한 설명변수 아이디어를 제시하는 한편 아이디어 자체를 얻기 위한 방법이나 여러 설명변수를 간단히 얻을 수 있는 데이터 소스와 그것의 취급방법도 이야기한다.

　마지막이 분석방법이다. 그 사용법이나 결과 읽는 법, 분석 결과에 따라 어떤 행동을 해야 하는지에 대해 설명한다. 이 책은 어디까지나 실용성에 초점을 맞추고 있으므로 아웃컴이 정량적인 숫자로 나오는 경우에는 다중회귀분석, '어떤 상태를 택할 것인가 그렇지 않을 것인가'같이 정성적일 경우에는 로지스틱회귀분석이라는 주요 분석방법 두 개로 압축했다. 각 방법의 배경에 있는 수학적 의의 등은 거의 언급하지 않지만 대부분 전작인《빅데이터를 지배하는 통계의 힘-실무활용 편》(이후《실무활용 편》)에서 자세히 해설한 것들이다. 필요하다면 참조하기 바란다. 물론 아웃컴의 설정에 따라서는 포아송회귀나 베타회귀 등의 방법을 이용하는 것이 보다 적절한 상황도 있지만, 최소한 앞의 두 방법을 알고 있으면 이익으로 이어지는 아이디어를 탐색하고, A/B 테스트(또는 랜덤화 비교실험)에 의한 실증을 진행할 수 있다.

　바꿔 말하면 '아웃컴으로 이상적인 분석단위와 그렇지 않은 분석단위의 차이는 이 설명변수에 있는가 그렇지 않은가'라는 의문(전문용어로 리서치 퀘스천이라고 한다)을 세우고, 그 대답을 실제 검정하기 위한 방법을 제시하는 것이다.

앞에서 말한 것과 같은 이유로 회사의 실명이나 거기서 얻은 분석 결과 사례는 말할 수 없다. 하지만 이 책에서 이야기하는 분석 순서는 모두 내가 경험한 실제 업무에서 가져왔으며 경험하지 않으면 깨달을 수 없는 구체적인 주의점에 대해서도 언급하려고 노력했다.

연구자라면 이 리서치 퀘스천에 독창성이 있어야 하며, 그러기 위해 엄청난 선행연구를 적절하게 해독해야 한다. 또 경영전략이냐 마케팅이냐 등에 따라 리서치 디자인도 달라진다. 그러나 이미 이야기했듯이 여러분이 발견해야 하는 것은 어디까지나 '자사의 많은 사람이 모르는 이익으로 이어지는 아이디어'다. 아웃컴과 해석단위에 그만큼의 독창성은 필요하지 않으며, 선행연구로 시사된 설명변수 중 정말로 중요한 것을 자사 데이터로 실제 검정할 수 있다면 큰 의의가 있다. 물론 거기서 더욱 독자적인 리서치 퀘스천을 생각해내고 모형을 응용해 다시 분석에 나선다면 훌륭할 것이다.

이 책에서 제시한 리서치 디자인 모형이 여러분에게 도움이 된다면 다행이겠다.

경영전략을 위한 통계

경영전략은 일부 경영자들만 생각하고 전략 컨설턴트가 제시해준 것을 결정하기만 하면 되는 것이 아니다. 모든 비즈니스맨이 자기 업무를 개선하고 자사가 싸우는 시장에서 '성공의 열쇠'를 찾아내려면 필수적으로 알아야 한다. 데이터 분석의 가치는 전략적인 '성공의 열쇠'와 맞느냐 그렇지 않느냐에 따라 크게 좌우된다. 그렇다고 '경영전략 마니아'가 될 필요는 없다. 극히 기본적인 경영전략의 이론 분석 요령만 알면 '어떤 방향성을 가지고 업무를 개선해야 하는가'라는, 모든 비즈니스맨에게 중요한 지혜를 얻을 수 있다.

01
데이터로 전략을 이끌어라

경영학자 노나카 이쿠지로(野中郁次郞)는《전략의 본질》첫머리
에서 다음과 같이 말했다.

전후 60년, 어깨를 나란히 경쟁하면서 성장해온 일본은 글로벌 경쟁
에 직면해서야 비로소 전략의 중대성을 깨닫고 곤혹스러워하고 있지
않은가.

《전략의 본질》초판이 출간된 지 10년 이상이 지났지만 여전히
서점에 경영전략 관련 신간이 쏟아져 나오는 것을 보면, 오늘날의 많
은 일본 비즈니스맨에게 전략을 생각하는 것은 만만치 않은 일인 듯
싶다. 비즈니스에서도 개별 전투의 승패를 넘어 '어떻게 싸울 것인
가'라는 경영전략이 중요하며, 이는 지난 수십 년 동안 전 세계 경

프로덕트 포트폴리오 매니지먼트

		상대적 시장점유율	
		크다	작다
시장성장률	높다	인기 있는 제품 ↓ 최우선적으로 투자	문제아 ↓ 선택적으로 투자
	낮다	돈이 되는 나무 ↓ 자금을 다른 곳에 투자	루저 ↓ 철수

영학자들의 관심을 받아온 연구 주제이기도 하다. 한때는 많은 일본 기업이 높은 보수를 지불하고 컨설팅 회사에 의뢰해 자사의 경영전 략을 세우게 했다. 맥킨지나 보스턴컨설팅그룹(BCG) 등, 글로벌 컨설팅 회사는 경영전략을 생각하기 위한 틀이나 툴(도구)을 갖고 있다.

그 가운데 유명한 것이 보스턴컨설팅그룹의 리처드 로크리지 (Richard Lochridge)가 만든 '프로덕트 포트폴리오 매니지먼트(PPM)' 또는 'BCG 매트릭스'라고도 불리는 〈도표 1-1〉일 것이다.

이 도표는 '기업이 취해야 할 경영전략의 선택사항은 단 두 가지 요소의 조합만으로 판단할 수 있다'를 나타낸다. 시장성장률이란 '앞으로 시장의 규모가 커지느냐 아니냐'이며, 상대적 시장점유율 은 '그 시장에서 점유율을 가졌느냐 없느냐'다.

성장 시장에서 점유율을 갖고 있다면 최우선적으로 투자하여 지 배적인 지위를 얻고 그 시장에서 높아지는 이익을 최대한 얻으면 된 다. 비성장 시장에서 점유율을 갖고 있다면 그 이상 투자를 해봤자 회수 가능성이 낮지만 다른 영역에의 투자로 돌릴 현금을 만들어주는 '돈이 되는 나무'다.

한편 성장 시장에서 점유율을 차지하지 못하는 '문제아' 사업이 몇 가지 있다면 그중 유망해 보이는 것만을 취사선택해 '어떻게 점유율을 차지할 것인가'를 잘 생각한 다음, 선택 사항에 투자한다. 앞으로 시장이 성장할 가능성도 없고 현재 점유율도 없는 '루저' 사업은 하루빨리 타사에 매각이라도 하는 것이 좋다.

이런 사고방식에 토대해 1981년부터 2001년까지 GE의 CEO를 지낸 잭 웰치(Jack Welch)는 '시장점유율이 1위나 2위가 아닌 사업에서는 철수한다'라는 방침으로 사업을 축소해 수익성을 크게 향상시켰다. 그에 따르면 "전략은 간단하다, 문제는 실행이다"라고 한다.

또한 PPM 이상으로 우리의 회의실에 침투한 툴 가운데 'SWOT 분석'이라는 것이 있다(〈도표 1-2〉). 이는 경영전략뿐 아니라 제품, 광고 전략에 이르기까지 다양한 업무에서 환경이 목적 달성에 포지티브한가/네거티브한가, 내부 요인인가/외부 요인인가로 정리하는 분석방법이다. 다양한 비즈니스 서적에 등장하는 개념이기 때문에 회의 자료에서 한 번쯤은 본 사람이 많을 것이다.

새삼스럽게 설명할 것까지도 없을지 모르지만, 내부의 포지티브 요인은 강점(Strength), 내부의 네거티브 요인은 약점(Weakness), 외부의 포지티브 요인은 기회(Opportunity), 외부의 네거티브 요인은 위협(Threat)이며, 이것들의 머리글자를 따 SWOT이라 한다. 회사는 S, W, O, T에 해당하는 것을 목록화해 앞으로 어떻게 강점이나

		목적 달성에 대해	
		포지티브	네거티브
요인	내부	강점(Strength)	약점(Weakness)
	외부	기회(Opportunity)	위협(Threat)

기회를 살리고 약점이나 위협은 피해야 하는가를 생각한다.

참고로 개인 경험에서 나온 견해인데, 컨설팅 회사나 MBA 출신 비즈니스맨들은 종종 무엇이든 매트릭스로 정리하려 들 때가 있다. 아마도 그들이 커리어 초기에 PPM이나 SWOT 분석 같은 '2차원 표로 정리하는 도구'를 배운 것과 관련이 있을지도 모르겠다.

매트릭스 분석의 두 가지 한계

PPM에 한하지 않고 '어떤 시장에서 싸울 것인가'에 관한 전략을 생각하는 많은 경우 문제가 되는 것은 점점 점유율을 늘려 가격경쟁력을 가지면 된다고 할 정도도 아니고, 재빨리 철수해버리면 될 정도도 아닌 어중간한 때다. '뭔가 차별화를 한다' '타사와 다른 부가가치를 낳는다' 등을 하려 해도 과연 어떤 차별화를 할 것이며 어떤 부가가치를 제공해야 하는가 하는 시점이 필요해진다. 이런 문제에 컨설턴트들은 내가 아는 한 역시 매트릭스를 써서 정리해간다.

아무래도 실제 사례를 들면 문제가 될 터이니 어디까지나 가공의 이야기이긴 하지만 경영전략을 고민하는 중견 스포츠용품 메이커에 대해 〈도표 1-3〉과 같은 매트릭스로 경쟁기업을 정리하고 이를 근거로 "사장님, 귀사의 강점을 살려서 패션성이 높은 경기 스포츠용 상품을 출시하는 방향으로 특화시켜 갑시다"라는 주장을 하는 것이다.

이 도표에 있는 '블루오션'은 2015년 경영학자 김위찬과 르네 마보안(Renée Mauborgne)이 주장한 개념과는 다른 것으로 '경쟁상대가 별로 없는 시장' 정도의 의미로 사용된다.

그러나 이런 방법에는 두 가지 한계가 있다. 첫 번째 한계는 변수 선택이 컨설턴트의 자의성에 따라 달라진다는 점이다. 스포츠용품 브랜드를 '구기 종목 등의 경기 스포츠용인가/러닝이나 요가 등 비경기 스포츠용인가'와 '패션성을 중시하는가/기능성을 중시하는가'의 축으로 제한해 파악하면 〈도표 1-3〉이 얻어지는 것은 확실하다. 하지만 관련 요인은 그 밖에도 얼마든지 있다. '럭셔리한가/캐주얼한가'라는 축을 생각하면 '럭셔리하고 기능성을 중시한 브랜드가 부족하다'는 결론이 나올지도 모른다.

그런데 왜 '경기 스포츠인가'와 '패션성을 중시하는가'라는 두 축으로 나누는가의 답은 컨설턴트의 경험과 감 또는 센스뿐일 것이다. 극단적인 예로 이 컨설턴트가 쉬는 날 친구와 풋살을 해 '풋살을 즐기는 여성도 늘고 있으니 좀 더 패션성이 높은 제품을 출시하면 팔릴 거야!'라고 생각한 아이디어를 마치 객관적인 분석의 결과 찾

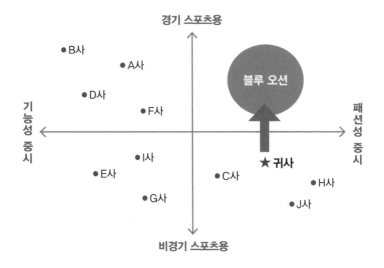

아냈다는 듯이 팔아넘길 수도 있다.

두 번째 한계는 컨설턴트가 제시한 두 축이 스포츠용품 브랜드의 다양성을 제대로 설명한 좋은 틀이었다고 해도 '부족한 영역'이 과연 유망한 시장이냐 아니냐 하는 점이다. 다음과 같은 가능성은 생각해볼 수 없을까?

경기 스포츠를 좋아하는 사람은 그렇지 않은 사람보다 '경쟁'을 즐길 것이 틀림없으며, 따라서 스포츠용품에는 패션성보다 일단 경기에서 유리한 기능을 중시하려는 욕구가 강하다. 반면 비경기 스포츠를 좋아하는 사람은 다칠 염려가 없다든지 몸이 편하다든지 하는 기능성을 추구하거나, 스포츠를 하면서 기분도 좋게 하는 패션성을 추구하는 두 그룹이 있다. 따라서 경기 스포츠용에 기능성을 최우선하지 않고 패셔너블한 제품을 만들어봤자 많은 고객은 매력을 느끼지 않는다는 틈새가 존재하고 있을 뿐일지도 모른다.

'거기가 빈 장소'라는 것은 종종 단순히 타사가 검토한 결과 수익성이 낮다고 판단했거나, 과거에 타사도 도전해본 결과 잘되지 않아 철수한 영역인 경우도 있다. 아무리 바다가 푸르다 해도 물고기는커녕 플랑크톤도 살지 못하는 '죽음의 바다'라면 의미가 없다.

차별화나 시장세분화는 그것 자체가 목적이 아니다. 이를 통해 경쟁에서 우위를 차지하고 이익을 올릴 수 있어야 한다. 그렇다면 과연 차별화나 시장세분화는 자사의 이익으로 이어질까, 단순히 타사가 진출할 가치가 없다며 방치하고 있을 뿐일까를 판단해야 한다.

앞에서 말한 SWOT 분석도 똑같다. 1997년 테리 힐(Terry Hill)과 로이 웨스트브룩(Roy Westbrook)은 〈SWOT 분석: 제품을 리콜할 때〉라는 논문에서 많은 회사가 SWOT 분석으로 여러 요인(강점이나 위협 등)을 발견했지만, 결국 그것들을 경영에 거의 살리고 있지 못하다는 주장을 했다. SWOT 분석 툴을 사용하면 네거티브든 포지티브든 자사의 환경요인을 정리할 수 있다. 문제는 이 뒤에 있는 각 요인이 어느 정도 이익으로 직결되는지를 알지 못하면 어떻게 경영전략에 반영해야 하는가를 어느 누구도 판단할 수 없다.

물론 경험과 감과 센스가 뛰어난 컨설턴트라면 정성적인 분석과 매트릭스만 갖고도 '좋은 전략'을 제시해줄 것이다. 하지만 평범한 사람들인 우리는 그런 대담한 행동은 할 수 없다. 게다가 아무리 직함이 훌륭해도 처음 만난 컨설턴트가 이런 센스를 가졌는지, 아니면 이력서만 그럴 듯한 사기꾼인지 판단하기는 대단히 어렵다.

그렇다면 어떻게 해야 할까? 내가 제안하는 답은 단순하다. 경영 전략에 관한 선조들의 이론을 이해하고, 선행연구의 에비던스를 파악한 다음, 데이터를 확실하게 통계분석한다. 그렇게 하면 어떤 전략이 수익으로 이어지는지에 대해 가끔은 평범한 우리도 뛰어난 컨설턴트라도 놓칠 법한 발견을 할 수 있다.

02
경영전략 이론 배경 ①
—포터의 SCP 이론

경영전략 이론만으로도 한 권의 책이 되겠지만, 그중 가장 대표적인 것으로 많은 이들이 마이클 포터(Michael Porter)의 SCP이론을 들 것이다. 오랫동안 하버드 비즈니스 스쿨을 대표하는 교수였던 포터가 쓴 《경쟁 전략》은 경영학 역사에 남을 명저다. 포터는 산업조직론이라는 경제학 분야에 있어서의 SCP 패러다임(구조가 행동을 결정하고, 행동이 성과를 결정한다는 이론)에서 착안하여 기업이 이익을 올리는 데 중요한 경영전략을 체계화했다.

산업조직론이란 산업별 시장구조 또는 경쟁 형태를 분석해 사회적으로 최적인지 아닌지, 아니라면 어떤 규제나 산업정책이 필요한지 생각하는 분야다.

SCP는 구조(Structure), 행동(Conduct), 성과(Performance)의 머리글자를 딴 것이다. 20세기 전반 하버드 학파 경제학자들은 산업조직의 구조를 시장의 구조(S)가 있고 → 기업이 행동하고(C) → 그것에 의해 성과(P)가 좌우된다는 메커니즘으로 파악했다. 이런 생각에 영향을 받은 포터의 전략론은 쉽게 말해 기업의 성과가 좋아지는가 그렇지 않느냐는 그 기업이 어떻게 행동하는지 이전에 '어떤 시장구조에서 비즈니스를 할 것인가'에 의해 크게 좌우된다는 것이다.

그 시대 경영학자들이 사회적으로 최적의 시장구조를 생각한 이유는 당시 역사적 배경과 관계가 깊다. 19세기 중반 무렵부터 트러스트(기업 그룹)나 카르텔 같은 공정한 시장경쟁을 저해하는 기업 활동이 대대적으로 나타나면서 일부 기업이 엄청난 이윤을 독점하게 되었다. 그 결과 미국 정부는 독점금지법을 만든다. 이는 '사회적으로 최적'이 아닌 시장구조에 대한 정부의 규제다. 한편 기업가 쪽에서 보자면 공평하게 경쟁하지 않고 독점적인 입장에서 비즈니스를 한다는 것은 이보다 좋을 수 없는 상황이다.

존 록펠러(John Rockefeller)는 인류 역사상 최고의 대부호가 되었는데, 이는 경쟁기업의 매수나 비밀협정 체결, 거래처에 대한 가격인하 강요 등의 행위로 이루어졌다. 그가 거느린 트러스트가 독점적인 시장구조를 만들어내 거대한 이윤을 지속적으로 올리는 데 성공했다.

독점을 하면 왜 돈을 벌까? 제일 큰 이유가 가격을 마음대로 정할 수 있기 때문이다. 미국에서 석유를 사려고 하는데 록펠러의 회사밖에 없다면 그가 부르는 값에 사야 한다. 독점시장이 아니라면 경쟁회사는 록펠러 사보다 석유를 싼 가격에 팔 수 있고, 그렇게 하는 것이 (아마도) 돈을 벌게 된다. 그렇다면 록펠러도 가격인하를 생각해야 한다.

기업의 이익과 소비자의 불이익은 같은 방향으로 움직인다. 여러 기업이 가격경쟁을 벌이면 똑같은 품질의 제품을 좀 더 싸게 살 수 있지만, 기업들끼리 매수나 협정을 통해 독점시장을 만들면 쓸데없는 돈을 더 써야 하고 이는 사회 전체적으로는 불이익이 된다.

그래서 오늘날은 정부가 나서서 정책적으로 기업의 독점이나 과점을 규제한다. 예전에 일본 소프트뱅크 그룹이 미국의 3대 이동통신사 가운데 하나인 스플린트뿐만 아니라 T모바일도 인수하려 했는데 그때 미국 정부가 허가를 해주지 않았다. 그 배후에도 시장이 공정한 경쟁 환경에 있느냐 그렇지 않느냐 하는 산업조직론적 사고방식이 있었을 것이다.

포터의 발상 전환은 경제학자들이 '사회 전체의 최적 상태'를 생각해 공정한 경쟁을 촉구한 데 반해, 반대로 기업의 입장에서 제대로 성과를 올리려면 행동 이전의 문제로 경쟁을 하지 않아도 되는 구조의 시장에서 어떻게 비즈니스를 할지 생각하면 된다는 전략이다.

록펠러 방식은 이미 법률로 규제되어버렸지만, 규제되지 않은 공정한 기업 활동의 범위 안에서 상품의 구매처나 공급처 등에게 유리한 입장을 가질 수 있다면 그것이 돈을 벌 경영전략이라고 포터는 간파했던 것이다.

심플하고 아름다운 파이브 포스 분석

이런 SCP이론을 토대로 경영전략을 만들기 위해 그는 유명한 파이브 포스(5-forces) 분석을 개발했다. 경쟁기업(Competitor), 원재료 공급자(Supplier), 자사 상품의 구매자(Buyer)뿐만 아니라 아직 시장에 없는 신규 진입자(Entrant)와 대체품(Substitute)이라는 다섯 가지 요소로 나누어, 각각이 어떻게 회사의 이윤을 깎아먹는 힘으로 작용하는가를 《경쟁 전략》에서 정리했다.

이들을 모두 상세하게 소개하는 것은 이 책의 취지에서 벗어난다. 간단히 설명하자면 〈도표 1-4〉와 같다.

업계 내 경쟁은 약한 편이 좋고, 그러기 위해 경쟁기업의 수가 적고 특히 시장점유율을 크게 장악하는 경쟁기업도 없으며 차별화하기 쉬운 편이 낫다. 그렇지 않다면 가격이나 설비투자 경쟁에 휘말려 이윤을 얻기가 힘들다. 공급자, 구매자와 자사의 관계도 중요하다. 상대의 교섭력이 강하고 이쪽이 양보해야만 하는 상황이 늘어나면 그만큼 비용이 늘고 판매가격은 낮아져야 하므로 역시 이윤을 얻기 힘들다.

더욱이 전혀 다른 기업이 그 시장에 진입함에 따라 설비나 연구개발 등을 위한 투자가 늘고 여기에 정부의 규제 등 장벽이 아무것도 없다면 자사가 발견한 우위전략은 금세 벤치마킹당하고 경쟁이 점점 늘기 때문에 역시 이윤을 깎아먹는다.

또 완전히 똑같은 제품은 아니라도 자사가 제공하는 가격에 대

- 규모의 경제와 필요 투자액
- 유통 채널
- 정부 정책

신규 진입자

- 기업 수와 집중도
- 차별화 정도
- 구매자 집중도
- 대체품과의 경쟁

공급자

업계 내 경쟁
- 기업 수와 집중도
- 다양성과 차별화 정도
- 산업 전체의 성장성
- 비용 구조

구매자

- 가격 민감도
- 구매 집중도
- 교체 비용
- 정보

대체품
- 구매자 취향
- 대체품의 가격과 가치

체상품이 존재한다면, 역시 거기와의 경쟁으로 이익을 깎아먹을지도 모른다. 껌 시장에서 압도적인 점유율을 장악하고 강력한 브랜드 이미지에 유통 채널을 갖고 있더라도 고객이 같은 니즈(구취를 제거해 상쾌해진다는 등)를 만족시키는 민트 사탕을 선호하게 되어버린다면 자사 사업이 위협받는다.

이런 다섯 가지 요소와의 경쟁 환경을 확인한 다음, 앞으로 과연 자사가 무엇을 주로 팔아야 할지 생각하는 것이 포터의 파이브 포스 분석이다. 앞에서 설명한 PPM 등과도 모순되지 않고 경제학적 사고방식에도 잘 들어맞으며, 무엇보다 심플하고 아름다워 포터의 이론은 널리 받아들여졌다.

포터 이론의 반증이 된 일본 기업의 약진

그러나 포터의 이론에도 한계가 있다. 파이브 포스 분석 결과 돈을 잘 벌 수 있는 시장이 명확해졌다 해도 옳다구나 하고 거기에 들어가지 않을 수도 있다는 점이다. 지속적으로 돈을 버는 이유는 비용이나 기술은 제처두고 진입장벽 덕분일 수도 있다. 자사도 '진입할 수 없는 많은 회사 중 한 곳'이라 운 좋게 돈을 버는 시장에 들어간 기업을 부러워만 하는 것으로 끝난다면 파이브 포스 분석 따위를 해봤자 쓸데없다.

거기에 더해 역사적인 사실로 포터의 이론으로는 명확하게 설명되지 않는 성공을 거둔 기업이 1970~80년대 일본에서 등장했다. 이 시기 도요타나 혼다 같은 일본 자동차 회사가 현지생산을 포함해 본격적으로 미국에 진출했다. 당시 미국 자동차 시장은 이미 포화상태로 성장성도 낮고 포드, GM, 크라이슬러 같은 강력한 경쟁상대가 시장을 거의 나눠 갖고 있었다. 일본 자동차 회사는 기업 규모만 보더라도 미국 경쟁기업과는 수십 배나 차이가 났고, 당연히 이런 상황에서는 소매 판매망 확보도 힘들었다.

이것은 PPM에서도, 포터의 파이브 포스 분석에서도 전혀 유망하다고는 생각할 수 없는 상황이다. 그러나 일본 자동차 회사는 이후 미일무역마찰이라는 외교 문제로 발전할 수준까지 미국 시장을 잠식하는 데 성공했다. 또 다른 예로 일개 카메라 회사였던 캐논이 압도적인 시장점유율과 특허를 갖고 있던 제록스가 군림하던 업무용 복사기 시장에 진출한 사례도 존재한다. 이것들도 원래는 포터가 장려할 만한 전략이 아닌데 현실에서는 대성공을 거두었다.

그렇다면 포터의 SCP이론의 한계를 어떻게 생각하면 좋을까?

그 답은 포터와는 다른 측면에 주목한 또 하나의 경영전략에 있다.

03
경영전략이론 배경 ②
―전략적합성

SCP이론의 한계를 보충하는 형태로 주목받은 것이 '역량 (capability)', 즉 기업의 외부환경이 아니라 내부 강점에 주목하는 경영전략이다. 그중 대표적인 것이 제이 버니 등을 중심으로 연구된 RBV(자원 기반 관점, Resource Based View)다.

버니는 기업 수익성의 차이는 자원(리소스)과 그것의 사용방법으로 설명할 수 있다고 생각했다. 경제학에서는 자본, 기술, 인재, 원재료 등의 자원과 산출되는 가치의 관계성을 생산함수라는 개념으로 다루는데, 버니는 자원에 주목하면 좋은 전략을 세울 수 있다고 여겼다.

또한 RBV에서 자원은 자본이나 공장 등의 유형자산, 브랜드 등의 무형자산이나 역량(인재나 기술 등)의 세 가지로 나눠 생각할 수 있는데, 각각의 자원이 경쟁우위성으로 이어지며 그것들의 사용방법

경영자원이…					
가치가 있다 (V)	희소성이 있다(R)	모방 비용이 크다(I)	조직이 적절 (O)	경쟁우위성	강점/약점
No			No	경쟁 열위	약점
Yes	No			경쟁 균형	강점
Yes	Yes	No		일시적 경쟁우위	고유 강점
Yes	Yes	Yes	Yes	지속적 경쟁우위	지속적 고유 강점

이 좋으면 기업은 지속적으로 이윤을 얻을 수 있다고 본다.

앞에서 언급한 일본 자동차 회사들은 산업용 로봇이나 통계적 품질관리법을 이용해 생산 대수가 포드보다 적더라도(즉 규모의 경제라는 관점에서는 불리하더라도) 저비용으로 고품질 자동차 생산 역량을 갖고 있었다. 또 캐논은 카메라를 생산하는 과정에서 제록스의 특허를 침해하지 않고 값싼 복사기를 개발하는 역량을 갖고 있었다. 그렇게 생각하면 포터의 이론에서는 무모하다고 여겨지는 전략이 성공한 게 설명된다.

버니는 기업이 갖는 자원이 경쟁우위성을 좌우하는지 점검하는 VRIO 틀도 제안했다. VRIO는 Value(내부 보유 가치), Rarity(타사가 손에 넣기 힘든 희소성), Imitability(타사 모방의 어려움), Organization(각 자원을 효율적으로 활용할 조직)의 머리글자를 딴 것이다.

SWOT 분석에서도 자사의 강점과 약점을 정리하지만 VRIO 틀은 자사의 어떤 자원이 강점인지 약점인지의 판단을 좀 더 상세하게 한다. 자원이 V · R · I · O 각각에 해당하는지를 순서대로 확인함으로써 약점인지 강점인지, 강점 중에도 자사 고유의 것인지 지속적인 경쟁우위를 낳는 것인지를 확인할 수 있다(〈도표 1-5〉).

포터와 버니 중 누가 옳은가

그렇다면 PPM이나 포터의 생각처럼 외부환경에 주목해 무조건 돈을 벌 수 있는 시장을 노리는 것이 좋은 전략일까, 아니면 버니처럼 자사의 강점에 집중해 그것을 최대한 살리는 방법을 생각하는 것이 좋을까?

예전에 이 두 진영 사이에서 기탄없는 논의가 이루어졌던 적도 있다고 하는데 와세다 대학교 비즈니스스쿨의 이리야마 교수에 따르면 현대 경영학자들의 대답은 "둘 다 중요하며 상황에 따라 다르다"고 한다.

버니 자신도 RBV를 절대시하지는 않는다. 진입장벽이 높고, 차별화하기 어렵고, 대기업 3사 정도가 시장점유율의 대부분을 차지하는 시장에서는 포터의 말대로 공급자와 구매자와의 힘의 균형을 생각하는 것이 좋다고 여겨진다.

한편 가전업계처럼 진입장벽이 낮고 차별화하기 쉬운 시장은 기업 자원에 주목해야 한다. 디자인 능력이라든지 특수 기술 등의 강점에 의해 수익성에 차이가 날 여지가 크다.

또 하나가 진입장벽이나 차별화 이전의 문제로, 그야말로 환경의 변화가 빠른 시장이다. 버니는 이런 환경에서는 포터의 이론도 자신의 이론도 별 쓸모가 없지 않나 생각했다. 환경이 금방 변해버린다면 거래상대와의 힘의 균형도, 시장에서 가치를 갖는 기업의 강점도 금방 바뀌기 때문이다.

요즘 IT 시장 등이 이런 예일 것이다. 일본전기(NEC)는 1980~90년대에 일본 개인용 PC시장에서 높은 점유율을 갖고, 2000년대 전반에는 휴대폰 시장에서도 커다란 점유율을 차지했다. 포터의 이론으로 말하면 규모를 살려 비용면에서의 우위와 유통 채널도 장악하고 있었고, 버니의 이론으로 말하자면 고품질의 전자기기를 개발ㆍ제조한다는 타사가 흉내 내기 어려운 역량도 보유했다. 하지만 현재 개인용 PC사업은 중국의 레노보에 매각되었고, 스마트폰 사업은 경쟁을 따라가지 못해 분사 후 철수했다. 이는 기술의 진보와 시장 변화가 너무 빨라 점유율도 역량도 갑자기 경쟁우위가 아니게 되어버렸기 때문이다.

이쯤 되면 포터도 버니도 항복할 수밖에 없는데 스티브 블랭크(Steve Blank)가 실천한 한 가지 해결방법이 《린 스타트업》이라는 책에 제시되어 있다. 블랭크는 실리콘밸리에서 여덟 번의 창업과 네 번의 상장을 경험한 기업가로 이 저자의 생각은 변화가 빠른 시장의 대표라고도 할 수 있는 실리콘밸리의 창업자로부터 많은 지지를 받고 있다. 그 배경에는 '부가가치를 높일 수 없는 현상이나 결과'인 군

더더기를 철저하게 없앤다는 철학이 존재하며 군살이 없어졌다는 의미에서 '린(lean)'이라는 용어를 사용했다고 한다.

《린 스타트업》의 사고방식에 의하면 스타트업이 먼저 해야 하는 것은 최소 기능 제품(Minimum Viable Product, 약자로 MVP라 불린다)인 프로토 타입(시제품)을 만들고, 이어서 그것이 실제 가치를 낳는지를 검정하는 것이다. MVP는 내용물이 고스란히 드러나는 살풍경한 외관이든, 반대로 외관만 있고 내용물은 프로그램이나 기계가 아니라 인력으로 움직이든 상관없다. 무엇보다 검정해야 하는 아이디어를 되도록 빨리 시험하는 것이 중요하다.

도요타 생산방식의 배후에 있는 통계적 품질관리와 마찬가지로 MVP 검정에서는 A/B 테스트, 랜덤화 비교실험과 통계적 분석을 하면 좋다. 그러고 나서 비로소 제품의 완성도를 높이거나 마케팅에 예산을 들이거나 해서 본격적으로 승부를 본다. 그렇지 않다면 피봇(pivot)이라 부르는 방침 전환을 한다.

피봇이란 공을 가진 채 세 걸음 이상 걸으면 반칙이 되는 농구에서 '한쪽의 축이 되는 다리를 움직이지 않고 다른 쪽 다리의 위치만을 바꾼다'는 테크닉에도 사용되는 용어다. 농구의 규칙상 한쪽 다리만 움직이지 않으면 피봇을 여러 번 해도 한 걸음으로밖에 세지 않는다. 마찬가지로 린 스타트업의 사고방식에서는 고객이나 판매방식이라는 축을 고정한 상태에서 제품을 바꾸거나 제품을 고정한 상태에서 고객이나 판매방식을 바꾸는 등, 조금씩 피봇시켜 집중해야 하는 전략을 명확하게 하라고 권한다. 변화가 빠른 시장에서는 기술 가치나 고객 니즈 등의 불확실성이 아주 높기 때문에 이런 실험을 통한 신속한 시행착오가 중요해진다.

이상이 경영학자들이 말하는 '상황에 따라 다르다'는 이야기인데, 그것을 알았다고 해서 지금 당장 전략을 생각해내야 하는 우리에게 '어떤 시장에서 싸워야 하는가' '우리 회사의 어떤 역량에 주목해야 하는가' '어떤 MVP를 만들어서 시험하면 좋은가' 등의 힌트가 제공되지는 않는다.

힌트는 경영학자들이 만들어낸 이론이 아니라 실증분석, 즉 현실의 기업 데이터를 이용한 통계해석에 의해 얻어진다.

경영전략에서 통계분석의 역사

예전에 조지타운 대학교 교수였던 로버트 그랜트(Robert M. Grant)의 전략론 교과서《Contemporary Strategy Analysis》가 유럽과 미국 비즈니스스쿨에서 많이 공부되고 있다고 한다. 여기에 주요 전략론 실증 연구가 언급되어 있으므로 소개해본다.

포터와 버니, 둘 중 누가 옳은가 하는 실증 연구의 사고방식에 커다란 영향을 미친 매사추세츠 공과대학교(MIT)의 슈말렌지(Richard L. Schmalensee)에 의한 1985년의 연구다. 그는 분산성분 분석이라 불리는, 그때까지 경영학에서 별로 이용되지 않았던 방법을 활용해 미국의 제조업 데이터를 분석하고 '어떤 산업 분야에 속해 있는가

(산업요인)'와 '시장점유율'에 의해 기업별로 총자본이익률의 분산이 얼마나 설명되는지를 명백하게 했다.

분산성분 분석이라는 귀에 익지 않은 통계방법은 과연 무엇인가? 자세한 것은 이 장 끝의 칼럼에서 이야기하지만 결론만을 설명하자면, 산업요인만으로는 기업 총자본이익률의 분산은 19.6%만 설명될 뿐이라는 게 명백해졌다. 한편 시장점유율에 의한 총자본이익률의 설명력은 불과 0.6%이며, 개별 기업의 노력으로 점유율을 얻는 것보다 어떤 시장에서 경쟁할지를 선택하는 것이 중요하다는 결과가 시사되었다. 이는 포터의 SCP이론을 강하게 뒷받침하는 결과다.

산업요인에 의해 총자본이익률이 크게 좌우된다면, 기업은 돈을 벌지 못하는 사업을 재빨리 매각이라도 해서 그 자금을 돈이 되는 쪽에 투자해야 한다.

그런데 그 후의 연구에서는 반대 결과가 나왔다.

슈말렌지 이후 캘리포니아 대학교 로스앤젤레스 캠퍼스(UCLA)의 루멜트(Richard P. Rumelt)나 텍사스 공과대학교의 로케버트(Jaime Roquebert) 등이, 그리고 포터 자신도 토론토 대학교의 맥거한(Anita M. McGahan)과 팀을 이루어 연구를 하는 등, 다양한 데이터를 이용해 이 의문을 파고들었다. 그들의 연구 결과를 정리하면 〈도표 1-6〉과 같이 된다. 즉 산업요인의 설명력은 기껏해야 20% 정도, 기업요인은 30~50%, 같은 산업에 있는 기업조차도 시대의 변화 등의 '기타 요인'으로 30~50% 정도는 수익성이 좌우되고 만다는 것이 대

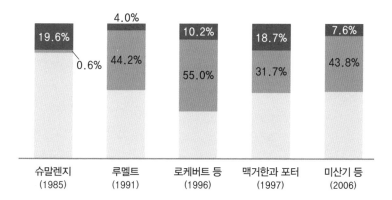

도표 1-6 산업요인과 기업요인에 의한 성과의 설명력(주요 연구)

슈말렌지 (1985)	루멜트 (1991)	로케버트 등 (1996)	맥거한과 포터 (1997)	미산기 등 (2006)

19.6% / 0.6% / 4.0% / 44.2% / 10.2% / 55.0% / 18.7% / 31.7% / 7.6% / 43.8%

■ 산업요인 ■ 기업요인 기타

※ 슈말렌지가 고려한 기업요인은 점유율뿐이다

강의 설명이다.

일본도 닛세이기초연구소가 1999~2006년까지 도쿄증권거래소에 상장된 1,091개 회사의 데이터를 이용해 분산성분 분석을 했다. 그 결과 산업요인이 5.5%, 기업요인이 51.0%, 각각 총자본이익률의 분산을 설명한다는 것을 알아냈다.

1,091개의 회사 중 매출액이 500억 엔 이상 또는 1,000억 엔 이상인 일부 대기업만으로 압축해서도 똑같은 분석을 했다. 대기업에서는 산업요인의 설명력이 약간 올라가고 기업요인의 설명력이 내려가는 결과가 나오기는 했지만, 그럼에도 역시 기업요인이 중요하다는 결론은 뒤집히지 않았다(〈도표 1-7〉).

물론 이들 결과는 평균으로 버니가 말했듯이 경쟁구조가 다른

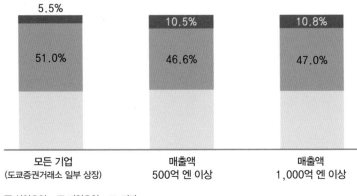

도표 1-7 **산업요인과 기업요인에 의한 총자본이익률의 설명력**(일본 기업)

5.5%

51.0%

10.5%

46.6%

10.8%

47.0%

모든 기업
(도쿄증권거래소 일부 상장)

매출액
500억 엔 이상

매출액
1,000억 엔 이상

■ 산업요인 ■ 기업요인 ■ 기타

업계에 따라서는 산업요인이 커지기도 할 것이다. 또한 기업요인이 중요하다고 해 어떤 역량을 높이거나 살리면 수익으로 이어지는가 하는 것도 이 시점에서는 확실하지 않다.

이처럼 경영학자의 관심은 일반적으로 산업요인과 기업요인 중에 어느 쪽이 중요한가로 향하는 경향이 있다. 이는 물론 학술적으로는 아주 중요한 의문이지만 우리가 알고 싶은 것은 '일반론'이 아니다. 내가 일하는 기업이, 또는 나에게 자문을 의뢰해온 기업이 어떤 전략을 취하면 돈을 벌 수 있는가가 알고 싶다.

그러면 어떻게 하면 좋을까? 그 대답이 이 책에서 제안하는, 경영학자뿐만 아니라 우리가 돈을 벌 수 있는 경영전략을 발견하기 위한 통계해석이다.

04
경영전략을 위한 분석 순서 ①
―분석 대상 설정

이 책이 제안하는 것은 '자사의 상황에 맞춰 경영학자의 선행연구를 바꾼다'는 접근법이다. 자사가 현재 싸우고 있는, 또는 앞으로 싸울 수 있는 영역만으로 데이터를 한정해 그중 과연 어떤 요인이 어느 정도 수익성으로 이어지는지를 분석한다. '요인'에는 어떤 산업 분류에 속하는가 하는 산업요인, 어떤 자원과 역량을 갖고 있는가 하는 기업요인이 모두 포함된다. 이런 분석을 거치면 구체적으로 어떻게 하면 우리 회사가 수익을 늘릴 수 있는가 하는 전략의 힌트를 얻게 된다.

구체적으로는 다음과 같은 단계로 분석한다.

1. 경쟁하는 시장 범위와 분석 대상 기업 설정
2. 분석해야 하는 변수 아이디어 내기

3. 필요한 데이터 수집

4. 분석과 결과 해석

이제 각각을 설명하겠지만, 경영전략을 위한 분석을 할 때 먼저 생각해야 하는 것은 '우리가 경쟁하는 시장을 어떻게 묶을 것인가'다. 이질적인 기업이 이질적인 이유로 성공하고 있다는 정보는 참고가 되지만 즉시 유용하지는 않다. 분석 대상은 자사와 '자사가 싸우는 시장 내의 경쟁상대' 회사가 최소한 수십 개쯤(가능하면 수백 개 이상) 있으면 된다. 하지만 이 '자사가 싸우는 시장'이란 무엇인가 하는 정의에 따라 얻어지는 결과는 크게 달라진다.

수평 시장 분석

경제산업성에 의한 기업 활동 기본 조사 등에서는 표준화된 산업 분류가 사용된다. 일본 또는 세계의 산업구조 변화 등에 의해 몇 년에 한 번씩 수정되는데 기업이 어떤 산업에 속하는가는 '일본표준산업분류'에 의해 공적으로 표준화되어 있으며 대분류 · 중분류 · 소분류 · 세분류 등 세세한 카테고리도 존재한다.

하지만 절대적으로 따라야 하는 분류는 아니다. 표준산업분류는 분석자의 자의성이 개입되기 힘들다는 장점이 있고, 같은 산업 소분류(또는 세분류)에 속하고, 같은 기능 · 종류의 제품을 팔고 있는가 하는 시점에서 직접적인 경쟁 환경을 파악하는 데 물론 중요하다. 그러나 자사가 제공하는 상품이나 서비스가 정말로 무엇과 경쟁하는지를 생각하지 않으면, 파이브 포스에서 말하는 대체품이나 신규 진입자와의 경쟁을 적절하게 평가하기 힘들다.

이 경우 보다 넓은 의미에서 또는 추상적으로 자사가 고객에게 제공하는 가치를 파악해보면 전혀 다른 경쟁 환경이 보인다. 기업의 경리 작업을 효율화하는 업무용 패키지 소프트웨어를 주력 제품으로 만들어 판매하는 회사가 있다고 하자. 그들은 표준산업분류에 따르면 '정보 서비스업' 안의 '소프트웨어업' 안의 '패키지 소프트웨어업'이라는 세분류에 해당한다. 이 세분류에 속하고 또 경리 관련 소프트웨어를 만들어 판매하는 경쟁상대라면 이 기업의 사원은 대부분 곧바로 몇 개의 라이벌 기업을 머릿속에 떠올릴 수 있을 것이다.

하지만 이처럼 좁게 생각하면 때로는 진정한 경쟁 환경을 정확하게 파악하기 힘들다. 소프트웨어에 의한 '경리 작업을 효율화한다' 같은 가치를 제공하는 기업은 그 밖에 얼마든지 있다. 소프트웨어 패키지를 판매하지 않더라도 '수탁개발 소프트웨어업'에 해당하는 기업에 의뢰하면 제로부터 경비 처리를 위한 사내 시스템을 구축할 수도 있다. 컨설턴트에게 경리 업무의 실무를 개선하게 하거나, 외부 강사를 초빙해 경리 관련 연수를 의뢰해도 된다. 심지어 원론적으로 경리 작업의 효율화는 어디까지나 백오피스(관리부서)의 생산성을 향상시키고 싶다는 목적의 일부이기에 경리 소프트웨어보다 집기나 프린터 복합기를 교체하는 것이 생산 향상으로 이어진다면 고객의 예산은 사무용품 메이커로 분산될지 모른다. 이들은 포터의 파이브 포스 분석에서 말하는 '대체품과의 경쟁'이다.

아무리 동일 제품 내에서 압도적인 점유율을 차지한다 해도, 대체품의 압력에 굴복한다면 돈을 벌기 쉬운 위치라고는 말하기 힘들다는 것이 포터의 생각이다. 그렇다면 처음부터 같은 니즈에 대한 대체품도 경쟁상대로 파악해두는 것이 중요하다.

수직 시장 분석

시장을 수직적으로 파악해볼 수도 있다. 다국적 컨설팅 전문회사인 베인앤드컴퍼니(Bain & Company)는 이익 풀(Profit Pool, 가치사슬에서 발생하는 이익의 총합)의 도표화를 제안한다.

〈도표 1-8〉은 미국 자동차 산업의 제조에서 서비스에 이르기까지 발생한 모든 매출을 영역별로 분할하고(가로축), 각각이 어느 정도의 영업이익률을 올리고 있는가(세로축) 보여주는 이익 풀 도표다. 이를 보면 신차 판매는 이익률이 낮고, 또한 모든 자동차 산업에서 생기는 매출의 극히 일부밖에 얻을 수 없음을 알 수 있다.

이런 상황에서 신차 판매로 좀 더 돈을 벌 전략으로는 자동차 보험이나 수리 서비스를 제공해(수직통합), 신차 고객에의 접근성을 경쟁우위로 삼는 것 등을 생각할 수 있다.

앞의 소프트웨어 기업을 예로 든다면 위쪽에는 프로그램 분야의

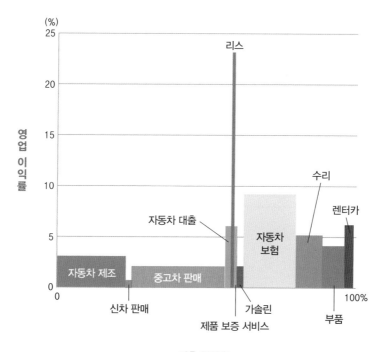

도표 1-8 미국 자동차업계의 이익 풀 도표

인재기업(파견이나 경력직 채용 추천 등)이 있고 아래쪽에는 패키지 소프트웨어를 사내 시스템에 도입하기 위한 시스템 통합 관리자가 있을 수 있으며, 그 소프트웨어를 사용하는 회계사무소가 어떤 기업의 회계 업무를 대행하는 등의 가치 창조 방법도 생각할 수 있다.

이처럼 대체품과의 경쟁이 아니라 자사 제품이 가치를 낳는 모든 수직 과정으로 시장 인식을 확대하고, 그중 수익성을 좌우하는 요인이 무엇인지 생각한다.

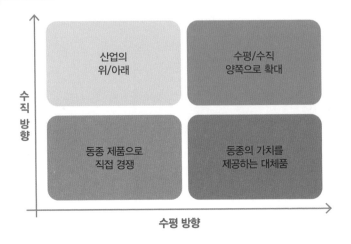

덧붙여서 이처럼 시장 범위를 넓혀 생각한다는 것은 김위찬과 르네 마보안이 쓴《블루오션 전략》에도 잘 정리되어 있다. 같은 업계 내에서 다른 전략을 취하는 기업 그룹뿐 아니라 대체산업(수평)이나 보완재 서비스 업계(수직) 등으로 범위를 넓혀 거기서 배워야 한다고 쓰고 있다. '옐로 테일' 와인사는 맥주나 칵테일 등 다른 알코올 시장을 참고로 '과일 향이 강해 쉽게 알 수 있는' 상품이 시장에서 성공 열쇠라고 이해했다. 지금 그들의 전략은 잘되어가고 있는 듯하다. 이런 생각을 좀 더 깊이 있게 알아보고 싶은 사람은 꼭 이 책을 읽어보기 바란다.

이상의 생각을 정리하면〈도표 1-9〉에 나타냈듯이 적어도 네 가지로 시장을 분류하거나 또는 분석 대상을 정의할 수 있다.

하나는 동종 제품으로 직접 경쟁하는 시장에서의 수익성을 좌우하는 요인을 발견하기 위한 분석, 여기서 가장 구체적이고 직접적으로 자사의 수익성을 개선하기 위한 힌트를 얻을 수 있다. 그리고 수평, 수직 방향 중 어느 한쪽 또는 양쪽이라는 시장 범위의 확장 방법을 생각하면 자사의 자원을 살려 새롭게 진출해야 할 영역을 발견할 수 있다. 어느 쪽이든 최소 몇 개 회사 이상의 경쟁상대를 특정해 분석 대상으로 삼는다.

비연속적 시장 분석

여기까지는 자사의 현재 비즈니스나 자원을 토대로 연속적이고 완만하게 전략을 수정하기 위한 것이었다면 비연속적 시장 분석은 '돈이 될 것 같은 전혀 다른 산업에 자사의 자원을 활용해 진입할 수 없을까'로, 때때로 이런 생각이 혁신적인 전략을 낳기도 한다.

앞에서 말한 경제산업성의 기업 활동 기본 조사에 따르면, 수익성이 높은 산업 분류 상위 20위는 〈도표 1-10〉과 같다. 인터넷 관련 서비스업의 이익률이 압도적으로 높고, 이어서 자동차 회사 등의 운송용 기계 기구 제조업, 그 밖에도 가구 소매업이나 광업, 의약품·화장품 회사, 업무용 기계 기구 제조업 등이 평균적으로 높은 수익성을 나타내는 산업이다.

자사의 총자본이익률보다 명백하게 높은 값을 나타내고 '자사의 자원과 궁합이 나쁠 것 같지 않은 산업'이 발견된다면 진입을 검토해

2013년 산업별 총자본이익률(상위 20)

순위	산업 분류	총자본이익률
1	인터넷 관련 서비스업	9.7%
2	운송용 기계 기구 제조업	6.3%
3	가구 · 창호 · 집기 소매업	6.3%
4	광업, 채석업, 자갈 채취업	6.1%
5	의약품 · 화장품 소매업	5.5%
6	업무용 기계 기구 제조업	5.2%
7	학술연구, 전문 · 기술 서비스업	5.1%
8	고무 제품 제조업	4.8%
9	화학공업	4.6%
10	개인교습소(학원)	4.6%
11	생산용 기계 기구 제조업	4.5%
12	음료 · 담배 · 사료 제조업	4.3%
13	영화 · 비디오 제작업	4.3%
14	자동차 판매업	4.0%
15	정보 처리 · 제공 서비스업	3.9%
16	기타 기계 기구 판매업	3.8%
17	직물 · 의복 · 잡화용품 소매업	3.8%
18	무점포 소매업	3.8%
19	목재 · 목제품 제조업(가구 제외)	3.6%
20	생활 관련 서비스업, 오락업	3.6%

볼 가치가 있다. 후지필름이 기존 전략 그대로 사진이나 인쇄 시장만 고집했다면 디지털화라는 대체품의 압력으로 궁지에 몰렸을지도 모른다. 그러나 그들은 자신이 가진 화학공업의 역량을 살려 의약품과

화장품이라는 새롭고 수익성이 높은 영역으로 진출했다.

그러나 수익성이 높다고 해도 그 산업 주변에서(말하자면 앞에서와 마찬가지로 수직·수평 양방으로 확대한 영역도 포함해) 수익성을 좌우하는 요인을 파악한 다음 진출을 검토하는 것이 좋다.

신문업은 같은 경제산업성 통계로 2013년도의 총자본이익률이 2.1%밖에 안 된다. 그들이 신문 콘텐츠의 힘을 살려 수익성 높은 인터넷 관련 서비스업에 진출해야 하는 것 아닌가 하고 누구나 생각할 수 있으며 실제 많은 신문사가 도전하고 있기도 하다.

하지만 이 웹 서비스 업계 주변에서 '무엇이 수익성을 좌우하는가'를 분석해보면 자사의 강점과 그 업계의 궁합을 알 수 있다. 결국 아이템 과금형의 게임(이른바 소셜 게임) 회사만 평균 수익률이 높을 뿐 다른 회사는 그리 높지 않을지도 모른다.

그렇다면 소셜 게임을 개발·운영이라도 하지 않는 한, 이 영역에의 진출은 추천되지 않는다. 또한 비용을 들여 콘텐츠를 계속 제작한다는 요인은 거의 영향이 없거나 오히려 마이너스 영향일 가능성도 있다. 이 경우 적어도 자사의 최신 또는 과거의 기사를 활용해⋯ 하는 누구나 생각할 수 있는 전략에는 의문부호가 찍힌다.

한편 '데이터 수집이나 출고의 최적화까지 일원화된 광고 플랫폼을 갖고 있는가'라는 점이 웹 서비스 관련 수익성에 큰 영향을 가져온다면 어떨까. 이 경우 콘텐츠 이상으로 반드시 활용해야 하는 중요한 자원은 신문 지면이나 삽입되는 선난지 등을 포함한 오프라인 광고 매체로서의 힘이 아닐까 하는 전략이 시사될지도 모른다.

05
경영전략을 위한 분석 순서 ②
─변수 아이디어 내기

　분석 대상이 되는 시장 또는 거기에 포함되는 기업의 조건이 정해지면, 다음으로 생각해야 하는 게 분석하고자 하는 설명변수 선택이다. 주목해야 하는 중요 경쟁자원 등, 기업별로 수익성 차이를 설명할 수 있을 듯한 요인에 대한 아이디어를 수집하는 것이다.

　상사·동료들과 머리를 맞대고 '이 업계에서 돈을 벌기 위해 중요한 것은 무엇일까?' '그거야 당연히 영업력일 것이다'라고 회의실에서 브레인스토밍을 하는 것도 물론 하나의 아이디어 수집법이다. 그러나 그렇게 해서는 중요한 게 누락될 가능성을 말끔히 지울 수없다. 학자들은 어떻게 분석 항목을 수집하는가를 참고하면 좋은데, 앞에서도 말했듯이 이것이 바로 리서치 디자인의 첫걸음이 되는 선행연구 검토다.

　이는 학자뿐만 아니라 데이터 분석으로 어떤 가치를 만들려 하는 모든 사람에게 중요한 생각이다. 데이터를 모으고 분석 가능한 상태로 가공하고, 실제 분석 결과를 깔끔한 보고서로 만드는 것은 나름대로 고생을 하는 것인데, 그 결과 구글 학술검색(Google Scholar)으로 검색해 중요한 부분만 번역하면 알 수 있을 정도의 정보밖에 얻지 못했다면 기업은 당신의 인건비만큼, 적지 않은 손실을 입는다.

더욱 최악인 것은 구글 학술검색을 조사해보면 알 수 있는 정도의 정보도 얻지 못했을 경우다. 모처럼의 빅데이터를 '남녀별로 비교해보았다' '나이별로 비교해보았다' 등의 정도로밖에 사용할 수 없는 일도 종종 있다. 어차피 분석하느라 고생을 한다면 가능한 한 사전조사를 하는 수고를 아끼지 말고 전 세계 누구도 아직 알아내지 못한 성공의 열쇠를 발견하기 바란다.

비즈니스맨을 위한 체계적 문헌 연구 입문

그래서 학자들은 문헌조사를 할 때 체계적 문헌 연구(Systematic Review)라고 불리는 방법을 이용한다. 요즘은 구글 학술검색뿐 아니라 다양한 학술논문 데이터베이스가 있는데, 그런 빅데이터에 일정 검색어를 넣고 출판연도나 인용한 문헌, 게재 잡지나 논문 제목에 등장하는 단어 등의 조건도 정해주면, 조건을 만족하는 논문을 전부 수집해 정리해준다. 그 결과 어떤 연구가 이 세상에 존재하며 어떤 것을 알고 있는지가 명확해지는 것이다.

바쁜 비즈니스맨에게 이런 작업까지 요구하는 게 지나침은 충분히 알지만, 연구자들이 한 체계적 문헌 연구를 참고하는 방식이라면 분명 많은 사람들에게 유용할 것이다.

구글 학술검색에 resource based view와 systematic review라는 단어를 치면 맨 위에 빌라노바 대학교의 스콧 뉴버트(S. L. Newbert)에 의한 2007년 논문이 나온다(〈도표 1-11〉). 이것은 뉴버트가 경영학(ABI/Inform)과 경제학(EconLit) 양쪽의 문헌 데이터에서 Resource Based View 또는 RBV라는 키워드를 포함한 것 중 경쟁우위성이나 성과에 관한 실제 데이터를 이용한 통계를 해석한 논문 55편을 추출해 정리한 것이다.

구글 학술검색을 보면 1,000편 이상의 논문이 인용되어 있으며 직접 본문 PDF도 볼 수 있으므로, 영어가 약하지 않은 사람이라면 반드시 전체 본문을 읽어보기 바란다.

또한 체계적 문헌 연구 논문은 표의 형태로 유익한 정보가 정리된 경우가 많아 좋다. 영어가 약한 사람이라도 충분히 볼 수 있다. 이 논문에서는 성과에 영향을 주는 요인을 자원(Resource), 역량(Capability), 핵심역량(Core Competence)의 세 가지로 나누어 생각하는데 각각 어떤 종류의 요인인지 해석한 55편의 논문에 등장하고, 또는 조건이 다른 몇 개의 분석(통계적 가설 검정) 결과, 그것이 성과에 플러스 영향을 준다고 지지한 것은 몇 가지(그리고 몇 %) 있었는가 하는 결과를 표 4로 정리했다.

이중 처음 제시된 자원 부분을 발췌해 〈도표 1-12〉로 나타냈다. 맨 왼쪽은 영어지만 비즈니스에서 많이 사용되는 단어다. Human capital이 인적자원이라든지, Knowledge가 지식이고 Experience가 경험이라는 것 등은 비즈니스맨이라면 대부분 알고 있다.

그 밖에는 숫자다. 원래 표의 Tests라고 쓰인 부분은 '행해진 가설검정의 수를 나타내고 있다'라고 해석될 수 있는데, 이에 대해서는 통계학 용어나 경영학의 실증 연구계 논문에 더 익숙해질 필요가 있다. 다만 적어도 맨 왼쪽 줄의 영단어를 해석해봄으로써 선행연구에서 검토된, 자사가 주목해야 하는 기업의 자원이나 역량에 대한 아이디어를 얻을 수는 있다.

물론 이 시점에서는 아직 아이디어로 추상성이 약간 높을지도 모른다. 인적자원과 성과의 관련성을 분석해 3분의 1은 유효성을

뉴버트 논문의 표 4

수익에 영향을 미치는 요인	다루는 논문 수	행해진 가설 검정 수	유효성을 지지한 수	%
Resource				
Human capital	7	33	11	33%
Knowledge	6	46	9	20%
Experience	5	15	5	33%
Social capital	5	11	8	73%
Innovation	4	10	7	70%
Reputation	4	7	5	71%
Service climate	3	15	6	40%
Economies of scale	3	7	4	57%
Financial	3	7	3	43%
Culture	2	13	1	8%
Physical	2	6	1	17%
Entrepreneurial	2	5	1	20%
Customer-related	2	4	4	100%
Organizational	2	4	2	50%
Racial diversity	2	4	0	0%
Top management team	1	11	5	45%
Property-based	1	8	6	75%
Business	1	4	0	0%
Environmental performance	1	3	2	67%
Intangible	1	3	0	0%
Managerial	1	3	1	33%
Price	1	3	0	0%
Tangible	1	3	0	0%
Work-family policy	1	3	3	100%
Technological	1	2	1	50%
Tenure	1	2	0	0%
Subtotal	32	232	85	37%

Capability				
Human resource	4	19	12	63%
Innovative	3	8	5	63%
Information technology	2	58	47	81%
Technological	2	13	11	85%
Entrepreneurial	2	7	5	71%
Learning	2	5	5	100%
Cost reduction	2	4	0	0%
Product development	2	4	2	50%
Quality	2	4	0	0%
Client retention	1	3	2	67%
Customer relationship building	1	3	3	100%
Information acquisition	1	3	1	33%
Knowledge	1	3	3	100%
Market orientation	1	3	3	100%
Negotiation	1	3	1	33%
Specialization	1	3	3	100%
Supplier relationship building	1	3	1	33%
Title—taking	1	3	3	100%
Communication	1	2	1	50%
Distribution	1	2	2	100%
Research and development	1	2	1	50%
Ancillary	1	1	1	100%
Change	1	1	1	100%
Leveraging	1	1	1	100%
Merger and acquisition	1	1	0	0%
Medical	1	1	0	0%
Pricing	1	1	0	0%
Subtotal	19	161	114	71%

Core competence				
Marketing	2	5	3	60%
Technological	2	5	4	80%
Architectural	1	8	4	50%
Regulatory	1	4	3	75%
Component	1	1	1	100%
Integrative	1	1	1	100%
Subtotal	3	24	16	67%

지지했음을 알았다 해도 구체적으로 어떤 인적자원의 강점이 어떤 업계의 어떤 성과에서는 중요해지고, 어떤 업계의 어떤 성과에서는 중요해지지 않았는가를 생각하려면 인용된 논문 55편 전부를 읽어야 한다.

그러나 이것을 논의의 토대로 삼거나, 브레인스토밍이나 더 많은 정보 수집을 위해 참고하는 방법이라면 영어가 약한 비즈니스맨도 활용 가능하다. 어차피 이들 연구의 대부분은 유럽이나 미국 기업(특히 미국)의 실태를 나타낸 것으로 그대로 우리 산업 영역에서 활용할 수는 없다. 미국에서 인종다양성이 기업의 수익성을 향상시킨다는 결과가 나왔다 해도 그것이 그대로 국내 기업에 성립한다는 말인지는 판단하기 힘들다.

그래도 이를 논의의 토대로 하는 것은 틀림없이 유익하다. 회의실에 모여 앉아 제로부터 '이 업계에서 성공하는 데 중요한 것은 무엇일까?'라는 이야기를 해봤자 인재(Human capital)는 물론, 평판

(Reputation)이나 일과 가족의 균형을 잡기 위한 정책(Work-family policy) 등의 관점이 제시될 가능성은 별로 없다.

하지만 이런 목록을 토대로 '우리 업계에서 중요한 인재는 어떤 사람인가?'라는 이야기를 하나하나 진행해가면 미디어와의 관계가 강한 PR 담당자라든지, 특정 기술에 강한 엔지니어 등의 아이디어에 도달할지 모른다.

이 질문을 뒤집어 '우리 업계에서 이대로는 곤란한 인재는 어떤 사람인가?'를 생각해보면, 일은 잘 벌이지만 견적 내는 게 서툴러 매달 적자를 내는 영업맨은 곤란하다 등의 이야기가 나올 것이다. 이럴 때 거꾸로 '무모하게 일을 벌이기보다 실제 비용을 확실하게 견적 낼 수 있는 영업맨'이 수익을 좌우하는 중요한 인재일 수도 있다는 아이디어를 정리해볼 수 있다.

여기서 중요한 것은 회의 중의 논의만으로 '이것은 성과와는 관계없을 것이다' 하고 아이디어를 부정해버리지 않는 것이다. 물론 너무 어처구니없는 의견까지 분석할 필요는 없지만, 어디까지나 여기서 해야 하는 일은 훗날의 분석에 필요한 데이터를 가능한 한 모조리 밝히는 것이다. 실제 성과와 관계 있는지 그렇지 않은지 분석 결과가 나오지도 않았는데 멋대로 가능성을 축소시켜버리는 것은 종종 중요한 발견 가능성을 놓치게 하는 아까운 행위다.

또한 사내 의견이나 해외 경영학자의 의견뿐만 아니라 보다 가까운 전문가의 의견으로 일반용 비즈니스 잡지의 기사나 비즈니스 서적도 참고가 된다. 〈주간 다이아몬드〉 〈주간 도요게이자이〉 〈닛케이 비즈니스〉 등의 일반 잡지에서 보다 특화한 업계지까지, 어떤 회사의 성공과 실패의 이유는 이것이 아닌가 하는 말이 다양한 매체에 넘쳐난다.

요즘은 이런 매체도 웹으로 기사를 볼 수 있으며 업계지를 정기 구독하는 기업도 많다. 가까운 도서관에 가면 꽤 옛날 것까지 거슬러 올라가서 이런 잡지의 지난 호들도 읽을 수 있다. 잡지 기사에 나온 성공과 실패요인을 그대로 받아들여 실행하는 것은 약간 위험하지만 하나의 가설로서 데이터 분석 항목의 안으로 채택하는 데에는 아무 문제없다.

〈도표 1-13〉은 뉴버트의 논문에서 이 책의 독자를 위해 특별히 만든 분석 항목의 아이디어를 목록화하기 위한 질문이다. 기업이나 사업의 전략을 보다 수익성 높게 하기 위한 참고로 삼기 바란다.

도표 1-13 전략분석을 위한 질문 항목

인재와 조직
이 업계에서 이익을 가져오는 중요한 인재에는 어떤 사람이 있습니까?
기업이나 개인이 어떤 것을 경험하면 나중에 이익으로 이어집니까?
기업이나 개인이 어떤 지식을 갖고 있는 것이 이익으로 이어집니까?
어떤 사람의 어떤 커뮤니케이션 능력이 이익으로 이어집니까?
어떤 조직적 특징을 갖고 있는 것이 이익으로 이어집니까?
어떤 직원 다양성을 갖고 있는 것이 이익으로 이어집니까?
어떤 사람의 어떤 워크 라이프 밸런스를 지지하는 것이 이익으로 이어집니까?

누구를 위한 어떤 고용제도(종신고용제도 등)를 갖는 것이 이익으로 이어집니까?

어떤 인사제도를 실행하는 것이 이익으로 이어집니까?

어떤 경영진과 그 사이의 관계성이 이익으로 이어집니까?

어떤 서비스 풍토가 이익으로 이어집니까?

어떤 기업문화가 이익으로 이어집니까?

물건, 돈 등의 유형자산

어떤 재무 상태(현금의 흐름이나 시가 총액 등)가 이익으로 이어집니까?

어떤 것(설비 · 사람 · 자금 등)이 있을수록 수익성이 향상된다는 규모의 경제가 작동합니까?

어떤 유형자산(토지 · 기계 · 생산거점이나 소유권 등)을 갖고 있는 것이 이익으로 이어집니까?

마케팅 등으로 얻을 수 있는 무형자산

어떤 고객을 신규 획득하거나 유지하는 것이 이익으로 이어집니까?

누구에 대해 어떤 마케팅을 하는 것이 이익으로 이어집니까?

누구에 대해 어떤 교섭력을 갖는 것이 이익으로 이어집니까?

무엇에 대해 어떤 유통 채널을 갖고 있는 것이 이익으로 이어집니까?

기업이나 개인이 어떤 사람으로부터 어떻게 신뢰받는 것이 이익으로 이어집니까?

기업이나 개인이 고객과 어떤 관계성을 갖는 것이 이익으로 이어집니까?

누가 누구와 어떤 신뢰관계나 규범, 인간관계를 갖고 있으면 회사에 이익을 가져옵니까?

어떤 무형자산(브랜드나 거래처와의 관계성 등)을 갖고 있는 것이 이익으로 이어집니까?

기술 · 혁신

어떤 기술을 갖고 있는 것이 이익으로 이어집니까?

어떤 제품을 어떻게 개발할 수 있는 능력이 이익으로 이어집니까?

어떤 제품 · 서비스의 어떤 품질이 이익으로 이어집니까?

무엇에 대해 어떤 가격경쟁력을 갖고 있거나 비용 삭감 능력을 갖고 있는 것이 이익으로 이어집니까?

어떤 IT 기술을 갖고 있거나 도입하는 것이 이익으로 이어집니까?

어떤 환경 최적화를 갖고 있는 것이 이익으로 이어집니까?

기업이나 개인이 이익으로 이어지는 혁신을 일으키기 위해 중요한 것은 무엇입니까?

누구의 어떤 기업가 정신이 이익으로 이어집니까?

누가 어떤 것을 새롭게 학습할 힘을 갖고 있는 것이 이익으로 이어집니까?

어떤 상을 받는 것이 이익으로 이어집니까?

어떤 연구개발을 하는 것이 이익으로 이어집니까?

어떤 변혁을 하는 것이 이익으로 이어집니까?

전략

무엇을 어떻게 특화시키는 것이 이익으로 이어집니까?

어떤 흡수합병을 하는 것이 이익으로 이어집니까?

어떤 가격제도, 과금 체계를 취하는 것이 이익으로 이어집니까?

무엇을 어떻게 조합해서 통합할 수 있는 것이 이익으로 이어집니까?

어떤 규제의 혜택을 받는 것이 이익으로 이어집니까?

무엇을 어떻게 뒷받침해주는 것이 이익으로 이어집니까?

06
경영전략을 위한 분석 순서 ③
─ 데이터 수집

어떤 종류의 데이터를 분석 대상으로 삼을 것인가가 대충 정해졌다면 실제 분석 가능한 데이터 수집에 들어가자. 이때 중요한 사고방식은 '가능한 한 객관적인 데이터를 다루는 것'과 한편으로 객관적인 데이터를 입수하기 곤란하다면 '주관적인 요소가 들어가도 좋으니 포기하지 말고 데이터를 갖추는 것'이라는 두 가지 관점이다.

우선은 공개된 객관적 데이터부터

먼저 전자에 대해 설명하자. 당신이 분석 대상으로 생각한 기업군에 대해 '돈을 벌고 있는 곳과 벌지 못하는 곳은 어떤 차이가 있는가'를 생각할 때 맨 처음 확보해야 하는 것은 각 기업의 아웃컴인 '돈을 벌고 있는 정도'를 가능한 한 정확한 숫자로 고정시키는 것이다.

당신이 근무하는, 또는 의뢰 받은 기업이 철강이나 중공업 등의 대기업이라면 '돈을 벌고 있는 정도'라는 숫자를 정확하게 파악하는 게 그리 어렵지 않다. 이런 기업이 참고해야 하는 경쟁상대는 대부분 주식시장에 상장되어 있으며 재무 데이터도 공개되어 있기 때문이다. 야후 파이낸스나 경제신문사의 웹사이트 등을 보면 최신 연도는 물론 과거 5년이나 10년까지 총자본이익률 등의 경영지표를 파악할 수 있다.

한 연도만 보면 '우연히 그해에 히트 상품이 나왔다' '우연히 그해에 초대형 안건을 수주했다'나 반대로 '우연히 그해 리콜이나 재해로 큰 손실을 보았다' 등으로 인해 경영지표가 크게 좌우될 수도 있다. 그러므로 3년 또는 5년같이 어느 정도 기간의 평균값을 취하는 것이 보다 정확할 것이다. 물론 너무 긴 기간의 데이터를 수집하면 고생도 더 하고 심지어 '옛날에는 경기가 좋았는데 지금은 영 시원치 않다' 하고 시절 탓을 해버릴 수도 있다.

'벌고 있는 정도'에 총자본이익률을 사용하는 이유

'벌고 있는 정도'를 나타내는 아웃컴으로 슈말렌지나 루멜트 등과 마찬가지로 총자본이익률을 이용할 것을 추천하는데 이것은 물론 이유가 있다. 매출을 분석하는 경우 적자라도 무리하게 출혈 경영을 하는 기업을 '돈을 벌고 있다'고 평가하게 될 수도 있다. 또한 영업이익이나 경영이익의 절대액을 분석하는 경우 기본적으로 '총자본이 큰 기업은 이익액도 크다'는 결과가 얻어지는데, 이런 것은 알아봤자 별로 기쁘지 않다. 여기서 우리가 알고 싶은 것은 회사의 자본을 어떻게 운용하면 좀 더 돈을 벌 수 있을까 하는 점이다. 이익의 절대액은 크지만 투자한 자본을 따져보면 이익이 높은 것은 아니라는 경영전략에 중점적으로 투자해서는 안 된다.

그래서 슈말렌지나 루멜트 등은 경영전략의 수익성을 생각하는 관점에서 총자본이익률을 이용했다. 그 밖에 토빈의 Q 등 보다 전문적인 지표를 아웃컴으로 분석하는 경영학자도 있지만 데이터를 모으기는 총자본이익률이 쉽기 때문에 독자 여러분이 우선 분석해보는 데에는 특히 적합할 것이다.

벤처기업 등을 분석 대상으로 하는 경우에는 현재 이익률이 아니라 시장에서 기대되는 장래성을 더하기 때문에, 시가총액을 '돈을 벌고 있는 정도'가 아니라 '돈을 벌 수 있을 것 같은 정도'의 지표로 분석하기도 한다.

비상장기업도 분석 대상으로

수익성이 있는 전략을 알고 싶은 시장이 '규슈 남부의 소매 체인'일 경우 경쟁기업의 과거 총자본이익률은 어떻게 얻어야 할까?

상장되어 있지 않은 경우도 포함해 드럭스토어, 슈퍼마켓, 홈센터 등 다양한 소매점이 존재하며, 서로 조금씩 경쟁 상품을 취급하기도 한다. 그중 상장해도 이상하지 않을 정도의 매출이나 이익을 올리는 기업도 매출액을 공표하는 곳은 극히 일부다.

하지만 지역을 지탱하는 비상장 중견기업의 총자본이익률도 정확한 데이터를 얻을 수 있다. 많은 기업이 거래처 여신심사 등에서 신세를 지고 있을 제국데이터뱅크는 비상장기업을 포함해 일본 각지 많은 기업의 재무 데이터를 수집하고 있다. 웹사이트상에서 한 회사당 수백 엔 정도만 지불하면 얻을 수 있는 기업 정보 데이터에서도 적어도 한 해 분의 매출액과 이익 정도는 파악할 수 있으며 좀 더 비용을 지불하면 보다 상세한 기업 재무 데이터를 입수해 총자본이익률을 계산하는 게 가능하다.

경우에 따라서는 대기업 분석에서도 자사의 위나 아래, 대체품을 취급하는 많은 비상장기업을 분석에 포함시킴으로써, 사실은 그런 비상장기업이 은근히 큰 이익을 올리고 있음을 알아차리고 새로운 전략 아이디어를 얻을 수 있을지도 모른다.

이처럼 공표된 데이터와 제국데이터뱅크 같은 기업이 빈번히 수집한 데이터를 합치면 대다수 국내시장에서 '어떤 기업이 어느 정도 수익성을 얻고 있는가'에 대해 상당히 정확한 정보를 얻을 수 있다.

심지어 이것들을 어떤 기업 속성이나 경영자원이 좌우하는가 하는 설명변수에 대해서도 마찬가지로, 가능한 한 객관적이고 정확한 데이터를 얻을 수 없는지를 생각하는 것이 좋다. 직원 수나 설립 연수, 진출해 있는 업종 분야나 주요 거래처 등 다양한 경영 정보 등은 매출이나 이익 등과 마찬가지로 공표되어 있거나 또는 제국데이터 뱅크 등에서 입수할 수 있다.

매출액 자체는 '수익성이 좋은 정도'라는 아웃컴으로 취급하는 것이 부적절하다고 언급했지만, 총자본이익률을 좌우하는가 그렇지 않은가 하는 설명변수의 후보로는 넣어도 손해가 없다.

만약 '매출액이 높을수록 수익성도 높아진다'라면 규모의 경제가 작동한다는 것으로 은행에서 대출을 좀 받아서라도 확장 전략을 펴야 한다는 의미일지 모른다. 한편 매출액이 높을수록 수익성이 낮아진다면 무리하지 말고 적절한 규모를 유지한 채 수익성이 높은 차별화 요인을 찾아내는 것이 좋다는 중요한 정보가 된다.

조사회사에 제대로 정보를 요청하는 방법

화장품에서는 '어떤 브랜드 이미지를 갖고 있는가', 음식점에서는 '어떤 점에서 고객만족을 얻고 있는가' 등과 같이 고객 의식이 중요한 시장도 존재하는데 이들에 대해서도 정확하게 수집된 데이터가 있다.

닛케이리서치나 오리콘 같은 기업은 지역의 중견기업 등도 포함해 이런 시점에서 상당히 대규모로 지속적인 조사를 벌이고, 그 데이터를 외부에 판매한다. 당신이 '이런 데이터가 없을까'라고 생각하는 것 중 대부분이 다양한 조사회사에 의해 수집, 판매되고 있으므로 최소한 구글 검색과 문의 정도는 해보자.

그다음 이런 조사회사와 미팅을 할 때는 분석 대상으로 삼는 기업 목록을 미리 준비해 '이들 기업에 대해 통일적인 포맷으로(말하자면 모든 기업에 대해 똑같이) 어떤 데이터를 갖고 계십니까'라고 물어볼 것을 권한다.

그렇게 하면 그 정보로 어떤 변수를 분석할 수 있는가 또는 없는가를 알 수 있다. 반대로 당신이 분석 대상으로 하고 싶은 대다수 기업의 정보가 존재하지 않는다든지, 개별 항목밖에 조사되어 있지 않다든지 하는 경우, 데이터를 구입해도 분석에는 별 쓸모가 없을 가능성이 높다.

한편 이런 조사 대상이 된 기업들은 일정한 검토를 거쳐 '시장의 전체적인 행태를 파악하기에 충분하다'고 판단된 것이다. 그러므로 애초 상정되어 있던 분석 대상 기업군과 매치가 잘되지 않는다면 일단 조사회사가 데이터를 갖고 있는 기업만으로 분석을 해본다 식의 역발상을 해도 좋다.

업계 단체나 업계 특화형의 싱크탱크 등이 정기적으로 통계를 취급하고 있기도 하다. 이들은 정기 보고서 이 외에는 별로 쓰이고 있지 않은데 데이터를 사용하게 해줄 수 있느냐고 문의를 해보자.

이런 노력을 거듭한 다음 그럼에도 '어디에도 데이터가 존재하지 않는다'면 마침내 직접 데이터를 수집한다. 앞에서 언급한 브랜드 이미지나 고객만족이라는 '소비자에게 물어보면 알 수 있는' 항목인데 조사회사가 분석 대상으로 하고 싶은 기업의 데이터를 갖고 있지 않다면 인터넷으로 수백~수천 명 정도에게 설문을 해 데이터를 입수한다.

물어보고 싶은 상대가 주로 지방의 고령자로 인터넷 이용을 별로 기대할 수 없다면, 경우에 따라서는 인터넷 조사보다 비용이 들긴 하지만 조사원에 의한 오프라인 조사를 잘하는 전통 조사회사를 이용한다.

주관적인 요소가 들어간 데이터를 수집할 때의 주의점

문제가 되는 것은 외부에서 물어서는 알 수 없는 사내 정보다. 영업부가 강한가 그렇지 않은가 또는 젊은 사원이 낸 제안이 바로 실행되는 소통이 잘되는 조직문화인가 그렇지 않은가 등, 누구라도 생각할 수 있는 '그러므로 이 회사는 수익성이 높다' '이 부분이 문제라서 수익성이 좋지 않다' 같은 요인에 대한 데이터는 막상 수집하려 하면 어디서부터 손을 대야 할지 몰라 당황하게 된다.

여기서 비로소 두 번째의 '주관적인 요소가 들어가도 좋으므로 포기하지 말고 데이터를 수집하는 것'이 중요해진다.

주관적인 요소가 들어가도 좋다는 것은 '기껏 분석 항목으로 중요하게 뽑았는데 객관적인 데이터가 없어 취급하지 않는다면 너무 아깝다' 때문이다. 그렇다면 다소 주관이 들어갔다 해도 분석에 이용하는 편이 낫다. 가능한 최소한의 데이터를 갖추는 방법으로 분석 대상 경쟁기업을 잘 아는 인물에게 '영업부가 강하다고 생각합니까?' '조직문화가 소통에 좋다고 생각합니까?'라고 쓰인 설문지를 돌려서 5단계로 채점해달라고 하는 것 정도는 가능할 수 있다.

단 이때도 보다 정확하게, 가능한 한 객관적으로 하려는 노력을 게을리 해서는 안 된다. 단 한 명에게만 물어본다면 '저 회사에 내가 아주 싫어하는 사람이 있으니까' 등의 개인적인 사정에 의해 답이 바뀔 수도 있다. 또 언제나 술집에서 '회사를 이끌어가는 것은 우리들이다!'라고 말하는 영업맨은 의식적으로든 무의식적으로든 자신이 아는 실적이 좋은 기업에 대해 실제보다 과장되게 '여기도 분명 영업이 강할 것이다'라고 답해버릴지도 모른다.

그러므로 가능하다면 이런 설문조사는 여러 명에게 돌려 평균값을 내는 등의 대처가 필요하며, 애초에 조사 상대로 중립적인 입장에서 자사를 포함한 분석 대상의 기업과 관련된 제3자(업계지 기자나 각 기업과 거래가 있는 다른 업종의 영업직원 등)를 선택하는 것도 좋은 방법이다.

만약 사내에서 얻어진 회답 결과와 외부 회답 결과가 이질적인 경향이 있다면, 무리하게 평균을 구하지 말고 '전혀 다른 항목'으로 분석에 이용하는 것도 좋다. 이는 실제 많은 경영학자, 사회과학자들도 종종 쓰는 방법이다.

수집한 데이터의 정리법

이렇게 해서 객관적이거나 주관적인 여러 데이터를 얻었다면 마지막으로 하나의 기업에 한 행씩, 모든 항목(열)에 대해 누락된 것이 없는 표의 형태로 데이터를 정리한다.

일반적인 형식으로는 맨 위 행이 항목명의 설명, 두 번째 행부터가 데이터의 내용이며, 왼쪽부터 첫째 칸에 기업을 특정하는 ID(상장기업 코드 또는 제국데이터뱅크의 기업 코드 등), 둘째 칸에 기업명, 셋째 칸에는 '수익성 정도'인 총자본이익률 등을 기입하고, 네 번째 칸 이하에는 그런 수익성을 좌우할지도 모르는 각종 설명변수를 쓴다(〈도표 1-14〉).

'여기만은 도저히 정보를 입력할 수 없다(0도 아니다)'는 셀이 있는 경우 특별히 영향이 없는 것으로 보인다면 그런 항목을 포함하는 기업은 분석에서 제외해도 좋다.

또는 그것이 수로 표시되지 않는 정성적인 것(해당 업종의 세분류 등)이라면 '해당 없음'이나 '기타'라는 새로운 분류를 만든다. 정량적인 것이라면 잠정적으로 타사의 평균값이나 중앙값(5단계 평가의 회답이라면 3점 등)으로 보완한다. 그것이 전문가가 아닌 분석자에게 권하는 현실적인 대처방법이다.

이런 방식의 문제점이나 그 이상으로 현대적인 통계방법을 알고 싶다면《불완전통계 해석》(이와사키 마나부岩崎学 지음)이나《미씽 데이터의 통계과학》(다카이 게이지高井啓二 등 지음) 등을 읽어보자.

기업 코드	기업명	총자본이익률	직원 수	...
4289538025	시노하라 공업	4.23%	628	...
6839174958	마나베 전기공업	−0.03%	713	...
7861986783	히시이 공업	3.21%	1,210	...
...	...	...	...	...

이렇게 해서 데이터가 갖춰지면 마침내 '수익성을 좌우하는 기업 속성이나 경쟁자원은 무엇인가' 하는 대답을 발견해야 하는 통계 해석에 들어갈 수 있다.

07
경영전략을 위한 분석 순서 ④
―분석과 해석

이 세상에는 수많은 통계방법이 존재하는데, 이 장과 같은 목적으로 통계해석을 한다면 초보자는 일단 다중회귀분석만 사용할 수 있으면 된다. 다중회귀분석이란 간단히 말하면 지금 취급하는 총자본이익률과 같은 수량에 어떤 요인이 어느 정도 영향을 미치는가를 한번에 분석할 수 있는 방법이다(이 책 본문에 나오는 통계방법 설명은 대부분 먼저 나온 책인《실무활용 편》에서 말한 내용의 요약이므로 자세히 알고 싶은 독자는 그 책을 읽어보면 좋다).

단순집계의 두 가지 한계

다중회귀분석을 모르는 많은 비즈니스맨은 영업력의 높음과 수익성이 관련되어 있는지의 '가설'을 검정하기 위해 집계를 해 다음과 같은 막대그래프를 그린다(〈도표 1-15〉).

이것은 제3자에게 기업 각각에 대해 '이 기업은 영업력이 높다고 생각하십니까?'라고 질문한 결과를 토대로 분류하고, 그래프별로 총자본이익률의 평균값을 구한 결과다. '전혀 그렇다고 생각하지 않는다'라고 평가된 그래프에서는 평균 2% 정도의 총자본이익률밖에 나타나지 않은데 비해 '대단히 그렇다고 생각한다' 그래프에서는 5% 가까운 총자본이익률이 나타난다. 여기서 영업력이야말로 이 시장에서 성공의 열쇠이며, 강력한 영업부를 포진시키는 것이 수익성을 높이는 전략이라는 결과가 도출된다.

도표 1-15 교차 집계 그래프

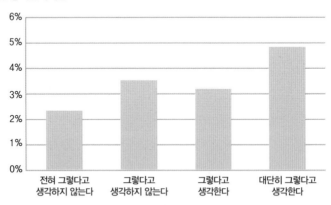

평균 총자본이익률

Q. 제3자에게 하는 질문 '이 기업은 영업력이 높다고 생각하십니까?'

그러나 이런 **단순집계에는 적어도 두 가지 문제점이 있다.**

첫 번째는 수고의 문제다. 이 장에서는 선인의 지혜를 모아 지금까지 생각지도 못했던 엄청난 수의 설명변수를 떠올리기 위한 접근법을 설명했다. 이런 순서에 따르면 그 수는 수십~수백 회로 올라갈지도 모른다. 이것 자체는 기쁜 일이지만 엑셀로 수백 번씩 집계하는 사태가 벌어진다면 도대체 마우스를 몇 번 클릭하면 되는가 하는 생각이 들며, 매크로 등으로 효율화시키더라도 수백 장의 그래프를 들여다봐야 하는데다 '결국 어떤 그래프가 중요한지 모르겠다'는 결론이 나온다면 애써 모은 데이터를 가치로 연결시킬 수 없다.

결국 알고 싶은 것은 '통계적으로 신뢰할 수 있는 수준에서 수익성의 차이를 잘 설명하는 설명변수'이며, 이 책에서 설명하는 다중회귀분석법이라면 후보가 되는 설명변수가 수십이든 수백이든, 통계적으로 신뢰할 수 있는 수준에서 수익성과 관련된 것만을 발견하는 게 가능하다.

두 번째 문제점은 단순집계로 찾아낸 차이가 정말로 원인인지 여부를 알 수 없다는 점이다. 〈도표 1-15〉를 보면 '영업력의 강함에 의해 수익성이 좌우된다'는 결론이 나오는데, 단순히 어느 정도 큰 매출을 올리고 있는 기업이 남아도는 현금을 사용해 영업력을 더욱 강화시키고 있는 것일지도 모른다.

말하자면 원래 중요한 것은 '매출이 있으면 규모의 경제가 작동해 수익성이 올라간다'라는 이야기이며 실제 어느 정도 규모만 된다면 엄청난 영업을 하지 않아도 수익성이 향상된다는 상황도 생각할 수 있다. 이 경우 '매출이 큰 부분은 수익성도 높고 대부분 영업도 (또는 의미 없이) 강하다'는 것이 되며 외견상으로는 '영업력이 높은 곳은 수익성도 높다'는 그래프를 얻고 만다. 그렇다고 해서 매출이 작은 회사가 무리해 영업력을 강화해봤자 수익성은 크게 개선되지 않을지도 모른다.

하지만 다중회귀분석에서의 해석은 '다른 설명변수의 값들이 고정된 상태에서 이 설명변수가 1(한 단위) 증가할 때마다 총자본이 익률은 얼마나(몇 단위) 증가하는가/감소하는가'라는 형태로 결과를 나타낼 수 있다.

앞에서와 같은 상황에서 매출액과 영업력의 강함이라는 두 요인을 설명변수에 포함해두면 '영업력 조건이 같더라도 매출액이 증가하면 수익성은 높아진다'라든지 '매출액 조건이 같다면 영업력 자체는 수익성과는 관계없다'는 것을 알 수 있다.

이런 특징 덕분에 다중회귀분석을 사용하면 단순한 집계 그래프보다는 결과를 잘못 해석하는 위험을 피할 수 있다.

단계적 방법과 사람의 눈에 의한 변수 선택

집계 그래프의 한계를 피할 수 있다는 장점 때문에 다중회귀분석을 사용하는데, 분석 대상으로 삼은 기업의 수보다 설명변수의 수가 적어야 한다는 점은 주의가 필요하다.

경영전략 분석을 위해 자사와 경쟁하는 기업을 목록화할 때, 분석 대상이 되는 기업의 수가 기껏해야 서른 개 정도밖에 없다는 상황이 종종 발생한다. 서른 개 사밖에 없으면 분석할 수 없다는 말은 아니지만 이 서른 개 사에 대해 100의 설명변수를 모두 사용한 다중회귀분석을 하는 것은 수리적으로 불가능하다.

설명변수의 수가 29(분석 대상의 수보다 1이 적다)인 시점에서 중학생이 연립방정식을 풀듯, 한 치의 오차도 없이 '완전히 데이터와 일치하는 관련성'을 유도함으로 설명변수의 해석이 되지 않는다(즉 총자본이익률에 공통적으로 영향을 미치는 주요 요인을 찾을 수 없게 된다).

구체적으로 기업 수가 몇 개라면 설명변수가 몇 개까지 필요하다는 등의 명확한 기준은 없지만 경영전략을 생각하기 위해 적어도 스물에서 서른 개 정도의 기업을 분석 대상으로 삼을 경우 통계적으로 신뢰할 수 있고 수익성에의 영향이 큰 몇 가지 설명변수를 이용한 다중회귀분석의 결과가 바람직하다.

그러면 이런 설명변수는 어떻게 찾아내면 될까? 이를 해결하기 위한 통계방법이 존재한다. 전문용어로는 변수선택방법이라고 하는데 설명변수의 후보 가운데 통계적으로 신뢰할 수 있는 설명변수만을 골라낸 다중회귀분석의 결과를 얻을 수 있는 기계적인 알고리즘이 존재하는 것이다.

SAS, R, SPSS, 또는 Stata 등의 통계해석 툴이 일반적으로 제공하는 것 중 추천하고 싶은 것은 단계적 방법(Stepwise)이라고 불리는 알고리즘이다. 단계적 방법에서는 툴이나 툴 안에서 설정하는 옵션 등에 따라 약간의 차이는 있지만 기본 사고방식으로 먼저 여러 개의 설명변수에서 하나의 설명변수를 사용한 회귀분석을 해 가장 우수한 것을 찾아낸다.

이어서 남은 설명변수에서 최초에 선택된(가장 우수한) 설명변수 하나와 조합한 다중회귀분석을 했을 때 가장 우수한 설명변수는 무엇인지를 찾는다.

이처럼 설명변수를 하나씩 추가해가는 한편 일정 기준에서 반대로 삭제해야 하는 설명변수가 없는지를 확인해 있다면 삭제한다. 이런 설명변수의 증감을 반복해 이 이상 기준을 만족시키는 추가 설명변수가 찾아지지 않는 상황이 되면 변수선택 과정을 종료한다.

이렇게 해서 마지막에 선출된 설명변수에 의한 다중회귀분석의 결과를 보면 그것이 자신들이 준비한 데이터에서 얻어진 '수익성과 관련된 중요한 설명변수'다.

나는 평범한 비즈니스맨이라면 '일단 단계적 방법으로 충분하다'고 생각하는데, 요즘은 이런 단계적 방법보다 스탠포드 대학교 통계학 전공의 로버트 티브시라니(Robert Tibshirani) 교수가 1996년에 개발한 라소(Lasso) 정칙화 또는 그 파행형과 같은 방법에 의한 변수선택이 바람직하다는 연구가 있다. 흥미가 있다면 그가 공저로 이름을 올린 전문서《통계적 학습의 기초 · 데이터마이닝 · 추론 · 예측》(일본어 판)에 이 방법의 설명이 나오므로 읽어보자.

그보다 실용상 중요한 것은 '너무나 당연한 설명변수가 중요한 설명변수로서 선택되어 있지 않은가' 하는 확인이다. 제국데이터뱅크에서 받은 데이터를 토대로 분석용 데이터를 갖추기 위해 무심코 영업이익을 설명변수의 후보로 남겨버렸다고 하자. 영업이익이 늘어나면 총자본이익률이 늘어나는 것은 당연하지만 이것이 다중회귀분석의 설명변수로서 선택되어 있다는 것은, 그 이외의 설명변수와 총자본이익률과의 관련성을 나타내는 결과는 모두 '만약 영업이익액이 같다면~'이라는 조건이 갖춰진 다음의 일이다. 이것은 비현실적이고 무의미한 가정이며, 원래 알고 싶었던 '어떤 요인이 수익성과 관련되는가'라는 결과가 왜곡되어버린 것이다.

'당연하다' 정도는 아니라도 '그것을 안다 해도 어쩔 도리가 없다' '뭔가 느낌이 좋지 않다' 같은 설명변수가 선택된 경우 그런 설명변수를 삭제하고 변수를 다시 선택한다는 것도 중요한 포인트다.

'어쩔 수 없는 설명변수의 조건이 일정했다면~'이라는 조건의 조정이 있든 없든, 같은 설명변수가 선택된 경우 그 결과는 상당히 신뢰할 수 있지만 한편으로 '어쩔 수 없는 설명변수'를 제외함으로써 새롭게 다른 중요한 설명변수가 발견될지도 모른다.

어떤 고도의 방법이라도 기본적으로 수학이나 알고리즘은 '가장 딱 들어맞는' 분석 결과를 얻으려 한다. 바로 그렇기 때문에 반대로 '물론 딱 들어맞으면 좋기야 하겠지만 무의미할 것이다' 하는 식으로 딴죽을 거는 사람의 업무가 가치를 갖는 것이다.

분석 해석의 실제 사례와 기초지식

기계적인 알고리즘과 인간의 눈으로 체크해 이런 설명변수의 취사선택을 얼추 끝내면 몇 가지 그럴 듯한 설명변수에 의해 총자본이익률의 차를 설명할 다중회귀분석 결과를 얻을 수 있는데, 여기서 끝나는 것은 아니다.

비즈니스에서는 오히려 그다음 단계, 즉 분석 결과를 해석해서 무엇을 할 것인가 하는 점이야말로 가치를 낳는다. 〈도표 1-16〉과 같은 결과를 얻었다면 어떻게 하면 좋을까?

변수선택 결과 통계적으로 신뢰할 수 있고 너무 당연하거나 이상하지 않은 설명변수로는 '동남아시아권으로 진출 있음' '영업력의 강함' '보유한 특허 수' 그리고 시장조사 결과 얻어진 '상품개발력이 높다' '광고를 잘한다' 'AS가 약하다'는 여섯 가지가 있다.

이것은 얼핏 당연해 보이지만 설명변수의 후보로서 이외에도 '매출액 규모'나 '특정 상품 취급 여부' '취급하는 상품의 실속성에 대한 시장의 의식'이라는 데이터를 준비해 다시 이 여섯 가지가 선택되었다면, 확장노선에서 규모의 경제를 추구한다거나 어딘가의 시장에 진출한다든지 할인 공세를 취하는 등의 전략보다도 이 여섯 가지 설명변수를 강화하는 방향으로 주력하는 것이 센스 있는 전략이 아닌가 하는 기대를 가질 수 있다.

회귀 계수(자세히 말하면 편회귀계수지만 이 책에서는 알기 쉽게 설명하기 위해 회귀계수라고 부른다)란 '설명변수가 1 증가할 때마다 어떤 조건

설명변수	회귀계수	95% 신뢰구간	p-값
절편	−0.35	−2.73~2.03	0.764
동남아시아권으로 진출 있음	1.22	0.01~2.43	0.049
영업력의 강함 (제3자에 의한 4점 척도)	0.47	0.01~0.93	0.045
보유 특허 수 (특허 데이터베이스에서)	0.02	−0.01~0.07	0.093
상품 개발력이 높다 (시장조사에 의한 4점 척도)	0.20	0.01~0.39	0.038
광고를 잘한다 (시장조사에 의한 4점 척도)	0.23	0.02~0.44	0.034
AS가 약하다 (시장조사에 의한 4점 척도)	−0.29	−0.49~0.09	0.007

이 맞는 경우 총자본이익률이 얼마나 증가하는가/감소하는가'라는 의미다. 이 회귀계수는 어디까지나 이번에 준비한 데이터에서 추정된 것이므로 똑같은 상황에서 다시 조사와 분석을 해도 같은 결과는 얻을 수 없다. 그렇다고 해서 전혀 신뢰할 수 없는 것은 아니다. 각 회귀계수의 95% 신뢰구간을 보면 무제한으로 데이터를 모은 결과 회귀계수는 '대충 이 정도쯤에 있다'라는 범위를 알 수 있다. 이 95% 신뢰구간의 양끝이 모두 플러스 또는 마이너스인 경우 '총자본이익률과 전혀 관계가 없다(회귀계수가 제로)' 또는 '오히려 역효과(회귀계수의 플러스 마이너스가 반대)'라는 것은 생각하기 어려우며 마찬가지로 p-값으로도 판단할 수 있다.

p-값이란 (다른 설명변수의 조건을 일정하게 했을 때) 그 설명변수가 아웃컴에 아무 영향도 주지 않는 것이 사실일 경우, 주어진 데이터의 분산이나 오차만으로 이 정도 크기의 회귀계수가 얻어지는 확률을 나타낸다. 즉 p-값은 작을수록 그 설명변수가 아무 영향도 주지 않는다는 것은 사실이 아니게 되며 회귀계수값을 통계적으로 신뢰할 수 있게 된다. 일반적으로는 5%를 기준으로 그 이하 값이면 신뢰할 수 있는 결과로 받아들인다.

〈도표 1-16〉에서 알 수 있는 것은 경쟁기업 중 동남아시아권에 진출하는가 그렇지 않은가라는 1점의 차이만으로 평균해 1.22%나 총자본이익률이 달라진다는 것이다. 또한 p-값을 보더라도 0.049라는, 일반적인 판단기준인 0.05보다도 작다. 말하자면 '데이터의 분산이나 오차만으로 이만큼의 차가 우연히 생길 확률은 5%보다 작으므로 신뢰해도 좋지 않은가'라는 결과다. 더욱이 95% 신뢰구간을 보면 오차를 고려해 최저 0.01%, 최대 2.43%의 이익 향상을 기대할 수 있다.

이것은 얼핏 중요한 숫자로 보이지 않을지 모르지만 상장기업은 물론 그렇지 않은 기업에게도 대차대조표(밸런스시트)를 보면 총자본이 수십 억~수백 억 엔의 기업이 많다. 널리 알려진 대기업이라면 수천 억 엔이나 수조 엔 이상의 자산을 보유하고 있다. 당신의 기업이 1,000억 엔의 총자본에서 30억 엔의 이익을 내고 있다면 총자본이익률은 3%가 되는데, 이것이 1.2포인트 증가하는 설명변수가 발견되어 그 방향으로 기업을 변화시키는 것이 불가능하지는 않다고 하면(이번 경우로 말하면 아직 동남아시아에는 진출하고 있지 않았지만 앞으로 진출한다), 당신은 매년 12억 엔 정도 회사가 지금보다 돈을 벌게 하는 아이디어를 생각해냈다는 것이다.

그 밖의 설명변수에 대해 살펴보자. 제3자에게 4점 척도로 물었던 영업력의 강함이라는 설명변수에 대해서는 평가가 1점 오를 때마다 0.47%씩 총자본이익률이 높아지는 경향이 있다는 결과가 나왔다. 자사가 최고평가에 도달하고 있지 않다면 1점 오르면 0.47%만큼, 만약 현재 자사의 영업력이 약하다고 평가되는 상태에서 노력해서 2점을 올릴 수 있다면 그 두 배인 0.94%만큼의 수익성을 개선할 수도 있지 않은가 하는 상황이다.

보유한 특허 수에서는 한 건 증가할 때마다 0.02%씩으로 상당히 작은 값이지만, 도요타 자동차나 도시바 같은 대기업은 매년 수천 개 정도의 새로운 특허를 출원하는데 그 정도는 무리일지 모르지만 열심히 연구개발을 해서 50건 정도 가치를 낳는 특허를 취득할 수 있다면 그것도 평균해서 1%씩의 수익성 향상으로 이어질 수 있다고 해석된다.

또한 분석 대상으로 삼은 기업 수가 제한되어 있는 경우 등에는 일반적으로 p-값은 커지기 쉬운 경향이 있는데, 이 설명변수에서도 p-값이 0.05보다 크며 95% 신뢰구간을 보더라도 '어쩌면 특허가 많은 편이 -0.01%로 이익률이 약간 낮추게 될지도 모른다'라고 읽을 수 있다. 5%를 기준으로 하는 통계학적 관례에만 토대하면 '데이터의 분산으로 우연히 얻어진 회귀계수일지도 모른다'라고 생각할 수 있지만, 신경이 쓰인다면 이번에는 보다 많은 기업 데이터를 준비해 특허와 총자본이익률의 관계를 검정해보면 좋다.

그 밖에도 '상품 개발력이 높다' '광고를 잘한다' 'AS가 약하다'에 대해 평가가 1점 좋아질 때마다 0.2~0.3% 정도 총자본이익률이 오르내린다는 결과가 시사되었다. 이것도 아마 앞으로 주력해야 하는 방향성을 가리킬 것이다.

또한 절편이란 이 표에 있는 모든 설명변수가 제로 값을 가질 때 총자본이익률은 몇 %가 된다고 생각할 수 있느냐 하는 값이다.

이런 분석에서는 종종 '설명변수가 제로라는 값을 갖지 않기' 때문에 해석이 어려운데, 동남아시아에 진출하지 않고 특허가 하나도 없고 영업력과 상품 개발력도, 광고 센스도 AS 체제도 최저평가(1점)를 받은 기업이 있다면,

$$-0.35+1.22 \times 0+0.47 \times 1+0.02 \times 0+0.20 \times 1+0.23 \times 1-0.29 \times 1=0.26$$

라는 계산에서 아마 총자본이익률은 0.26% 정도일 것이라고 어림잡을 수 있다. 이 밖에도 좀 더 조건이 좋은 기업이라도 절편값과 각각의 설명변수값과 대응하는 회귀계수값을 이용해 마찬가지로 총자본이익률은 '평균적으로 얼마나 될 것인가'를 어림잡을 수 있다.

상세한 분석방법과 그것을 추천하지 않는 이유

보다 상세하거나 타당한 분석을 하기 위해 똑같은 다중회귀분석을 하더라도 검토해야 하는 것이 몇 가지 존재하므로, 그것에 대해서도 소개한다.

매출액이나 직원 수를 놓고 보면 대기업은 자릿수가 달라지는 대규모지만, 중소기업은 고만고만한 크기다. 이런 경우 '로그(log)를 이용하여' 데이터를 분석하는 것이 더 적합할 때도 있다.

고등학교에서 배운 10을 밑으로 하는 상용로그를 취한다면 매출액이 100만 엔이라면 이것은 10의 6제곱이므로 6이라는 값이 되며, 1억 엔이라면 10의 8제곱이므로 8이라는 값이 된다. 이렇게 하면 '자릿수가 다른 크기'에 의한 영향이 완화되므로 종종 좋은 결과를 얻을 수 있다.

설명변수를 제곱한 값(제곱항이라고 부른다)도 분석에 포함하는 것을 생각할 수 있다. 앞에서 특허 수가 1 증가할 때마다 수익성이 높아진다고 말했는데, 특허 수가 1 증가하는 가치는 현재 보유한 특허가 적은 기업과 많은 기업, 어느 쪽에 있어서도 거의 마찬가지일까? 아니면 보유 수가 많을수록 추가 특허의 효과도 더욱 증가하는가? 반대로 일정 이상 특허를 갖고 있는 상태라면 그 이상 특허를 늘려도 별 효과가 없을까? 이런 의문에 제곱항을 이용하면 답할 수 있다.

더욱이 '상품 개발력이 있는 경우에는 영업의 중요성은 상대적으로 저하하지만 상품 개발력이 없는 경우 영업력이 생명선이다'라는 설명변수끼리의 조합에 대해서도 의문이 생겨날지 모른다. 이런 의문은 '4점 척도의 상품 개발력'과 '4점 척도의 영업력'에 더해 '상품개발력과 영업력의 값을 곱해서 더한 값(교호작용이라고 부른다)'을 설명변수에 첨가한 분석을 통해 답을 낼 수도 있다. 이런 종류의 분석은 뒷장에서 말할 로지스틱회귀분석에 있어서도 마찬가지다.

그러나 나는 처음부터 이런 세세한 검토를 하는 것은 별로 추천하지 않는다. 앞에서 본 것과 같은 다중회귀분석의 결과와 비교했을 때 결과의 해석이 훨씬 알기 힘들기 때문이다.

로그나 제곱 같은 것은 중고생이 배우는 수학 개념이기는 하지만 듣는 순간 머릿속이 하얘지는 사람들도 꽤 많다. 교호작용을 정확히 이해하려면 표를 만들어 경우별로 나누어 정리할 필요가 있을지도 모르는데 이것도 상당히 번거롭다.

물론 흥미가 있다면 해보는 것이 좋고, 대학생용 통계학 교과서는 이런 대목을 잘 설명하는 것도 많다. 하지만 대학 수업과는 달리 비즈니스맨이 통계학을 사용하는 이유는 결과를 활용해 어떤 행동을 취하고 수익을 얻기 위해서다. 그러기 위해서는 많은 사람을 설득하거나 조정해야 하는데 그전에 스트레스 받는 일이 있다면 되도록 제거하는 것이 좋다. 자릿수가 다른 대기업 때문에 결과 해석이 어려워진다면 그런 기업을 제외하고 다시 분석해본다.

엄밀한 검정보다 빠르고 작은 규모의 행동을

엄밀히 생각하면 이들 여섯 개의 설명변수 배후에 뭔가 다른 요인이 숨어 있는 것은 아닐까? 이런 가능성을 단순집계 때와 마찬가지로 완전히 지워버릴 수는 없다. 더욱이 동남아시아에 진출했기 때문에 수익성이 높은 것인지, 수익성이 높음으로써 생긴 자금 여유에 의해 동남아시아 진출이 가능했는지 등과 같이, 어느 쪽이 원인이고 결과인지 하는 인과관계도 엄밀히는 알 수 없다.

분석 결과를 잘못 해석해 나쁜 비즈니스 의사결정을 하지 않도록 이런 '배후에는 무엇이 숨어 있는가' '인과관계는 어떤가'라는 점에 대해 업무지식이 있는 관계자와 의논하는 것도 물론 중요하다.

하지만 아무리 고도의 방법이든, 아무리 큰 빅데이터든, 전문가끼리 머리를 맞대고 의논했든 엄밀한 인과관계를 실증하는 것은 불가능하다. 그것이 가능하다면 랜덤화 비교실험 또는 A/B 테스트라 불리는 방식이 유일하다.

자사 제품의 설명서를 두 종류 준비한다. 한쪽은 기존 설명서를, 다른 한쪽은 주의 깊게 디자인된 알기 쉬운 설명서다. 동봉된 설명서가 다르다는 것 이외에는 완전히 똑같은 제품을 똑같은 포장에 넣어 랜덤하게 절반씩 나눈 모니터 요원에서 보낸다.

일정 기간 뒤 이 모니터 집단을 조사해, 알기 쉬운 설명서를 받은 그룹에서 통계적으로 신뢰할 수 있을 수준의 명확함(말하자면 p-값이 0.05 이하인 정도)과 비용 대비 수준에서 자사의 이익으로 이어지는 행동(무료로 제공하지 않는 다른 상품을 자비로 구입한다 등)이 나온다면 '설명서를 더 쉽게 만든다'는 전략이 먹힌다는 인과관계가 실증된 셈이 된다.

랜덤하게 선택되어 평균적으로는 양쪽 그룹에 어떤 차이도 존재하지 않는데 단 한 가지, 설명서에 의해 명백한 이익의 차이가 발생했다는 것은 인과관계로 생각해도 된다. 이는 통계학을 아는 사람이라면 모두가 동의하는 대목일 것이다.

당신이나 당신의 회사에 로그나 제곱항, 교호작용 등의 검토를 포함한 충분한 분석을 할 역량이 있다면 그것은 그것대로 대단히 훌륭하다. 그렇지 않다면 얄팍한 방법이나 관계자의 '신중한 논의'로 분석 결과를 이리저리 생각하기보다는 일단 어떤 행동을, 소규모라도 좋으니 시험을 해보는 편이 좋다.

불완전한 분석이라도 '30억 수익이 날 것 같다'고 시사된 결과를 한없이 살리지 않고 그대로 두는 것과 '수천만 엔 정도는 그 검정을 위해 투자해볼까' 하고 행동에 나서는 것, 과연 어느 쪽이 현명할지 꼭 생각해보자.

1장 정리

마지막으로 이 장에서 지금까지 했던 분석을 〈도표 1-17〉로 정리해둔다.

경영전략에서 '최대화하고 싶다/최소화하고 싶다'의 아웃컴으로 이 장에서는 총자본이익률을 추천했다. 같은 자본으로 얼마나 이익을 올릴 수 있는가 하는 성과에 대해 영업이 강하다든지, 고객 만족도가 높다는 것은 어디까지나 이익 최대화의 수단으로 이것들을 최대화하는 것 자체가 목적은 아니다.

다음으로 이 아웃컴을 실제 분석할 때 어떤 단위로 할지가 중요하다. 이 장에서는 단위를 기업으로 생각했는데, 바꿔 말하면 '총자본이익률이 높은 기업과 낮은 기업의 차이는 어디에 있는가'를 비교하고, 그 차이를 발견해가려는 생각이다.

만약 해석단위가 업종이라면 '총자본이익률이 높은 업종과 낮

아웃컴	총자본이익률
해석단위와 그 범위	• 자사와 경쟁하는 시장에 포함되는 기업(최소 20~30개 사)
설명변수 예	• 인재와 조직 상황 • 물건·돈 등의 유형자산 • 마케팅 등으로 얻을 수 있는 무형자산 • 보유한 기술이나 혁신 • 취하는 전략과 그 배경
데이터 소스 예	• 니혼게이자이신문사나 제국데이터뱅크 등 • 닛케이리서치나 오리콘 등에서 입수할 수 있는 브랜드 인지나 만족도 조사 결과 • 웹 조사/설문지 조사에 의해 얻어진 고객의 의식 • 사내 인원이나 업계를 잘 아는 제3자 평가
분석방법	• (단계적 방법 등의 변수 선택을 사용한) 다중회귀분석

은 업종의 차이'를 발견하는 것도 가능하다. 하지만 업종을 분석하려면 〈도표 1-10〉 같은 단순집계를 내는 것으로 끝이며, 루멜트 등이 제시했듯이 기업 수익성은 '어떤 산업에 속하는가' 하는 것 이상으로 기업마다 다양한 특성에 의해 좌우된다.

그리고 데이터가 있는 모든 기업을 대상으로 해야 하는 것이 아니라 자사가 경쟁하거나 협력하거나/자사가 진입하거나 경쟁사의 진입을 허용하는 시장을 유연하게 인식하고 그 안에서 승패를 가르는 성공의 열쇠를 찾아낼 것을 추천했다.

이런 해석단위별로 아웃컴의 대소, 말하자면 이 장에서라면 기업별 수익성 차이를 '설명할 수 있을지 모르는' 다양한 설명변수 후보도 뉴버트의 체계적 문헌 연구를 통해 소개했다.

크게 나누면 인재와 조직 상황, 물건과 돈 등의 유형자산, 마케팅 등으로 얻어진 무형자산, 보유한 기술이나 혁신, 취하는 전략과 그 배경 등을 꼽을 수 있는데, 이외에도 '이 업계의 수익성을 좌우하는 것이 아닐까' 하고 생각할 수 있는 것이라면 적극적으로 설명변수 후보로 분석해보아도 좋을 것이다.

실제의 데이터 소스로 총자본이익률이라는 아웃컴 이외에 매출이나 설립연수, 산업 분류 등의 정보는 상장기업이라면 니혼게이자이신문사 등이 정리한 것을 입수할 수 있으며 비상장기업도 제국데이터뱅크 등에서 얻을 수 있다.

이 밖에도 브랜드 인지나 고객만족도 같은 무형자산에 대해서도 정기적으로 수집하는 조사기관이 많으며, 업계 단체 등이 하는 통계조사 데이터도 유용하다. 그래도 알고 싶은 정보가 없다면 웹 조사나 설문지 조사로 알아본다. 더욱이 시장에서 알 수 없는 내부정보를 분석 데이터로 삼고 싶은 경우에는 업계 사정을 잘 아는 외부의 제3자에게 평가해달라고 하는 등의 방법도 충분히 가치가 있다.

이런 데이터를 갖추었다면, 해석단위인 하나의 기업에 대해 1행으로 모든 데이터를 정리해 SAS나 R, SPSS, Stata 등 어떤 툴이든 상관없이 다중회귀분석을 한다.

말할 것도 없이 이들 툴로 설정하는 결과변수(또는 종속변수, y 등으로 표기되는 툴도 있다)는 이번 회의 아웃컴인 총자본이익률이며, 설명변수(독립변수, x 등으로 표기되는 툴도 있다)로는 지금까지 꼽은 몇 가지 항목을 후보로 한다.

경영전략 분석에서는 종종 해석 대상으로 삼는 기업의 수가 제한되어 있어 설명변수 후보가 100항목 있다 해도 전부 사용하기는 힘들다. 그래서 단계적 방법 등의 변수선택 알고리즘과, 직접 취사선택을 해 수익성에 영향을 미치는 중요한 설명변수를 특정해간다.

전략 컨설턴트가 분석 결과 표와 같은 약간의 회귀분석 결과를 갖고 있는 경우도 있다. 하지만 종종 그것은 단순히 '어려워서 달갑지 않은 것'으로만 취급되어 의사결정에는 별로 활용되지 않는 듯하다. 이 책의 여기까지의 지식을 익히면 여러분은 이런 분석 결과를 해독할 수 있으며, 지금까지 고생을 했다면 그 이상의 발견에까지 이를지도 모른다.

마지막으로 남은 설명변수가 만약 '어떤 시장에서 싸워야 하는가'라는 포터적인 아이디어라면 그 시장으로의 진출 또는 투자 강화를 꾀하면 된다. 한편 '이 업계에서는 어떤 강점이 중요한가'라는 제이 버니식 아이디어라면, 그런 요인을 강화시킨다. 실제 내가 분석했을 때에도 몇 가지 생각지도 못한 요인이 그 업계에서 수익성을 좌우했다.

타사보다 먼저 그런 성공의 열쇠를 깨달았다면 반드시 '그 전략이 유효한가'라는 시행착오를 빨리 해봐야 한다는 게 린 스타트업에서 추천하는 바다.

여기까지 읽은 독자는 '영업력의 강함이나 상품 개발력 등이 자사를 둘러싼 시장의 성패를 좌우하는 것은 알았다 해도, 어떻게 자사의 영업력이나 상품 개발력을 높이면 좋을까?' 하는 의문점을 갖게 될 것이다.

많은 비즈니스맨에게 있어서 중요한 것은 이제부터 나올 '그렇다면 구체적으로 어떻게 할까'라는, 말하자면 비즈니스 측면에서의 실행 아이디어다. 이렇게 해서 명백해진 전략 방향성에 토대해 자기가 연관된 업무를 어떻게 개선할 것인가 하는 관점이다.

물론 이런 의문을 생각하는 데에도 통계학은 유용하다. 다음 장부터 이 책이 말하려 하는 것이기도 하다.

분산성분 분석 또는 혼합효과 모델

- - - - - - - - - - - - - - - -

　본문에서 소개한 분산성분 분석(Components of Variance Analysis 또는 Variance Components Analysis라고 불리기도 한다)은 일반적으로는 확률효과를 포함하는 혼합효과 모델의 일부로서 이해할 수 있다.

　갑자기 확률효과니 혼합효과 같은 말이 나오니 무슨 소리인가 하는 사람은 먼저 일반적인 다중회귀분석이 고정효과 모델이라는 점을 기억하자.

　아주 단순히 고객의 성별과 나이만의 설명변수를 준비해 구매금액을 설명하는 다중회귀분석을 생각한다. 이 경우 얻어지는 결과는 남성이 여성보다 1,000엔 구매금액이 적다든지, 나이가 한 살 올라갈 때마다 100엔씩 구매금액이 증가한다는 것이다. 성별의 차이나 나이가 한 살 많아질 때마다 구매금액에의 '효과'는 일정하다고 생각되고 있으므로 고정효과 모델이라 불린다.

　고정효과가 아닌 것에는 확률효과, 또는 랜덤효과라 불리는 것이 있다. 이것은 어떤 상황에서 필요할까?

　고객은 주로 이용하는 점포가 각각 다르다. 규모도 상품 진열 경향도 크게 다른 전국의 1,000개 점포 가운데 어디를 중심으로 이용하는지는 성별이나 나이 이상으로 커다란 영향을 줄 텐데 '남성과

여성의 차이'와 같이 'A점포와 B점포의 차이' 'A점포와 C점포의 차이'… 등의 설명변수를 각각 생각한다면 999개의 설명변수를 생각해야만 하게 된다(왜 1,000이 아니라 999냐고 의문을 갖는 분은 전작《실무 활용 편》을 참조하기 바란다).

여기서 만약 '어떤 점포가 매출이 높은가'에 관심이 있다면 그것도 분석할 수 있다. 그러나 어디까지나 알고 싶은 것은 '성별과 나이에 의한 구매금액에의 영향'이며 그러기 위해 '어느 점포를 주로 이용하는가'라는 영향을 고려하고 싶은 것이라면 999개 설명변수의 영향을 생각한다는 것은 추정의 정밀도 등의 관점에서 별로 현명한 방식이라고는 할 수 없다.

거기서 등장하는 것이 확률효과다. 확률효과에서는 고정효과와 달리 단일 값으로 효과를 추정하는 것이 아니라 '일정 평균값(대개는 0)과 분산을 가진 산포'라는 형태로 한다. 이런 확률효과와 고정효과를 모두 포함하는(혼합하는) 형태로 회귀모델을 추정하는 방식이 혼합효과 모델이다.

지금 든 예는 '점포의 차이'인데 그 밖에도 '거주지의 차이' '시설의 차이' '조직의 차이' 등, 영향은 미치겠지만 개별로 보면 방대한 설명변수를 생각해야 하는 경우 등에 확률효과를 쓴다. 마찬가지로 본문에서 소개한 슈말렌지 등은 각 기업의 '산업 분류별 차이'를 확률효과로 잡고 구체적으로 어떤 산업 분류에 속하는지에서 어느 정도 수익을 올리는가 하는 고정효과가 아니라 '산업 분류의 차이'라는 확률효과에 의해 기업별 성과의 산포를 어느 정도나 설명할 수

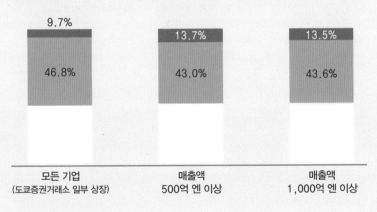

도표 1-18 　멀티레벨 분석에 따른 결과

9.7%

13.7%

13.5%

46.8%

43.0%

43.6%

| 모든 기업
(도쿄증권거래소 일부 상장) | 매출액
500억 엔 이상 | 매출액
1,000억 엔 이상 |

■ 산업요인　■ 기업요인　□ 기타

있는지를 명백하게 했다.

고객에 대해서도 5년 분의 데이터가 존재하며 각각의 해의 데이터를 따로 취급해야 하는 경우 등에는 '개인의 데이터는 해가 달라도 어느 정도 비슷하다'는 개체차를 생각하는 것이 좋은데, 이쪽도 확률효과로 대처한다. 본문에서 소개한 루멜트의 '복수 해의 데이터에서 시장점유율 이외에도 포함된 기업의 모든 차이를 통해 성과의 분산이 얼마나 설명되는가'라는 것도 이런 생각이다.

본문에서는 쓸데없는 혼란을 피하기 위해 분산성분 분석 이야기로 일원화했으며 경영학 연구에서도 분산성분 분석을 자주 하는 것 같은데, 최근에는 추정 정도 등의 관점에서 분산성분보다 멀티 레벨 분석(또는 계층적 선형 모델) 등의 혼합효과 모델을 이용하는 것이 좋다는 의견도 있다(〈Misangyi et al. 2006〉 등).

본문에서 인용한 보고서에도 멀티레벨 분석 결과가 제시되어 있으며 〈도표 1-18〉에서 보듯이 다소 산업요인의 설명력이 상승하고 기업요인의 설명력이 저하하기는 하지만 전체 경향은 별로 다르지 않다.

이 책은 통계학 전문가가 아닌 일반 비즈니스맨이 읽을 수 있게 썼으므로 본문에서 다중회귀분석을 추천했는데 SAS나 SPSS, R 등의 전문 툴을 다룰 수 있다면 필요에 따라 혼합효과 모델에 도전해보아도 좋을 것이다.

기업 속성의 하나로 어떤 지역에 본사를 두고 있는가 하는 조건은 조정하고 싶지만 어떤 지역에 본사를 두면 얼마나 성과가 좋아지는가 하는 값 자체에는 관심이 없는 경우, 본사가 소재한 지역을 확률효과로 취급해도 좋다.

인적자원관리를 위한 통계

모든 비즈니스는 사람에 의해 운영되며, 그런 까닭에 직장상사나 동료, 부하의 능력에 따라 수익성이 크게 좌우된다. 당신의 회사는 이런 점을 얼마나 진지하게 생각하는가? 많은 일본 기업이 거의 어떤 인재 분석도 하지 않으며 채용이나 연수 방법을 바꿔보지도 않는다. 지금까지 해온 전형적인 활동을 반복할 뿐이다. 하지만 경영학자나 응용심리학자가 지금까지 한 연구 성과에 토대해 적절하게 데이터를 분석하면 어떤 인재가 이 업무에서 보다 수익을 가져오는지를 곧바로 명백하게 알 수 있다.

01
우수한 사람을 채용하고 있는가

버니를 필두로 한 경영학자의 말을 빌리지 않더라도 직원의 능력이 성과를 좌우한다는 것 정도는 많은 비즈니스맨이 이미 알고 있다.

우수한 영업직원을 갖추고 적절하게 매니지먼트하면 영업력은 높아진다. 우수한 연구자와 엔지니어를 갖추고 적절하게 매니지먼트하면 기술개발력은 높아진다. 우수한 서비스 직원을 갖추고 적절하게 매니지먼트하면 고객만족도와 충성도가 높아진다. 이것은 조달, 제조, 물류 등에서도 마찬가지며 역시 우수한 직원을 적절하게 매니지먼트할 수 있다면 그것만으로도 수익성은 향상된다.

반대로, 아무리 새로운 경영방법이나 툴을 도입해도 사람이 바뀌지 않으면 큰 효과는 볼 수 없다. 경영학자이자 기업 컨설턴트인 스탠포드 대학교 교수 제프리 페퍼(Jeffrey Pfeffer)는 자신의 컨설팅 경험을 저서에서 소개하고 있다.

페퍼에게 컨설팅을 의뢰한 업체는 미국 시장에서 매출이 늘지 않는 것을 고민하던 의료화상기구 제조업체로 비즈니스 모델이나 경영전략을 어떻게 하면 좋을까 하고 도움을 구했다. 하지만 페퍼는 '전략을 고민하기 이전에 영업 부문의 인재를 재구성해보면 어떻겠는가?' 하고 조언했다. 이에 따라 회사가 영업부 수장을 우수한 인물로 바꾸고 그 밑에서 일하는 사람도 좀 더 뛰어난 인재를 채용했더니 단 1년 만에 매출이 20%나 성장할 정도로 극적으로 변했다.

이것은 페퍼만의 '경험과 감'이 아니다. 1998년 미국 심리학자 프랭크 슈미트(Frank Schmidt)와 존 헌터(John Hunter)는 과거 85년 동안의 인재 채용에 관한 정량 연구를 철저히 수집·분석한 획기적인 체계적 문헌 연구 논문을 출판했다.

그들에 따르면 상위 16% 이상의 우수한 직원은 평균적인 직원에 비해 특별한 전문성을 필요로 하지 않는 업무조차도 생산성이 19% 정도 높았다. 전문성을 요하는 업무나 관리직에서는 48%나 높다는 결과가 나왔다. 즉 당신의 상사가 '평범한 관리자'라고 한다면 상사를 우수한 인재로 바꾸기만 해도 부서 생산성은 1.5배 정도 늘어날지 모른다.

그 밖에 프로그래머에 관한 조사에서 가장 우수한 프로그래머는 그저 그런 프로그래머의 열 배, 평균적인 프로그래머에 비해서도 다섯 배나 생산성이 높다는 조사 결과도 존재한다. 우수한 인재를 채용할 수 있느냐 없느냐 하는 문제는 이만큼 큰 영향을 미친다.

하지만 머리로 알고 있는 것과 실제 행동할 수 있느냐는 별개다. 당신의 회사는 우수한 인재를 채용하기 위해 과연 무엇을 하는가?

친분이 있는 인재회사가 하는 말에 따라 취업박람회나 전직박람회에 참가하거나 웹사이트에 구인공고를 낸다. 경우에 따라서는 리크루트를 이용해 대학생을 뽑거나, 헤드헌터를 통해 스카우트할 후보자를 찾아낸다. 그리고 그들이 지망해오면, 서면으로 지망 동기와 지금까지의 경력을 확인하고 적당한 필기시험이나 몇 번의 면접을 실시한다. 아마 여러분의 회사에서는 이런 작업이 우수 인재를 채용하기 위한 과정의 전부일 것이다.

그 결과는 어떤가? 여기서 여러분의 책상 주위를 떠올려보자. 거기 앉아 있는 모든 사람이 회사의 수익에 더할 나위 없이 공헌하는 우수 인재이며, 각자가 능력을 최대한 발휘해 회사가 쑥쑥 성장하고 있다면 여러분은 이 책을 읽을 필요가 없다.

한편 한숨이 나올 정도로 덜떨어진 부하나 동료 또는 불합리하고 비생산적인 상사 때문에 업무 방해를 받고 있다면 어떨까. 기본적으로 그런 부하나 상사도 당신과 마찬가지로 똑같은 과정을 거쳐 채용할 만한 사람이라고 판단되었을 것이다. 그렇다면 이런 과정은 과연 우수 인재를 채용하는 데 효율적이라고 말할 수 있을까?

과학적인 에비던스에 기초한 구글의 채용 과정

실제 많은 기업이 해마다 엄청난 노력을 기울여 채용 활동을 하고 있지만 성과를 돌아보는 일은 적다. 채용한 인재가 사내에서 얼마나 이익을 내고 있는가, 이익을 내는 사람과 그렇지 않은 사람의 차이는 어디에 있으며 어떤 채용 과정을 거치면 좋은 인재를 많이 찾아낼 수 있는가를 제대로 생각하는 기업은 극소수다.

그 극소수 기업의 하나로 구글이 있다. 구글의 인사 책임자 라즐로 복(Laszlo Bock)은 저서에서 구글은 기본적으로 외부 구인 사이트를 이용하지 않는다고 했다. 구글의 존재감이 아직 미미한 나라에 진출할 때를 제외하면 인재 알선 회사도 잘 쓰지 않는다. 면접에서 '당신의 장점은 무엇입니까?'라는 시답잖은 질문을 하지 않고 명문대학으로 유명한 아이비리그 대학교를 평범한 성적으로 졸업한 사람보다 주립대학교를 최고 성적으로 졸업한 사람을 우선적으로 채용한다. 실제 채용 관련 데이터를 분석한 결과, 그렇게 하는 편이보다 적은 수고를 들여 우수 인재를 채용할 수 있음을 알았기 때문이다.

구글은 직원에게 '우수한 지인'을 소개하게 하며, 소개받은 인재를 과학적인 과정을 통해 골라 뽑는다. 면접을 해야 하는가, 횟수는 몇 번 하면 충분한가, 어떤 업무를 담당하는 사람에게 어떤 질문을 해야만 하는가, 사원 중 누가 면접자로서 '안목이 있는가' 등의 부분까지 확실하게 관리되어 있다. 그 밖에도 기술자에게는 반드시 입사 후 담당하게 될 업무의 일부를 샘플로 수행하게 해보는 실무 테스트도 한다. 또한 독자적인 일반인지능력 테스트(이른바 IQ 테스트 같은 것)의 성적도 합쳐 평가한다. 때때로 한 번 불합격된 응모자에 대해 텍스트 마이닝을 하고, 경우에 따라서는 다시 채용 제안을 하는 경우까지 있다.

구글의 채용 과정이 과학적인 것은 단순히 실무 테스트나 독자적인 인지능력 테스트, 텍스트 마이닝을 하기 때문이 아니다. 그 배후에는 과학적인 에비던스가 있으며, 실제 데이터를 토대로 '어떻게 하면 좀 더 우수한 인재를 적은 수고로 채용할 수 있는가'라는 시행착오를 언제나 반복하기 때문이다.

그 결과 얻어진 우수한 인재가 구글을 크게 성장시키는 새로운 서비스를 만들어내고, 기존 서비스에서 검색의 정밀도나 처리속도 등을 높이는 커다란 품질 향상을 이루어내고 있다. 구글이 과거에 얻은 성장의 일정 부분은 틀림없이 이런 인재에 대한 과학적인 접근법 덕분이다.

단순한 면접은 별로 쓸모가 없다

구글의 채용 과정 에비던스 중에는 물론 앞의 슈미트나 헌터의 논문도 포함되어 있다. 이 논문은 우수한 인재와 평균적인 인재의 생산성이 어느 정도 다른가만 이야기하는 게 아니다. 어떤 선택 방법의 결과가 그 후 생산성이나 성과와 얼마나 관련되는가에 대해 과거 85년 동안의 연구를 〈도표 2-1〉로 정리했다. 이미지화하기 쉽도록 원래는 상관계수로 제시된 결과를 제곱해 결정계수로 고쳤다.

이 중 가장 높은 실무 테스트의 결정계수는 0.29인데, 채용 후 성과의 산포 중 29% 정도를 실무 테스트의 성적이 설명한다는 것이다.

한편 많은 회사에서 하는 단순 면접(비구조화 면접)에서는 그 절반 이하인 14%의 성과밖에 예상하지 못한다. 똑같은 수고를 들인다면 어느 쪽을 선택할 것인가는 명백하다.

이 밖에도 일반인지능력 테스트와 질문 내용이 정교하게 설계된 구조화 면접이라면 채용 후 성과를 26% 정도 설명한다. 이 표에는 제시하지 않았지만 실무 테스트와 일반인지능력 테스트를 조합하면 채용 후 성과의 40%나 설명할 수 있다고 한다.

이런 에비던스를 토대로 구글은 구조화 면접, 실무 테스트, 일반인지능력 테스트를 조합한 방식을 채택하고 있다. 면접에서는 누가 어떤 질문을 해 어떻게 평가하는가, 일반인지능력 테스트로 어떤 문제를 풀어야 하는가 등에 대해 과학적인 시행착오를 거친 것이다. 직원의 소개를 중시하는 점에는 '동료 평가'의 설명력이 높다(24%)는 것이 관계하고 있다.

슈미트와 헌터의 논문은 85년이라는 오랜 기간에 걸친 선택방법을 평가하고 있으므로 그중에는 오늘날 우리에게는 익숙하지 않은 것도 있는데 어떤 업무나 교육을 몇 년 했는가 하는 경험 평가나 지금까지 받은 교육의 연수(고졸이냐 대졸이냐 석사냐 박사냐 등의 학

도표 2-1	전형방법별 성과 설명력	

전형 방법	결정계수(설명력)
실무 테스트	0.29
일반인지능력 테스트	0.26
구조화 면접	0.26
동료 평가	0.24
직무지식 테스트	0.23
성과 기록을 사용한 경력 평가	0.20
시험 채용	0.19
정직성 테스트	0.17
비구조화(일반적인) 면접	0.14
평가센터	0.14
이력서 평가	0.12
성실성 테스트	0.10
신원조회	0.07
직무 경험 연수	0.03
중요도에 가중치를 둔 경력 평가	0.01
교육 연수	0.01
흥미 테스트	0.01
필적 감정	0.01 미만
나이	0.01 미만

력에서 차이가 생긴다), 어떤 직종에 흥미가 있는가 하는 흥미 테스트, 필적 감정, 나이 등은 거의 몇 % 정도밖에 그 후의 성과를 설명하지 않는다.

이 논문은 현재 일본 대부분의 기업이 채택하고 있는 '젊고 고학력에, 예전에도 비슷한 업무를 했고, 대단히 흥미도가 높고 의욕적이므로 다른 결점은 눈감아주고 채용하자'라는 평가가 구글의 방식과 비교하면 그다지 잘되지 않을 것임을 시사하고 있다.

여기까지의 정보를 인풋한 상태에서, 다시 여러분 회사의 채용 과정으로 돌아가보자. 완전히 똑같은 취직 희망자가 있다면 아마도 구글은 여러분의 회사보다 우수한 인재를 채용할 확률이 높다. 이런 차이는 조금씩, 하지만 착실하게 기업의 성장에 영향을 미친다. 여러분의 회사가 왜 구글처럼 성장하거나 혁신을 일으킬 수 없는가에 대한 한 가지 대답은 구글만큼 좋은 인재를 확보할 수 없기 때문이라는 말이다.

하지만 애초 취직 희망자 자체가 전 세계에서 가장 우수한 층이 구글에 모여든다. 지금 구글은 어떤 의미에서 자사가 원하는 대로 가장 뛰어난 인재를 취사선택할 수 있는 입장이다. 그러므로 이런 방식은 우리 회사에는 해당되지 않는 것 아닌가 하는 반론도 당연히 생각할 수 있다.

일본 회사의 채용에서 널리 이용되는 일반인지능력 테스트로 리크루트가 제공하는 SPI가 있다. SPI 성적이 좋은 학생을 채용할 수 있다면 높은 확률로 큰 성과를 얻을 수 있을지 모른다. 그러나 SPI에서 좋은 성적을 받은 젊은이는 대부분 유명 대기업에 빼앗기고 만다는 고민을 안고 있는 기업도 적지 않다.

이런 기업은 우수 인재를 채용하기 위한 노력을 포기할 수밖에 없는가?

그 대답은 '노'다. 그 이유를 이해하려면 IQ 같은 일반인지능력 테스트의 성립과 경영학 영역에서 발견된 상황적합이론을 알 필요가 있다. 한마디로 상황적합이론이란 '적재적소'에 인적 자원을 배치하는 것으로 경영학자의 관심은 이미 '널리 일반에게 우수한 인간'이 아니라 '어떤 상황에서는 어떤 인재가 좋은가'를 생각하는 방향으로 옮겨가고 있음을 알 수 있다.

구글만큼 축복받지 못한 여러분의 회사도 가능한 한 좋은 인재를 채용할 방식을 배워보자.

02
일반지능과 상황적합이론

이른바 IQ나 SPI 능력검사 등으로 대표되는 일반인지능력이 높은 사람은 채용 후 성과도 어느 정도 높을 것으로 예상된다. 이를 통계학에서는 '일반인지능력과 업무성과 사이에 상관관계가 있다'고 한다. IQ가 지능이라는 보거나 만질 수 없는 추상 개념을 측정하기 위해 어떻게 만들어졌는가 하는 것을 알고 있으면 당연한 말이다.

《실무활용 편》에서도 썼지만 IQ 개념이 생겨난 배경에는 심리통계학이 고전, 모국어 영어, 외국어 프랑스어, 수학, 반응속도, 음악 테스트들 사이에 자주 상관관계가 발생하고 있음을 발견했기 때문이다. 이들의 점수를 조합해 새로운 지표를 만들면, 원래의 테스트 성적 이외의 '상식' '교사 평가'도 자주 상관하고 있음을 알았다. 이것의 정체는 (현대의 뇌과학으로도) 잘 모르지만, 어떠한 관점에서 평가한 '지능 같은 것'과 관련된 지표를 스피어먼(Charles E. Spearman)

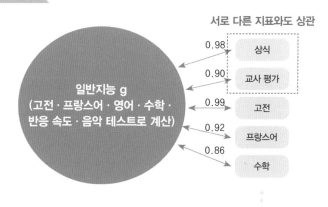

※ 도표의 숫자는 −1(완전한 마이너스 상관)~1(완전한 플러스 상관)의 범위에서 상관의 강함을 나타낸다

은 일반지능 g라고 불렀다. g란 '일반'이라는 의미를 나타내는 제너 럴(general)의 머리글자다.

여러분의 모교에도 성적이 좋고 그림이나 음악에도 재능이 있으 며 운동신경까지 뛰어난 우등생이 한두 명쯤은 있었을 것이다. 이런 사람을 보면 우리는 종종 '신이 한 사람에게 두세 가지 재능을 주시 다니' 하고 한숨이 쉬고 싶어지는데 어쩌면 신은 그에게 딱 한 가지, 일반지능 g만을 주신 것일 수도 있다. 일반지능 g가 높으면 공부하 는 데 유리할 뿐만 아니라 그림 그리기나 악기 연주, 스포츠의 요령 을 파악하는 데에도 어느 정도 유용하다.

IQ든 SPI든 일반인지능력이란 기본적으로 일반지능 g, 말하자 면 '대부분의 지적인 활동과 높은 상관관계를 갖는' 시됴가 되도록 주의 깊게 설계되어 있다. 업무도 다분히 지적인 활동이므로 일반지능 g가 높으면 업무 파악이 빠르거나 효율화가 가능하기도 하는 등, 일을 잘하는 경우가 많아진다.

슈미트와 헌터의 연구에 따르면 그런 일반인지능력의 차이로 설명할 수 있는 것이 성과 전체의 30% 정도라는 것이 비즈니스의 재미있는 대목인데, 술자리에서 종종 푸념하듯이 '공부 잘하는 고학력 젊은이는 머리만 좋지 일을 전혀 못하는' 건 아니다.

리더십 연구자들이 발견한 상황적합이론

하지만 모든 회사가 IQ나 SPI에서 고득점을 얻은 젊은이를 채용할 수 있는 건 아니다. 그런 젊은이는 유명 대기업에 빼앗길 가능성이 높다. 그러면 어떻게 할까 하는 지점에서 유용한 것이 경영학자, 그중 리더십론의 연구자가 발견한 상황적합이론 방식이다.

일찍부터(1940년대쯤) 리더십 연구자들은 좋은 리더와 그렇지 않은 리더의 차이를 연구했다. 세상에는 윈스턴 처칠, 마더 테레사, 킹 목사, 존 F. 케네디 등 수많은 훌륭한 리더가 존재하는데 연구자들은 그런 사람들에게는 공통되고 그렇지 않은 사람은 갖고 있지 않은 특성을 발견할 수 없을까 도전했다.

하지만 그런 시험은 비교적 이른 단계에서 난관에 부딪쳤다. 1960년대 후반에 행해진 스무 개의 연구 성과 중에 지적된 '좋은 리더의 특징'은 전부해서 여든 가지 가까이 된다. 많은 연구자가 같은 주제에 매달렸지만, 그 결과는 일관성 없이 제각각이어서 한마디로 말해 '좋은 리더의 특징이란 정리해서 말하면 잘 모르겠다'라는 결론이 나오고 말았다.

그 후 1990년 무렵까지 이런 도전은 계속되었는데, 이 연구로 생긴 하나의 돌파구는 심리학자에 의해 성격의 이해가 깊어진 점이다. 1980년대에는 여러 심리학자에 의해 오늘날 빅 파이브라 불리는 다섯 가지 축으로 성격 특성을 보는 방식이 확립되었다.

빅 파이브에는 외향성(사교성), 조화성(인상과 품성), 성실성(강한 책임감이나 완벽주의), 감정 안정성(사물에의 동요심이나 신중함), 경험 개방성(상상력이나 예술적 감성)의 다섯 가지가 있다. 스피어먼이 다양한 '지능을 측정할 수 있을 듯한 것'이 결국은 하나의 축으로 평가될 수 있다고 밝힌 데에 더해, 당시 심리학자들은 다양한 인간 성격에 관한 검사 결과가 결국은 다섯 가지 축으로 분류된다는 것을 요인분석 (Factor Analysis) 등의 통계방법을 통해 명백하게 했다.

'좋은 리더의 특징'으로 이미 지적되어 있던 것 가운데, 지성이나 직무 지식에 대해서는 성격이라고는 말할 수 없지만 향상심, 실행력, 자신감 등의 특성에 대해서는 각각 외향성이나 감정 안정성 등의 빅 파이브의 요소에 포함시킬 수 있다. 물론 이것만으로 좋은 리더의 특징이 완전히 명백해진 것은 아니다. 리더십 연구자는 현실은 훨씬 복잡한 것임을 인정하게 되었다. 그들 가운데 많은 사람이 '좋은 리더와 그렇지 않은 리더의 차이는 어디에 있는가'가 아니라 '어떤 상황에서는 어떤 리더가 효율적인가' 하는, 상황과 리더십의

적합성 문제에 관심을 기울이게 되었다. 이것이 상황적합이론이다. 상황적합이론은 1960년대부터 연구되어왔지만, 현대에도 많이 다루어진다.

상황적합이론이라 해도 다양하지만 비교적 주요 상황적합이론의 하나로 로버트 하우스(Robert House)가 개발한 패스 골(path-goal) 이론이 있다. 이 이름은 좋은 리더가 패스(경로)를 제시해 멤버의 골(업무 달성)을 돕는다는 생각에서 유래했다.

패스 골 이론에서 리더는 다음과 같은 네 유형으로 분류된다.

1. 지시형 리더(해야 할 업무와 스케줄을 정리해 달성방법을 구체적으로 지시)
2. 지원형 리더(친해지기 쉽고 부하의 희망을 배려)
3. 참가형 리더(부하와 논의해 그들의 제안을 활용해 의사결정)
4. 달성지향형 리더(달성하기 힘든 목표를 제시해 부하에게 최선을 다할 것을 요구)

그리고 이들이 '좋은 리더'가 되는가 그렇지 못한가는 상황에 달려 있다. 신규사업개발처럼 무엇을 어디서부터 손대야 할지 알 수 없는 업무에서는 지시형 리더가 구체적으로 업무를 정리해야 척척 진행되고 부하의 만족도가 높아진다.

하지만 지시형 리더가 콜센터나 경리 처리 같은 전형적인 업무를 하는 부서에 오면 '사소한 일까지 일일이 잔소리를 한다'면서 부하의 만족도와 생산성을 떨어뜨릴 수 있다. 이런 곳에서는 부하의 기분을 배려하는 지원형 리더가 생산성을 향상시킨다. 같은 신규사업개발이라 해도 부하들의 능력이 충분히 높고 그것에 자부심도 있는 사원이라면 역시 '사소한 것까지 하나하나 지시받고 싶지 않아' 할 수 있다. 이런 경우 참가형 리더, 즉 부하들의 제안을 잘 정리하는 사람이 좋은 리더가 된다.

이런 패스 골 이론의 가설은 통계 실증 연구에 의해서도 대부분 긍정적으로 뒷받침되고 있다.

이 이야기를 깊이 파헤치면 쓸 이야기가 얼마든지 있지만 원래 내용으로 돌아오자. 요컨대 직원의 가치는 일반지능 g와 같은 '우수한가 아닌가'라는 점만으로 정해지는 것이 아니라, '상황과 그 사람의 특성의 적합성 문제'로 다루어야 한다는 것이 리더십 연구자들이 발견한 상황적합이론의 생각이다.

이것은 관리직에 한하지 않고 모든 업무에 똑같다.

영업맨에게 요구되는 능력과 엔지니어에게 요구되는 능력이 같을 수 없다. 같은 영업이라 해도 일반 물품을 무작위로 판매하는 능력과 기존 고객의 이탈을 막는 능력, 존재하지 않았던 새로운 상품이 가진 가치를 정확하게 이해해 고객의 관심을 끄는 프레젠테이션을 하는 능력 가운데 어떤 것이 요구되는가는 서로 다를 것이다.

물론 일반지능 g가 높으면 어떤 업무를 맡겨도 어느 정도는 대응할 수 있을지 모른다. 그러나 그 설명력은 기껏 해야 30% 정도다. 남은 70%의 얼마 정도는, 본인의 특성과 요구되는 상황과의 적합성에 의해 좌우된다.

메타분석으로 보는 '업무는 적합성 나름'

이것은 단순히 핑계 삼아 하는 말이 아니다. 앞에서 슈미트와 헌터에 의한 성과와의 관련 요인은 무엇인가 하는 메타분석 결과를 소개했는데, 이것을 영업맨의 영업 성적이라는 범위로 좁혀 하면 완전히 다른 결과가 나오게 된다.

〈도표 2-3〉은 빈추르(Andrew J. Vinchur) 등이 1998년에 공표한 연구 결과인데 도표를 보면 알 수 있듯이 앞의 '모든 직종에 있어서 (어떤) 성과'라는 분석에서는 큰 설명력을 제시했던 일반인지능력이 영업 성적과는 거의 관련이 없다. 그러기는커녕 언어능력이 높은 사람은 오히려 영업 성적이 낮다는 결과까지 얻었다.

반면 일반적으로는 성과와 거의 관련 없던 흥미 테스트 결과가 영업맨에 한정해서 보면 가장 잘(25%) 성과를 설명하고 있음을 알 수 있다. 빅 파이브 중 성실성이 영업 성적과 관련이 많으며, 그 하위 항목인 달성지향성도 영업 성적을 잘(17%) 설명한다. 말하자면 일반적으로 성실한가 그렇지 않은가 하는 특성 중 목표나 일단 시작한 업무를 끝까지 달성하려고 하는가 그렇지 않은가가 중요한 것이다. 어찌 보면 당연하지만, 세일즈능력 테스트 결과도 실제 영업 성적을 잘(14%) 설명하는 것 같다.

이 메타분석은 일본 영업맨을 대상으로 한 것이 아니며 오래된 것은 1940년대의 연구 등도 포함된다. 그러므로 이것이 그대로 오늘날 일본의 영업 조직에 적합할지 어떨지는 알지 못한다. 하지만

도표 2-3 영업 성적에 영향을 주는 요인

빅 파이브 특성	영업 성적에 대한 설명력
외향성	0.05
감정 안정성	0.01(마이너스 영향)
조화성	0.01 미만
성실성	0.10
경험 개방성	0.01 미만
(이하 하위항목)	
친화성	0.02
설득력	0.07
달성지향성	0.17
신뢰성	0.03

기타 요인	영업 성적에 대한 설명력
종합인지능력	0.01 미만
일반인지능력	0.01 미만
언어능력	0.08(마이너스 영향)
수 처리능력	0.01 미만
개인주의	-
세일즈능력 테스트	0.14
경력	0.08
나이	0.01 미만
흥미 테스트	0.25

이런 상황에서 장난삼아 유명 대학교를 졸업하고 SPI가 높은 젊은이를 채용해 영업부에 배치하는 것은 별로 현명한 일은 아닐 것이다. 그들 대부분은 언어능력을 포함한 일반인지능력이 높겠지만, 그것보다는 '영업이라는 업무에 흥미와 적성이 있으며 성실하게 업무를 마지막까지 달성하려고 하는' 사람인지 아닌지가 중요하다.

반대로 다른 일을 시키면 잘할 텐데, 영업 업무에는 흥미도 적성도 없어서 자기 능력을 활용하지 못하는 젊은이를 영업부에 배치하는 것도 상당히 아까운 이야기다.

고학력이고 똑똑한 것만으로는 부족하다

현재 많은 기업의 채용방침은 의식하고 있지는 않지만 '고학력, SPI가 높고 비구조화 면접에서 똑똑하고 시원시원하게 대답하는 젊은이'에 치우쳐 있다. 지방에 본사를 둔 중견기업이라도 '고학력' 부분이 '지방대학에서 우수한 성적'으로 바뀌는 정도다. 이것은 일반지능 g가 높고 용모나 사회성이 좋은 사람이라는 것으로 채용 후 어떤 업무를 맡길 것인가 하는 계획 따위는 없고 그냥 머릿수 채우기를 하는 (그리 잘못된 전략은 아닐지도 모르지만) '아까운' 방법이기는 하다.

내가 아깝다고 생각하는 이유는 세 가지다. 하나는 채용하는 쪽 입장으로, 어떤 곳에서 어떤 업무를 시키고 싶은가를 미리 정하고 특화시키면 훨씬 우수한 사람을 채용할 수 있다. 비구조화 면접에서 대답이 어설프든, SPI에서 언어능력이 낮든, '이 업무에서 성과를 올릴 수 있느냐 그렇지 않느냐는 거의 관련이 없다'는 것을 안다면 반대로 그 이외의 점에 대해서는 상당히 유망할지도 모른다.

또 하나는 채용되는 입장으로, 자기 강점을 정말로 살린 업무에 배치되는 일이 현실적으로 어렵고 '고학력이 아니고 똑똑하지 않은' 젊은이는 취직활동이 대단히 힘들다는 점이다. 아무리 업계·업종 지식이나 센스를 갖고 있다 해도, 학외 활동에서 성과를 올렸다 해도, 막상 취직활동을 해보면 '고학력이고 똑똑한' 사람만이 채용되는 경향이 있다. 그 결과 기껏 큰 가치를 갖고 있던 그들의 특성이 헛되이 썩고 말지도 모른다.

한편 '고학력이고 똑똑한' 사람에게 있어서도 취직활동은 별로 힘들지 않을지 모르지만 무엇이든 할 수 있는 만큼 오히려 원래 특성을 살릴 수 있는 곳이 아닌 부서에 배치되고 말지도 모른다. 세계적인 조사회사인 갤럽의 해터와 아로라(Harter & Arora)의 보고에 따르면, 자기 강점을 살리기 어려우며 적성에 맞지 않는 곳에 취직한 사람은 장시간 노동은 견디지 못하고, 일정시간을 넘어 일하면 할수록 긍정적인 감정을 갖기 힘들게 된다고 한다.

세 번째는, 이것이 사회 전체의 '최대 다수의 최대 행복'을 해치고 있다는 점이다. 모든 인간이 서로 적합성이 좋은 업무를 한다면 사회 전체의 생산성이 올리기고, 기업의 싱과가 높아시녀 노한 개인으로서도 커다란 스트레스를 받지 않고 보다 높은 소득을 얻게 된다. 하지만 직업을 구할 때 학력이나 일반지능 g의 높고 낮음 정도 밖에 생각하지 않는다면 아무래도 비효율이 생겨난다.

상황적합이론은 이런 위험성을 시사하지만 우리 회사에서 어떻게 직원을 채용하고 배치하면 좋은지에 대해서는 가르쳐주지 않는다. 물론 선행연구로서 어떤 능력을 가진 사람이 어떤 직종에서 성공하기 쉬운가 하는 연구는 있지만 파고들어가면 '그것은 상황에 달려 있을지 모른다'를 고려해야만 한다. 또 선행연구는 대부분 미국 대기업이 중심으로, 아무리 같은 직종의 이야기라고 해도 그것이 여러분의 직장에서 성립할지 여부는 알 수 없다.

그렇기 때문에 여러분은 자사에서 조사하고, 분석하고, 그 결과 어떤 인사정책을 취해야 하는가를 생각해야만 한다. 앞 장에서도 말했듯이, 경영학자는 일반론으로 세상의 진리를 밝혀내려 한다. '지금 우리 회사가 어떻게 수익을 올릴까'라는 점을 알아내야 하는 사람은 다른 누구도 아닌 여러분 자신이다.

그럼 실제 어떤 항목을 조사하고 어떻게 분석해 행동을 취해야 할지를 알아보자.

03
인사관리를 위한 분석 순서 ①
─분석 대상 설정

'어떤 사람에게 어떻게 일을 시킬 것인가'라는 관점에서 분석방법을 살펴보자.

기본적인 흐름은 1장에서 경영전략을 생각한 경우와 마찬가지로, 다음과 같다.

1. 분석 대상 설정

2. 변수 아이디어 내기

3. 필요한 데이터 수집

4. 얻은 데이터 분석

5. 분석 결과 해석

여기서도 먼저 분석 대상의 설정방법을 생각해보자.

수십 명이 있으면 분석할 수 있다

인사의 해석단위는 기본적으로 사람, 직원이나 그 후보자다. 즉 '우리 회사에 수익을 가져오는 사람과 그렇지 못한 사람의 차이는 어디에 있는가' 하는 관점에서 분석한다.

경영전략 부분에서도 잠시 언급했던 해석단위는 최소한 수십, 가능하면 수백 정도는 되면 좋다. 극단적인 이야기지만 A와 B, 단 두 명뿐인 직원에 대해 아무리 상세한 데이터가 있다 해도 '수익을 올려주는 사람과 그렇지 않은 사람의 차이는 무엇인가'와 같은 통계해석은 성립하지 않는다.

이 두 명 중 A가 올린 이익이 높았다고 하면, A와 B의 차이는 무수히 많다. 나이도 다르고, 받은 교육도 다르고, 채용된 경위와 고객을 상대하는 방법도 다르다. 이중 과연 무엇이 두 사람의 성과를 갈라놓았을까, 통계학으로는 아무리 해도 판단이 안 된다.

하지만 수십 명이 있으면 어떨까? '큰 이익을 올리는 사람은 거의 모두가 어쩐 일인지 공통된 특징을 갖고 있다'는 것을 알 수 있다. 그리고 이 '거의 모두'라는 정도가 '우연히 공통되어 있다'고 생각해도 문제없을 정도의 것인가, 우연이라고 생각하기 힘들 정도의 것인가 하는 판단이 가능하다.

한편으로 '전혀 다른 직종의 사람을 함께 분석하는' 것은 가장 좋지 않은 방법이다. 상황적합이론에 의하면 영업맨과 엔지니어를 통합해 분석하면 일반인지능력이 높으면 된다는 정도의 당연한 결과밖에 얻을 수 없다. 그렇다면 같은 환경에서 똑같은 업무를 수행하는 사람을 수십 명 이상(가능하면 수백 명 이상)이라는 범위에서 분석할 수 있는가 없는가를 생각할 필요가 있다.

전국에 점포나 사업소가 있는 대기업이라면 대다수 직종에서 이 조건이 문제되지 않을지 모르지만 그렇지 않은 기업도 '사내에서 비교적 사람 손이 필요한 직종'이라면 분석이 가능하다. 구체적으로는 중견 이상의 많은 기업은 영업, 판매/서비스(컨설팅 등도 포함) 등의 직종에 최소한 수십 명 이상을 고용하고 있다. 또 IT 기업이라면 수탁개발과 같은 형태든, 기존의 서비스/제품을 제공하는 형태든 수십 명 이상의 프로그래머/엔지니어를 고용하는 곳이 적지 않다. 그 밖에도 백오피스에 경리 인원을 수십 명 고용한 기업도 있다. 기술을 중시하는 회사라면 신제품 개발이나 기초기술의 연구를 위해 수십 명 이상의 엔지니어나 연구자를 고용할지도 모른다.

해석단위를 넓히는 방법, 분할하는 방법

자사만으로는 사람 수가 수십 명이 채 못 되는 경우도 경영전략 부분에서 타사의 경영자원을 채점했던 것과 마찬가지로 타사직원이 갖는 특성을 제3자가 평점을 매기게 하는 방식을 생각할 수 있다.

아무리 그래도 다른 회사 경리 직원의 생산성을 추측할 수는 없지만, 영업맨처럼 서로 얼굴을 마주치는 일도 있는 직종이라면 'ㅇ

○씨는 대단히 유능해서 놀라운 실적을 올리고 있어' '××씨는 회사에서 찬밥 취급을 받고 있어' 등의 정보도 알려져 있을지 모른다. 이처럼 같은 직종에 종사하는 자사와 타사 직원을 대상으로 해 '같은 업계에서 일하는 같은 직종의 사람 가운데 수익성이 높은 직원과 그렇지 못한 직원의 차이는 어디에 있는가'를 분석한다. 말할 것도 없이 이 경우 데이터는 사내 인재라 해도 '제3자로부터의 평가'라는 같은 형식으로 모은다. 사적인 감정 등이 들어가지 않도록 여러 명에게서 수집된 평점의 평균값을 분석에 이용해야 할 것이다.

이것은 약간 까다로운 이야기이므로 자세한 것은 장 끝의 칼럼에서 이야기하는데, 자사 내 인원의 데이터만으로 분석해버리면 '중단'이나 '절단'이라는 현상이 문제되는 일이 있다.

대기업이라면 관례적으로 SPI 검사에서 고득점자들만을 채용하고 있을지 모른다. 그러면 사내 데이터만으로는 'SPI가 낮아서 채용되지 못했던 사람'의 정보가 존재하지 않는다. 그러므로 국내 전체 데이터를 사용하면 SPI의 점수에 따라 성과가 설명되어도, 사내 데이터만으로는 '특별한 관련은 보이지 않았다'라는 결과가 나온다.

자사 내의 객관적이고 정확한 데이터만으로 분석하는 것도 중요하지만 다소 데이터의 객관성이 떨어진다 해도 한 번쯤은 타사까지 범위를 넓힌 분석에 도전해볼 가치는 있다.

반대로 같은 직종의 사람이 수백 명이 아니라 수천 명, 수만 명이나 있는 대기업이라면 그 안을 보다 동질성이 높은 집단으로 나누어 분석해보자. 같은 영업맨이라도 법인영업인지 소매점 영업인지에 따라 서로 다른 특성이 필요할지도 모른다.

하지만 논리적으로 먼저 생각해봐야 할 것은 분석 대상으로 삼은 해석단위의 범위를 넓힐지 분할할지보다 그 직종의 생산성 분산이 사내에서 얼마만큼의 가치로 이어지는가 하는 관점이다.

서비스 해약 건수가 많은 상황에서 콜센터에 걸려오는 클레임을 수집하여 분석해 불과 몇 % 정도라도 해약을 미리 방지할 수 있다면 연간 수억 엔의 손실을 줄일 수 있다고 하자. 당신의 회사는 당연히 콜센터 단말기 등에도 최신 시스템을 도입하고 있고 직원 교육도 충실하게 한다. 그럼에도 '어떤 직원이 전화를 받았느냐에 따라 고객 해약률이 크게 달라지는' 상황이라면 그 비밀을 밝히기 위해 콜센터 직원의 특성을 분석해야 한다.

그러나 마찬가지로 문제가 크다고 해서 '어떤 직원이 전화를 받아도 해약률은 같다'면 분석해봤자 중요한 것은 발견되지 않는다. 또한 당연하게도 '콜센터의 클레임을 잘 처리해도 그렇지 않아도 연간으로 큰 매출로도, 비용 삭감으로도 이어지지 않는' 사업이라면 이것은 애초에 분석할 만한 가치가 없다.

이상과 같은 생각을 토대로 사내 수익을 크게 좌우하는 직종에서 사내 직원 전체, 또는 사내 직원 가운데 어떤 성질에 따라 분할한 서브 그룹을, 경쟁회사의 직원까지 포함한 형태로 분석해보자.

이들 범위의 확정 방법은 특별히 좋다는 것은 없으며, 가능하다면 병행해 복수의 범위에서 분석해보면 좋다. 분명 서로 다른 것을 발견할 수 있을 것이다.

04
인사관리를 위한 분석 순서 ②
─변수 아이디어 내기

하나든 복수든 분석 대상의 범위가 정해졌다면 다음은 어떤 변수를 분석해야 하는지 생각하자.

분석 변수에는 대소 자체를 구해야 하는 결과가 되는 아웃컴과, 아웃컴의 대소 차이를 설명할지도 모르는 설명변수로 나뉜다는 이야기는 앞 장에서 이미 했다.

기본적으로는 한 번의 분석에서 아웃컴은 하나, 한편 설명변수의 후보는 얼마든지 있어도 되며 많을수록 최종 분석 결과가 풍부해질 가능성이 높다.

'이익을 가져오는 인재와 그렇지 않은 인재의 차이가 어디에 있는가'라는 질문에서는 '이익액'이 아웃컴이 되는데, 그 대답의 후보로 준비한 설명변수 이외의 결과는 분석으로는 알 수 없다. 성별과 나이 정도밖에 설명변수가 준비되지 않았다면 '어떤 성격의 인간이 이익을 가져올 것인가'라는 식견은 얻을 수 없다.

여기서 가장 문제가 되는 것은 아웃컴의 정의다.

앞에서 기업전략은 총자본이익률이라는 아웃컴을 추천한다고 했다. 상장기업이라면 공개정보에서, 비상장기업이라도 제국데이터뱅크 등에 의뢰하면 누구든 입수 가능한 지표이며 '어떤 방향으로 투자를 해야 하는가'라는 좋은 지침이 된다. 매출이 크더라도 전혀 이익으로 이어지지 않는 사업에는 투자하지 않아야 하며, 올리는 이익액 자체는 나름 크더라도 필요 자본이 너무 많다면 새삼스럽게 투자할 이유가 없다.

하지만 기업이나 사업이 아니라 인재 문제가 되면, 명확하게 얼마만큼의 이익으로 이어진다는 지표가 정의되어 있지 않다. 물론 여러분 회사에는 '회사에 얼마나 이익을 가져왔는가'를 나타내는 어떤 지표를 설정하고, 그것을 보너스 지급이나 승진의 기준으로 사용하고 있을지 모른다. 하지만 그런 지표를 까딱 잘못 설정했다가는 비생산적인 반칙을 하는 것이 성실하게 회사에 공헌하는 것보다 높은 평가로 이어지고 만다. 그러면 '수학적으로는 올바르지만 경영적으로는 완전히 무의미한' 분석을 하느라 들인 비용을 쓰레기통에 버리는 꼴이 되는 보고서만 작성되고 마는 것이다.

미국 어느 지역의 경찰관은 근무 시간이 되면 바로 경찰차를 타고 한없이 고속도로를 달리며 순찰을 돈다. 지역의 치안은 전혀 개선하지 않음에도 왜 그들이 이런 행동을 하느냐면 이 지역 경찰서에서는 경찰관을 경찰차의 주행거리로 평가하기 때문이다. 원래 '많은 지역을 순찰하는 성실한 경찰관'에게 보상하려는 제도인데 경찰차의 주행거리 자체는 어디까지나 수단이지 목표가 아니다. 그래서 '전혀 무의미하지만 숫자상으로 높은 평가'라는 행동이 생기고 마는 것이다.

인재 분석에 이용하는 아웃컴의 설정에는 언제나 이런 문제가 있다.

영업맨은 보통 일정 기간 중에 올린 매출액으로 평가하는 방법을 많이 쓴다. 하지만 매출 평가법에 문제가 없는 것은 비용면에 큰 차이가 없는 경우뿐이다. 시스템 개발이나 공사처럼 비용 폭이 큰 서비스를 수주하는 영업 등이 오로지 매출만으로 평가된다면, 들인 수고에 비해 수주액이 맞지 않는 주문을 받는다는 어불성설인 반칙이 성립하고 만다. 8,000만 엔의 비용이 드는 작업을 1억 엔에 파는 것보다는 2억 엔의 비용이 드는 작업을 1억 엔에 팔기가 쉽다. 이것은 회사 입장에서 보면 엄청난 손실이지만 고객 입장에서 보면 이런 영업 제안을 채택하기 쉬울 것이다.

그렇게 하는 것이 '매출'이 올라가고 회사에서도 칭찬을 받고 보너스도 두둑하게 나오고 출세도 빨라진다는 것을 깨닫는다면, 당연히 무의식중에 이런 반칙 영업도 나올 것이다. 그러나 이런 과정을 반복한 끝에 영업을 담당하는 모든 직원이 '반칙을 해서 회사에 손실을 입힐' 뿐인 사람이 된다면 이 회사가 어떻게 수익을 올릴 수 있겠는가?

같은 영업 업무라도 무작정 찾아가는 방문 영업처럼 숫자로 설명되는 영업만 있는 것은 아니다. 예상 고객 목록을 만들고, 신뢰관계를 구축하고, 기술적인 질문에 일일이 답하고, 마지막까지 밀어붙여 겨우 계약에 이르는 일련의 팀플레이 안에는 눈에 보이는 매출로 직접 이어지지는 않지만 전체로서 커다란 역할을 하는 사람도 있을지 모른다. 여기서 체결한 계약의 매출 총이익만을 본다면 열한 명 전원이 센터포워드로 뛰는 축구팀처럼 균형이 맞지 않는 조직이 되어버린다.

'랜덤성을 집어넣는다'라는 연구

매출에 영향을 주는 업무가 아니라 전형적인 작업을 얼마만큼 효율적으로 해내는가도 데이터 분석이 가능한데, 이 경우 아웃컴 설정에 대해서는 제대로 된 공부가 필요하다.

수백 명 이상의 직원을 거느린 경리 부문이 다양한 전표를 처리하고 있다면 누구나 생각할 수 있는 아웃컴은 '몇 건의 전표를 처리했는가'가 될 것이다. 같은 시간에 많은 전표를 처리하는 사람과 그렇지 못한 사람이 있다. 그 차이가 어디에 있는지가 명백해진다면 많은 전표를 처리할 수 있는 사람을 늘리고, 그렇지 못한 사람을 수십 명 정도 이동시킴으로써 인건비를 효율화시킬 수 있을지도 모른다. 하지만 이런 분석이 성립하는 것은 '전표 한 건을 처리하는 데 드는 수고'가 어떤 전표든 거의 균등하다고 볼 경우뿐이다. 명세서에

다수의 물품이 포함되어 있고, 게다가 복잡한 할인 항목에 심지어 해외와의 거래까지 있어 환율 등도 고려해야만 하는 한 건과 그저 '○○한 벌 100만 엔+소비세'라고만 쓰인 한 건이 혼재되어 있다면 어떨까. 아마도 대다수 회사에서는 실수가 생기지 않도록 베테랑 경리직원이 전자를 담당하고, 신입사원이 후자를 담당하게 할 것이다. 이렇게 되면 신입이 '처리한 전표의 수' 자체가 많아져 높은 평가를 받게 될지도 모른다.

그렇다면 어떻게 하면 좋을까. 이상적인 답은 '평가/조사를 위한 일정 기간 처리하는 전표를 랜덤하게 할당시킨다'는 것이다. 랜덤하게 할당하면 신인이든 베테랑이든 전표를 처리하는 데 드는 수고는 평균적으로는 일정해진다. 그 상황에서 시간당 몇 건을 처리했는지를 비교하면 공평한 아웃컴이 될 수 있다.

물론 이 데이터를 얻기 위해 치명적인 실수가 늘어나거나 업무가 마비되거나 한다면 그것이야말로 이자는커녕 본전까지 까먹는 격이므로, 고난도의 업무를 처리하지 못하는 직원용으로는 '일정 시간 이상 걸리더라도 정확하게 처리할 수 없으므로 패스'라는 선택을 인정하고, 그것을 평가에 넣어도 좋을 것이다. 또 직원의 업무 기술을 어떤 기준으로 3단계 정도(상급/중급/신입)로 나눈 다음, 명백하게 고난도의 업무는 상급 직원에게 할당하고, 각각의 단계 내에서의 우열을 나누는 요인을 찾는다는 분석방법도 있다.

이와 같이 '평가 기간 중에만 랜덤성을 도입한다'는 생각은 다른 직종에도 응용 가능하다. 어느 젊은 영업맨이 높은 이익을 올리는 것은 유능한 상사가 잘 이끌어주고 우량 고객만 상대하고 있기 때문일 수 있다. 단순히 팔기 쉬운 상품을 담당하는 것일 수도 있다. 그렇다면 같은 물품에 관한 고객 목록을 랜덤하게 쪼개 거기에서 일정 기간 얼마나 계약을 체결하는가 보는 것이 진정한 성과 평가다.

설명변수는 널리 아이디어를 수집한다

이와 같이 아웃컴의 설정은 어떤 직종이든 주의 깊게 검토할 필요가 있는데, 설명변수에 대해서는 1장의 방법과 크게 다르지 않다. 〈도표 2-4〉는 1장에서 제시한 중요 경영자원을 생각하기 위한 질문 목록으로부터 직원 수준에서 인식할 수 있는 것을 가려 뽑은 것이다. 이를 토대로 견해를 신뢰할 수 있는 사내외의 관계자나 서적, 잡지 등에서 아이디어를 수집해보자.

인재를 찾는 법은 크게 나누면 IQ와 같은 인지능력, 특정 전문 분야의 지식, 경험, 빅 파이브와 같은 성격 특성, 인구통계적 속성(나이·성별·학력 등) 등이 있다. 이 가운데 전문 지식과 경험은 필기 테스트 이외에 실무 테스트와 같은 방법으로 측정할 수 있다.

인지능력은 일반지능 g와 같은 형태로 파악하는 것 이외에 '수적 지성과 언어적 지성'과 같은 두 개의 축으로 파악하는 것도 있으며, 《통계의 힘》에서도 언급한 심리통계학자 루이스 서스턴(Louis Leon Thurstone)은 심지어 더욱 많게, 다음의 일곱 가지로 지성을 파

〈도표 1-13〉에서 개인 수준 요인의 발췌

개인 수준에서 파악하는 경영자원에 대해(발췌)
이 업계에서 이익을 가져오는 중요한 인재에는 어떤 사람이 있습니까?
기업이나 개인이 어떤 것을 경험하면 나중에 이익으로 이어집니까?
기업이나 개인이 어떤 지식을 갖고 있는 것이 이익으로 이어집니까?
어떤 사람의 어떤 커뮤니케이션 능력이 이익으로 이어집니까?
어떤 직원 다양성을 갖고 있는 것이 이익으로 이어집니까?
기업이나 개인이 어떤 사람으로부터 어떻게 신뢰받는 것이 이익으로 이어집니까?
기업이나 개인이 고객과 어떤 관계성을 갖는 것이 이익으로 이어집니까?
어떤 기술을 갖고 있는 것이 이익으로 이어집니까?
어떤 제품을 어떻게 개발할 수 있는 능력이 이익으로 이어집니까?
어떤 IT 기술을 갖고 있거나 도입하는 것이 이익으로 이어집니까?
기업이나 개인이 이익으로 이어지는 혁신을 일으키기 위해 중요한 것은 무엇입니까?
누가 어떤 것을 새롭게 학습할 힘을 갖고 있는 것이 이익으로 이어집니까?

악해야 한다고 주장했다.

   ① 공간이나 입체 지각 지능

   ② 계산 능력 지능

   ③ 언어나 문장의 의미 이해 지능

   ④ 판단이나 반응 속도 관련 지능

   ⑤ 논리적 추론 지능

⑥ 언어를 빨리, 유연하게 사용하는 지능

⑦ 기억력 지능

우리 회사의 직종 중 특히 유창한 대화가 중요하다거나, 기억력이 중요하다거나, 공간적 상황 파악이 중요하다는 생각이 든다면 그것도 설명변수 아이디어로 채택해도 좋다.

유감스럽게도 내가 알고 있는 한 일본어로 간단히 서스턴의 7인자 지성을 측정할 테스트나 척도는 존재하지 않지만, 유창하게 말할 수 있는지 여부를 간단히 조사하고 싶다면 '면접에서 예상외의 질문을 해보았을 때 (내용은 어떻든) 얼마나 유창하게 답할 수 있는가'를 5점 척도로 평가해본다.

최근에는 비인지능력이라 불리는 것도 경영학이나 교육학에서 주목받고 있다. 비인지능력이란 'IQ와 같은 인지 관련 능력이 아닌' 능력이라는 의미다. 다니엘 골먼(Daniel Goleman)의 EQ, 즉 '감성지수'가 한때 화제가 되었는데 이런 비인지능력 중 특히 자기통제력이 높으면 IQ 이상으로 업무에서의 성공을 설명한다는 연구도 있다.

뒤에서 이야기하겠지만, 설문지 또는 대상자가 직접 답하는 테스트로서의 EQ를 그대로 비즈니스에 이용하려면 몇 가지 주의해야 하는 문제가 있는데, 그것은 어디까지나 실제 데이터 수집 또는 조사의 시점에서 생각해야 하는 것이다. 일단 아이디어 수집이라는 관점에서는 다양한 가능성을 생각하고 그중 특히 어떤 설명변수의 데이터를 얻어야 하는지를 떠올리자.

05
인사관리를 위한 분석 순서 ③
─ 데이터 수집

아이디어 내기가 끝났다면 실제 데이터를 수집하자.

신규로 조사를 하기 전 먼저 사내에 어떤 인적 데이터가 있는지 확인한다. 아직 전자화되어 있지 않더라도 입사 시 제출한 이력서나 인사서류를 보면 그 사람이 어떤 교육을 받았고 어떤 지식과 경험을 갖고 있는지 알 수 있다. 입사연도에 따라 다소 형식은 다르겠지만 채용 시 SPI 같은 시험을 쳤다면 직원의 언어나 숫자 처리 관련 인지 능력 지표와 내향성, 달성지향성 같은 성격 특성 지표가 측정되어 있을 것이다.

이외에도 대기업이라면 다양한 싱크탱크나 조사회사의 도움을 받아 사원의 동기나 스트레스 내성 등 다양한 항목을 조사하고 있기도 하다. 이런 조사는 대개 집계 결과만을 수집하고 끝인 경우가 많은데, 이 책과 같은 틀로 분석해보면 생각 이상으로 직원별 수익성에 영향을 주고 있지는 않은가 시사되는 경우도 있다.

별로 활용되고 있지 않은 조사도 대부분 대충 만들어진 것은 아니다. 경영에 영향을 미칠 듯한 어떤 이론에 토대해 전문가들이 시간과 노력을 들여 한 것이다. 해마다 정기적으로 응답을 하는 사원도 사내에서 직원들에게 어떤 조사가 행해지고 있는지 잊기 쉬운데, 이런 데이터도 활용해본다.

사내에서 관리되는 정보 시스템이나 엑셀 시트 안에 어떤 데이터가 존재하는가도 살펴보자. 많은 회사에 직원별 근무 일수나 상사가 매긴 평가 데이터가 있다. 관리가 잘된 회사라면 어떤 영업자가 계약을 따오고, 누가 어떤 작업을 어느 시간 동안 했으며, 어느 정도의 경비와 매출이 발생했는가 하는 데이터가 사내 어딘가에 축적되어 있을 것이다.

분석자의 입장에 따라 모든 데이터에 접근할 수 없을 수도 있지만 익명화나 분석 프로젝트에 관련된 인원 체제 등을 잘 통제해 되도록 다양한 데이터를 활용하자.

아웃컴 설정의 주의점: 데이터 부족을 잘 보충한다

데이터가 준비되면 아웃컴과 가능한 한 일치할 듯한 지표를 어떻게 정의할 수 있을지 생각한다. 원래라면 개인이 올린 정확한 이익을 알고 싶지만, 비용에 관해서는 매출과 상품의 원가는 알더라도 매출까지 이르는 광고비나 접대비 등을 포함하지 않은 불완전한 데이터밖에 없다는 상황을 생각할 수 있다. 이렇게 나온 이익을 아웃컴으로 채택하는 데 문제는 없을까 등 현실적인 데이터의 제약을 고려한 다음 가장 좋은 아웃컴을 생각하는 것이다.

아웃컴이 정해지면, 그 아웃컴과 당연한 관련성을 보이는 것을 제하고 되도록 많은 설명변수를 정리한다. 성과주의에 토대해 보너스를 지급하는 회사가 (어떤) 성과를 아웃컴으로 하고, 보너스 지급액을 설명변수로 하는 것이 '당연'해져버리는 경우도 있다. 아마 분석 결과 '보너스가 높은 사람일수록 성과가 높다'가 나오겠지만, 그렇다고 해서 장난삼아 직원에게 고액의 보너스를 지급해도 성과는 올라가지 않는다. 이런 아웃컴과의 관련이 당연해져버리는 설명변수는 처음부터 분석하지 말아야 한다.

보통은 사내에 이미 존재하는 데이터의 정리가 끝나고 그중 필요한 아웃컴이나 설명변수 데이터가 부족하면 신규 조사를 생각해야 한다. 여기서 아웃컴 관련 데이터 부족은 특히나 치명적이다. 실제 사내 데이터를 들춰 원래라면 각 직원이 담당했던 프로젝트의 매출총이익을 알고 싶은데, 경리시스템상 영업 담당자가 없는 경우가 있다. 있더라도 어찌된 일인지 모두 영업부장의 이름이 씌어 있는 데이터의 한계를 깨닫는 경우도 존재한다.

이런 경우 기억 범위에서 과거의 거래처를 목록화하고 '누가 주로 영업을 담당했는가'를 관계자에게 기입하게 하는 작업이 필요하다.

이익에 관련된 금액을 직원 개인에게 연관시키지 못하겠다면 전혀 다른, 하지만 현재 이용할 수 있는 한 가장 타당하게 직원의 가치를 나타낼 수 있는 아웃컴을 생각해야 한다.

최악의 경우 쓸모 있어 보이는 데이터가 없으니 상사의 평가를 아웃컴으로 사용하는 것은 어떨까 하는 생각도 할 수 있다. '상사가 정확하게 부하를 평가할 수 있을 것 같다'는 합의가 관계자 내부에서 얻어진다면 문제가 없다. 그러나 '그렇게 하면 상사에게 아부하는 놈이 높은 평가를 받을 것 같다'는 일이 걱정된다면 적어도 상사 평가 이외에 부하나 동료, 거래처 평가의 평균값을 취하는, 말하자면 360도 평가의 결과를 사용하는 것이 좋다.

덧붙여서 이 장에서 빈추르 등에 의한 메타분석 결과를 소개했는데 그들은 같은 논문에서 '영업맨의 영업 성적'만이 아니라 '상사의 평가'라는 아웃컴도 분석했다. 영업 성적에 대해서는 달성지향성, 세일즈능력 테스트, 흥미 테스트가 중요했지만 상사의 평가에서 '우수하다'고 생각되고 있는가라는 점에서는 약간 결과가 달라진다.

즉 달성지향성이라는 심리 특성은 실제 성과보다도 상사의 평가로 이어지지 않는 한편 실제 영업 성적에서는 별로 관련이 보이지 않았던 일반인지능력(즉 IQ)과 경력이 훌륭하다든지 하는 관점이 상사로부터의 평가에서는 중요해진다(〈도표 2-5〉).

이것을 해석하면 상사는 실제 성과 이상으로 '지적인 대답을 할 수 있는 훌륭한 캐리어를 가진 사람'을 과대평가하고 마는 경향이 있다는 것이다. 이런 경향이 여러분의 회사에도 존재하는지 알 수 없

영업맨의 평가와 실적에 영향을 미치는 요인의 차이

빅 파이브 특성	상사의 평가에 대한 설명력	영업 성적에 대한 설명력
외향성	0.03	0.05
감정 안정성	0.01	0.01(마이너스)
조화성	0.01 미만	0.01 미만
성실성	0.04	0.10
경험 개방성	0.01	0.01 미만
(이하 하위 항목)		
친화성	0.01	0.02
설득력	0.08	0.07
달성지향성	0.06	0.17
신뢰성	0.03	0.03

기타 요인	상사의 평가에 대한 설명력	영업 성적에 대한 설명력
종합인지능력	0.10	0.01 미만
일반인지능력	0.16	0.01 미만
언어능력	0.02	0.08(마이너스)
수 처리능력	0.01	0.01 미만
개인주의	0.04	–
세일즈능력 테스트	0.20	0.14
경력	0.27	0.08
나이	0.07	0.01 미만
흥미 테스트	0.25	0.25

지만, '그럴 가능성도 있다'는 점은 아무리 주의해도 지나치지 않다.

설명변수와 관련된 데이터의 확충: 성격 특성을 측정하는 방법

아웃컴에 비하면 설명변수 관련 데이터가 부족한 것은 그래도 작은 문제인데, 그럼에도 기껏 생각한 설명변수가 아웃컴과 관련되어 있는지 알 수 없다는 것은 유감스러운 일이다. 아무리 관계자 일동이 'IQ(일반인지능력) 따위보다 억지를 부리는 고객 앞에서 자신을 통제해 냉정하게 상담을 할 수 있는지가 중요합니다! 아시겠습니까!'라고 의기투합해봤자 데이터가 없으면 아무 소용없다. 사용 가능한 데이터가 이력서에 적힌 학력과 전문 자격의 유무, 입사 시 필기시험과 면접 성적 정도밖에 없는 상황에서 과연 자기통제가 어느 정도 성과에 영향을 미치는지는 결코 알 수 없다.

그러면 실제 자기통제를 측정할 수 있도록 추가 조사를 하자는 식이 되는데 이는 '당신은 스스로를 잘 통제하는 편이라고 생각합니까?'와 같은 질문에 예/아니요로 답하는 설문조사를 실시하면 된다는 말이 아니다.

어떤 문제를 출제하면 IQ가 제대로 측정될까와 마찬가지로, 어떤 질문에 어떻게 답을 하게 하면 성격 특성을 측정할 수 있을까는 전문 지식을 요하는 어려운 문제다. 생각해낸 질문 항목으로 조사를 하는 것 자체는 나쁘지 않지만 인간의 성격이나 심리 특성을 측정하려 하는 것에는, 뒤에서 이야기할 '축약' 등 생각 이상으로 어려운 문제가 배후에 존재하고 있음을 기억해두기 바란다.

직접 비용을 들여 적절한 질문 항목을 만들고 그것의 조합으로 인간의 특성을 측정하는 것은 대단히 어려운 작업인데, 그보다는 전문 심리통계학자들이 만든 측정 척도를 사용해 얻어진 지표를 분석하는 것이 간단하다.

알고 싶은 개념과 '질문지 척도'라는 단어를 조합하여 구글 검색을 하면 뜻밖에 간단히 심리학자가 만든 심리 측정 척도가 발견된다. 지금까지 만들어진 다양한 심리 측정 척도를 모은 책도 간행되어 있으니 참고하자.

요즘 많은 심리학자는 '가능한 한 적은 항목으로 정확하게 심리 특성을 측정하는 척도'에 도전하고 있으며, 빅 파이브도 10항목의 질문으로 측정할 수 있게 되어 있다. 겨우 10항목 정도라면 어떤 조사를 하는 김에 대답할 수 있으니 큰 수고를 들이지 않아도 된다.

척도 자체는 타당하게 잘 만들어졌어도 그것을 실제 비즈니스에 활용하는 것은 별개 문제다. 일시적으로 일본에서도 유행한 다니엘 골먼의 EQ와 같이 비인지능력을 측정하는 질문지는 다양하다. 이런 질문지에 의해 자기통제능력을 측정할 수 있다는 것은 거짓말은 아니지만 막상 측정한 자기통제능력이 성과를 잘 설명하는 것을 알았을 때, 채용 등에 이용하려 하면 어떤 일이 일어날까?

IQ 테스트라면 아무리 수험자가 '머리가 좋은 사람으로 보이고 싶다'고 생각해도 어떻게 답을 하면 좋을지 알 수 없을 것이다. 그러나 자기통제가 높으면 업무에서도 성공하기 쉽다는 지식을 가진 사람이라면, 어떻게 답을 하면 자기통제 점수가 높아질까를 생각해 거짓 답을 하는 일도 어렵지 않다. 그렇다면 타자 평가를 사용해 비인지능력을 측정하는 것이 좋을 수 있다. 또 좀 더 번거로운, 의도적인 거짓말을 하기 어려운 여러 방법을 응용심리학자들이 고안해놓기도 했다.

'답이 나오지 않는 퍼즐을 주고 어느 정도의 시간 동안 포기하지 않고 버틸 수 있는가' 또는 '스프링이 달린 핸드 그립을 얼마나 쥐고 있을 수 있는가'라는 측정 방법도 쓸 수 있다. 또 빨간색으로 쓰인 '녹색'이라든지, 파란색으로 쓰인 '노란색' 등 의미와 실제 색이 다르게 표시된 상태에서 올바르게 색을 인식해 답할 수 있는가 하는 테스트도 자기통제 측정에 사용된다. 어떤 화면을 집중해서 계속 봐야 하는 테스트를 출제하고 옆에서 웃음소리가 삽입된 코미디 프로그램을 보여주어 무심코 그쪽에 신경이 쏠리거나 시선을 빼앗기지 않는가 하는 테스트조차도 존재한다.

물론 자기통제를 측정하기 위해 장시간 채용 희망자를 답이 나오지 않는 퍼즐로 구속하는 것이 과연 잘하는 일일까 하는 생각이 들 수 있는데 실무 테스트의 일환으로 이런 과제를 섞어볼 수는 있다. 상당한 베테랑도 해결할 수 없을 정도의 과제를 내고 '포기하지 않고 계속 도전할 수 있는가/도중에 집중력이 떨어지거나 포기하는가'라는 관점에서 채점을 하면 비인지능력을 어느 정도 반영한 평가가 가능하다.

비즈니스에서 조사는 학자의 연구와 달리 결정적인 손익으로 이어진다. 분석한 결과를 활용하는 기업측뿐만 아니라 채용되고 싶어 하는 지원자나 급여를 올려 받고 싶은 직원, 또는 유리한 거래를 하고 싶은 고객에게도 마찬가지다. 그중에는 나온 데이터나 분석 결과에 직접적인 이해가 얽힌 사람도 있다. 의식하고 있지는 않지만, 그들로부터 다소 편향된 답이 나오는 것은 당연히 예상하고 있어야 한다.

그런 이해가 얽힌 데이터 편향이 나오지 않도록, 또는 나오더라도 보정할 수 있도록 데이터를 다루는 방법 자체를 공부하는 것이 인재 관련 분석을 할 때 중요한 포인트다.

06
인사관리를 위한 분석 순서 ④
—데이터 분석

실제 필요한 데이터가 수집되었다면 이제 분석에 들어가자. 기본적인 흐름은 1장에서 경영전략을 생각할 때와 마찬가지인데, 단한 가지 다른 점은 인사 분석에서는 기업일 때보다도 추상적인 요소를 다양한 형태로 측정하기 위해 축약이라는 작업이 때로 필요하다는 점이다.

앞에서 스피어먼의 말을 빌려서 고전, 음악, 반응속도 테스트를 일반지능 g라는 하나의 축으로 설명할 수 있다고 했다. 이것은 테스트 성적이 하나의 축으로 축약되었다는 말이다. 마찬가지로 1980년대의 심리학자는 그때까지 고안된 다양한 성격 특성을 빅파이브라는 다섯 개 축으로 축약했다. 이처럼 다수의 변수를 보다 적은 수의 변수로 다시 정리하는 것을 축약이라고 한다.

SPI처럼 전문가가 제대로 설계한 심리검사 툴(이것을 전문용어로 측정척도라고 부르기도 한다)이라면 그 안에 포함되는 다른 지표들이 강하게 상관관계를 갖는 일은 별로 없게 된다. 만에 하나 그런 것을 발견한다면 교류가 있는 리크루트 영업 담당자에게 의문을 제기해야 마땅하다.

한편 직접 새로운 질문 항목을 몇 가지 만든 경우, 또는 빅 파이브나 SPI 성격검사와 같이 서로 다른 척도를 병용해 조사한 경우 등에는 주의가 필요하다. 최소한 엑셀의 '분석 툴' 기능이나 CORREL 함수 등으로 계산할 수 있는 상관계수 정도는 확인하는 것이 좋다.

당신이 전문가가 만든 빅 파이브 척도에 덧붙여 새롭게 네 개의 질문 항목을 추가 조사했다고 하자. 각각의 질문 항목에 대한 답은 모두 '전혀 해당하지 않는다'에서 '아주 많이 해당한다'까지 5점 척도로 답하는 것으로 한다. 그 결과 빅 파이브 점수와 각 항목 간의 상관계수를 산출하면 〈도표 2-6〉과 같이 되는 경우 어떻게 생각해야 좋을까?

상관계수의 값이 얼마일 때 '크다'라고 생각하는가 하는 점에 대해 수학적으로 명확한 선을 그을 수는 없지만, 관례적으로 심리검사 등에서는 상관계수는 0.3~0.4 이상 또는 반대로 -0.3~-0.4 이하의 경우 주의한다라는 것이 하나의 기준이다. 상관계수는 -1~1 사이의 값밖에 취하지 못하고, 0은 '전혀 상관하지 않는다'는 상태다.

그런 기준에서 보면 '어떤 업무라도 적극적으로 달려드는가의 여부'라는 자세를 5점 척도로 회답해 받은 결과는 빅 파이브에서의 외향성과 상당히 상관하고 있다. 또한 성실성과의 상관에도 주의가

	외향성	조화성	성실성	감정 안정성	경험 개방성
어떤 업무에도 적극적이다	0.73	0.08	0.31	0.12	0.03
자기 인생에 명확한 목적의식이 있다	0.02	0.03	0.11	0.19	0.08
슬픈 영화나 드라마를 즐겨 보는 편이다	0.17	0.29	0.04	−0.05	0.10
아무리 바빠도 받은 은혜는 반드시 갚고 싶다	0.19	0.23	0.18	0.11	0.06

필요하다. 말하자면 '외향성이 높은 사람은 어떤 업무라도 적극적으로 달려드는 경향이 있다'이므로 이런 항목에 일부러 답을 받지 않아도 되는 건 아닌가 생각할 수 있다. 그렇다면 이런 항목은 분석에서 빼고 다음 조사부터는 아예 제외하는 것이 좋다.

상관관계가 강한 설명변수끼리를 동시에 다중회귀분석에 포함하는 것은 통계학적으로 바람직하지 않으며, 전문가가 척도를 만들기 위해 배려했던 것을 쓸모없게 만들어버릴지도 모른다.

상관하는 두 항목의 점수는 합산해도 된다

업무 적극성 외에 인생의 목적의식, 슬픈 이야기를 좋아하는가, 은혜에 대해 어떻게 하는가 등의 조사 항목은 아무래도 빅 파이브

신규 조사 항목 사이의 상관 사례

	인생의 목적의식	슬픈 이야기를 좋아함	은혜에 보답하는 자세
인생의 목적의식	1.00	0.04	−0.02
슬픈 이야기를 좋아함	0.04	1.00	0.65
은혜에 보답하는 자세	−0.02	0.65	1.00

점수와 그다지 상관하지 않는 것 같은데, 이것으로 만족해서는 안된다. 자신들이 만든 조사 항목끼리도 상관이 높은 것이 있을지 모르기 때문이다(〈도표 2-7〉).

이에 대해서도 확인해보면 인생의 목적의식에 대해서는 다른 두 개의 항목과 거의 상관하고 있지 않았지만, 나머지 두 항목 '슬픈 이야기를 좋아하는가' '은혜에 대해 어떻게 하는가'는 서로 상관관계를 가지고 있었다. 이런 경우 생각할 수 있는 대처방법은 크게 두 가지다. '한쪽만을 분석에 채택하든가' 또는 '양자의 점수를 합산한 설명변수를 새롭게 만드는 것'이다.

전자에 관해 그럼 어느 쪽을 채택하면 좋은가? 하나의 방법으로 '(아웃컴으로서 채용했던) 성과와의 연관성이 딱 들어맞는 쪽'을 채택한다는 것이 있다. 즉 이 경우 단지 슬픈 영화나 드라마를 즐겨 보는 사람이라는 것만으로 업무가 가능하다고는 생각하기 힘들다. 그러나 그런 것을 좋아하는 정이 많은 사람이라면 동료나 부하 또는 고객과 마음이 잘 통하고, 그것이 결과적으로 업무 성과로 이어지지는 않을까 생각할 수 있다. 그렇다면 분석해야 하는 것은 은혜에 보답하는 자세다.

한편 양자의 점수를 합산한다는 방식은 '둘 다 똑같이 중요하다' 또는 '각각의 질문보다 양자의 항목에 공통적으로 측정하려 하는 어떤 것이 중요하다'고 생각하는 경우로 취급하는 방법이다. 즉 이번의 예로 말하면 슬픈 이야기를 좋아하는가 또는 은혜에 보답하는가보다도, 양자의 배후에 있는 '인정이 많은 정도'라고 부를 만한 것이야말로 성과를 좌우하는 것이 아닐까 생각할 수 있다. 양자의 점수를 합산함으로써 '인정이 많은 정도'라고 말하는 것을 정의해버리면 된다.

몇 가지 항목이 상관하는 경우는 '요인분석'

여기서는 빅 파이브와 같은 전문가가 만든 척도에 극소수의 질문항목만 추가해 조사에 포함했는데, 실제는 좀 더 많은 항목을 만들어 각각 서로 강하게 상관하는 것들이 다수 포함되는 상황도 생각할 수 있다.

추가 조사 항목이 20~30개를 넘으면 하나의 항목에 대해 몇 개의 항목이 상관하기도 하는데, 이런 경우 무엇과 무엇을 합치면 좋을지 또는 어떤 항목을 분석에서 제외시켜야 하는지가 복잡해신다. 이때 하는 것이 요인분석이다. 요인분석의 세세한 방법까지 설명하면 이 책이 의도하는 범위를 넘어서므로 자세한 것은 전문서를 읽기 바란다. 여기서는 도요다 히데키(豊田秀樹)가 쓴《요인분석입문》에 등장하는, 성격검사의 질문 항목 설계를 위한 요인분석 결과를 소개한다(〈도표 2-8〉).

감이 좋은 사람이라면 벌써 알아차렸겠지만 이들은 모두 빅 파이브를 측정하기 위한 질문항목이다. 타인의 기분이나 행복, 아이에게 관심 있음, 타인을 위로하거나 안심시키는 것이 장점 등은 조화성이다. 한편 너무 힘든 업무를 맡고 있다거나 시간을 낭비하지 않고 계획대로 모든 것이 완벽해질 때까지 계속하는가 등은 성실성을 나타낸다.

여기에 제시된 수치는 상관계수가 아니라 인자적재계수(Factor Loading)라 불리는 것인데, 이 역시 −1~1까지의 범위를 취한다. 모든 요인에 대해 굵게 표시한 관련 질문항목의 인자적재계수는 약 0.4 이상이며 반대로 그 이외(다른 인자와 관련한) 질문 항목의 인자적재계수는 0.4를 웃돌지 않는다(가능하면 0.3 미만)는 상황이 되면 이상적이다. 표의 결과는 그 기준을 얼추 만족하고 있다.

여기까지 정리가 되면 같은 요인과 관련 항목의 점수를 더해 '외향성 점수'라 정의하면 된다. 전문가가 만든 대부분의 질문지 척도는 이처럼 깔끔하게 정리될 때까지 질문 내용을 연구하거나 취사선택해 만들어진 것이다.

'타인의 기분에 무관심하다'라는 항목은 다른 조화성에 관한 항목과 '답의 방향이 반대'다. 이런 것은 역전항목이라 불리기도 하는

	제1요인	제2요인	제3요인	제4요인	제5요인
타인의 기분에 무관심하다	**−0.41**	0.05	0.13	0.22	−0.03
타인의 행복을 묻는다	**0.60**	0.06	0.08	−0.03	0.01
타인을 위로하는 방법을 알고 있다	**0.66**	0.00	0.18	−0.03	0.02
아이를 좋아한다	**0.45**	0.19	0.10	−0.06	−0.17
다른 사람을 안심시킨다	**0.55**	−0.05	0.27	−0.14	0.05
대단히 힘든 업무를 맡고 있다	0.00	**0.55**	−0.06	0.07	0.16
완벽해질 때까지 계속한다	0.08	**0.67**	−0.12	0.13	0.06
계획대로 업무를 진행한다	0.09	**0.59**	−0.09	0.03	−0.08
업무를 대충 처리한다	0.06	**−0.68**	0.02	0.10	−0.01
시간을 낭비한다	0.03	**−0.58**	−0.12	0.13	0.11
말이 별로 없다	−0.06	0.15	**−0.64**	−0.13	−0.08
다른 사람에게 말 거는 게 힘들다	−0.06	0.02	**−0.71**	0.03	−0.05
타인을 매료시키는 법을 알고 있다	0.25	−0.06	**0.46**	0.09	0.31
누구와도 쉽게 친구가 된다	0.31	−0.04	**0.62**	0.02	−0.06
남 돌보기를 좋아한다	0.04	0.23	**0.46**	0.22	0.21
쉽게 화를 낸다	−0.15	0.02	0.17	**0.91**	−0.06
금방 안절부절못한다	−0.14	0.04	0.10	**0.86**	0.00
기분이 잘 변한다	0.06	−0.03	−0.07	**0.68**	0.01
금방 풀이 죽는다	0.09	−0.13	−0.39	**0.40**	0.09
금방 당황한다	0.20	0.00	−0.20	**0.44**	−0.14
발상이 풍부하다	0.01	0.03	0.12	0.00	**0.53**
타인에게 자기 의사를 강요한다	0.17	−0.09	0.05	0.16	**−0.46**
고도의 회화를 구사한다	0.07	−0.04	0.21	0.03	**0.63**
검토하는 데 시간을 쓴다	0.16	−0.04	−0.31	0.06	**0.37**
어떤 주제를 깊이 언급하지 않는다	0.08	−0.04	0.06	0.11	**−0.52**

데, 합산할 때 그대로 더하지 않고 1~5점으로 매겨져 있던 원래 점수를 1점이라면 5점, 2점이라면 4점… 하는 식으로 역전시킨 다음 더한다. 이것은 요인분석을 사용한 경우에 한정되지 않으며, 앞에서 말한 상관관계가 높은 두 개의 항목을 더할 때도 마찬가지다.

이런 작업은 큰 주의와 수고를 필요로 하므로, 조사 단계부터 '가능하면 안 해도 되도록' 생각해두는 것도 하나의 방법이다. 즉 전문가가 만든 척도만을 분석에 사용하고, 서로 비슷해 보이는 복수의 척도를 동시에 취급하지 않으면 되는 것이다.

다음으로 다중회귀분석이나 로지스틱회귀분석

조사한 설명변수 사이의 상관성에 대해 지금까지 말한 것이 정리되었다면 기본적으로는 1장과 마찬가지다.

아웃컴이 매출이나 매출총이익액 또는 처리한 업무 건수 등의 정량 수치로 나타난다면, 다중회귀분석과 자동적인 변수 선택을 한다. 앞에서 이야기했듯이, 필요에 따라 아웃컴의 수치를 로그화해도 좋다. 또는 아웃컴이 누군가의 평가에 의해 '우수하다고 생각되는가 그렇지 않은가'와 같이 정성적인 것이라면 로지스틱회귀분석을 준비해, 마찬가지로 변수 선택을 한다.

《실무활용 편》에서도 이야기했듯이, 요인분석으로 축약한 다음 회귀분석을 하기보다는 추정 정밀도의 문제 등에서부터 구조 방정식 모델링 등을 사용해, 변수 사이의 관련성을 한꺼번에 분석해야 한다는 생각도 있다. 또는 인재의 우수함을 '아주 우수/꽤 우수/보통/우수하지 않음/전혀 우수하지 않음' 등 5점 척도로 채점한 경우, 그것의 아웃컴을 순차로지스틱회귀분석으로 '어떤 설명변수가 우수함의 순위에 관계하는가?' 하고 분석할 수도 있지만, 나는 이 방법은 별로 추천하지 않는다.

'아주 우수한 인재와 그 이외'를 나누는 요인과 '보통 이상의 인재와 열등한 인재'를 나누는 요인은 종종 전혀 다르기 때문이다. 똑같이 우수한 인재를 구한다 해도 아무튼 아주 우수한 한 줌의 인재를 원하는지, 그보다는 오히려 장애물에 걸리지 않도록 주의해서 전체적으로 최저 수준을 끌어올리고 싶은지, 어느 쪽이 이미지에 가까운지를 잘 생각하는 것이 좋다. 그런 다음 기존 데이터가 5점 척도였다 해도 '아주 우수한가/그 이외인가' 또는 '보통 이상인가/미만인가'와 같이 이분하는 아웃컴을 다시 만들고, 일반적인 (이진법) 로지스틱회귀분석을 하는 것이 좋다. 물론 둘 다 반드시 알아야 할 중요한 정보라면 두 가지를 모두 해본다.

다중회귀분석 결과는 앞 장에서 설명했으므로 로지스틱회귀분석 결과를 읽는 법을 배우기 위해 〈도표 2-9〉와 같은 결과가 얻어진 경우를 생각해보자. 분석한 아웃컴은 상사나 동료로부터의 360도 평가에 의해 '상위 5%의 우수한 직원이라 생각되는가 아닌가'라는 항목이었다고 하자. 이 결과를 어떻게 해석하고 활용해 이익으로 연결시킬까에 대해 다음에 자세히 설명하겠다.

설명변수	오즈비	95% 신뢰구간	p-값
남성	0.96	0.92~0.99	0.034
나이(세)		–	
입사 시 필기시험(점수)		–	
입사 시 면접 평점(5단계)		–	
외향성(점수)		–	
감정 안정성(점수)	1.08	1.01~1.16	0.026
조화성(점수)		–	
성실성(점수)	1.13	1.03~1.24	0.012
경험 개방성(점수)		–	
소모품비(만 엔)		–	
여비교통비(만 엔)		–	
접대교제비(만 엔)		–	
회의비(만 엔)	0.98	0.96~0.99	0.048
신문도서비(만 엔)	1.03	1.01~1.05	0.003
하루 연차 회수(회)		–	
반휴 회수(회)	0.83	0.75~0.92	<0.001

도표 2-9 '우수한 직원인가 아닌가'에 대한 로지스틱회귀분석 결과 사례

07
인사관리를 위한 분석 순서 ⑤
―분석 결과 해석

분석 결과가 나오면 그 의미를 해석해 어떤 실천을 하면 좋을지 생각하자.

이 장에서는 어느 기업의 영업직원을 대상으로 360도 평가, 즉 상사뿐만 아니라 부하나 동료 등 관계자로부터의 평가를 종합해 얻은 '상위 5%의 아주 우수한 직원이라고 생각되는지 아닌지'라는 지표를 아웃컴으로 한 분석을 예로 이야기해본다. 설명변수의 후보로는 기본적인 성별과 나이 이외에 먼저 채용 시의 테스트(필기와 면접) 성적을 사용하고, 각 직원의 빅 파이브 점수를 추가로 조사했다.

사내 시스템에서 접대교제비, 여비교통비나 신문도서비 등의 과목별 경비를 얼마 사용했는가 하는 정보와, 1년 동안 연차(반휴도 각 몇 회)를 몇 회 썼는가 등의 근태 정보도 설명변수로 이용했다고 하자.

이들 설명변수에 대해 변수 선택을 하고 그 결과 얻어진 분석 결과가 〈도표 2-9〉와 같다면 당신은 과연 여기서 무엇을 읽어내고 어떤 조치를 취해야 할까?

이 로지스틱회귀분석에 대해서도 자세한 것은 전작 《실무활용편》을 참조하기 바라며, 분석 결과를 읽는 법에 대해서만 간략하게 설명한다. 오즈(odds)비란 간단히 말하면, 로지스틱회귀분석 결과 얻어진 '해당하는 확률이 (원래 충분히 작을 때) 대략 몇 배가 되는지를 파악할 수 있는가'라는 결과의 지표다.

이번에 예로 든 분석에서는 '전체 상위 5%에 해당하는 우수자인가'라는 아웃컴을 생각했는데, 그것은 아슬아슬하게 '충분히 작은' 범주다. 이 경우, 남성의 오즈비가 0.96이라는 결과는 남성직원은 그 이외(즉 여성직원)와 비교해 우수할 확률이 약 0.96배라는 뜻이다. 여성직원의 5%가 우수했다고 한다면 우수한 남성직원의 비율은 그것의 약 0.96배 정도라고 생각할 수 있다.

원래 해당하는 확률이 '충분히 작은' 상황이 아니라면 이 '확률이 몇 배'라는 관계가 그대로 성립하지는 않는다는 점에는 주의하기 바란다. 여성의 80%가 우수한 경우, 같은 오즈비에서 남성 우수자의 비율은 약 79%라고 생각할 수 있다. 이 책에서는 초보자용임을 감안해 앞으로는 특별히 양해를 구하지 않고 '오즈가 몇 배'라는 의미에서 '확률이 몇 배'라는 표현을 사용하는데, 어디까지나 '원래의 확률이 충분히 작을 때'라는 뜻임을 기억해주기 바란다.

단 어디까지나 오즈비가 1보다 큰 경우에는 해당하기 쉽고 오즈비가 1보다 작은 경우에는 해당하기 어려우며, 오즈비가 극단적으로 1보다 크거나 작을수록 설명변수와 아웃컴 사이의 관련성이 강하다는 것은 틀림없다.

성별같이 정성적인 설명변수에 대해서는 '설명변수가 뭔가에 해당하는 경우, 우수한 사원일 확률은 약 몇 배'라는 관점을 취한다. 한편으로 정량적, 즉 빅 파이브 점수나 사용한 경비 등 숫자로 나타난 설명변수에 대해서는 이들 숫자가 '1 증가할 때마다 우수한 사원일 확률은 약 몇 배 증가하는 경향이 있는가'라는 관점을 취한다.

감정 안정성에 관한 점수에서는 1점이 증가함에 따라 오즈비가 1.08배씩 우수한 사원일 확률이 증가하는 상황이다. 이 오즈비가 1미만으로 나타나는, 사용한 회의비나 연차 횟수에 대해서는 이들 설명변수의 값이 증가할수록 우수한 사원일 확률이 낮은 경향을 읽을 수 있다.

오즈비 옆의 95% 신뢰구간과 p-값의 해석은 각각 앞 장과 마찬가지다. 95% 신뢰구간은 무제한으로 데이터를 모았다면 오즈비의 참된 값이 '대개 이 부근에 있을 터이다'라는 범위를 나타낸다. 이 양쪽 끝이 모두 1보다 크든지 반대로 모두 1보다 작을 때 p-값도 0.05%보다 작아져 있을 것이므로 '단지 주어진 자료로부터 우연히 나온 결과라고는 생각하기 힘들다'라고 판단하여 결과를 신뢰하는 것도 마찬가지다.

오즈비가 각각 '다른 설명변수의 조건이 일정하다고 했을 때'라는 아웃컴과의 관련성을 나타내고 있다는 것도 앞 장과 같다. 표에서 오즈비, 95% 신뢰구간, p-값이 '-'로 표시된 것은 설명변수의 후보로서는 준비했지만, 변수 선택의 결과 통계적으로 중요하지 않기 때문에 삭제된 설명변수라는 것을 나타낸다.

'경험이나 직감에 반하는 결과'는 없는가?

이들 결과를 위에서부터 보면 적어도 이 데이터가 얻어진 회사에서 남성은 여성보다 우수할 확률이 낮고(즉 여성이 더 우수하다), 나이나 입사 시 필기시험과 면접 평점은 우수함과 별 관련성이 보이지 않는 것 같다.

빅 파이브의 성격 특성 중에는 감정 안정성과 성실성이 높은 경우 우수하다는 결과가 보였다. 한편 다른 사람과 잘 사귄다와 관련될 것 같은 외향성이나 조화성, 경험 개방성이라는 설명변수에 대해서는 우수함과 관련된다는 결과는 얻지 못했다.

예산 사용이라는 점에서 보면, 회의비를 많이 사용하는 직원은 별로 우수하지 않은 반면 신문도서비를 많이 쓰는 직원은 우수하다는 결과가 보였다. 소모품비 외에 거래처 방문 횟수나 출장 횟수, 이동거리를 나타낸다고 생각할 수 있는 여비교통비, 접대교제비를 얼마나 사용했는지에 대해서도 현시점에서는 플러스인지 마이너스인지 판단할 수 없다. 더욱이 근태라는 관점에서, 하루 연차를 며칠 쓰고 있는지는 우수함과는 별 관련이 보이지 않았던 것 같지만 반휴를 몇 번 얻었는지는 상당히 크게 관련하는 것 같다.

이들을 있는 그대로 받아들이면 '여성이고 감정이 안정되어 있고 성실하고, 회의비는 사용하지 않고 신문도서비는 잘 쓰며 반휴를 얻지 않는 사람이 좋은 영업직원, 그 이외의 설명변수의 관련성은 현시점에서는 잘 알 수 없음'이라는 결과가 되는데, 이를 분석해낸 다음 몇 가지 주의할 점이 있다.

먼저 여러 번 지적했듯이, 이것은 어디까지나 상사나 동료로부터 '우수하다고 평가되었는가' 하는 아웃컴이다. 그러므로 이 데이터가 얻어진 회사에 여성은 남성과 비교해 정말로 우수한지, 그렇지 않으면 여성은 남성과 비교해 우수하다고 평가되는 경향이 있는 것인지, 이 데이터만으로는 판단할 수 없다.

설명변수에 대해서도 똑같이 말할 수 있다. 반휴를 자주 신청하는 사람은 업무에 열의가 없거나 전날 밤의 알코올 양을 조정하는 자기관리능력이 부족하기(그 결과 오전 반휴를 쓰게 된다) 때문에 우수한 영업직원이 되기 힘들다는 생각도 있을지 모른다. 그러나 똑같은 성과를 올렸어도 반휴를 자주 쓰는 사람은 주변으로부터 별로 좋은 인상을 받지 못한다는 이유만으로 이런 결과가 얻어질 수도 있다.

특히 주의를 기울여야 하는 것은 지금까지의 경험이나 직감에 반한 결과가 얻어진 경우다. 이런 결과야말로 지금까지의 방식을 개선해 커다란 수익으로 이어질 가능성을 갖고 있는 한편으로, 실제 행동으로 이어지기까지는 모든 사람으로부터의 반론이 쏟아신나. 그러므로 단순한 실수 등으로 이런 결과가 나오지 않았다는 것을 확실하게 확인해두는 것이 좋다. 반대로 경험이나 직감과 잘 합치하는 결과는 '역시나'라는 말을 듣는 것으로 끝나고 말 수도 있다.

　구체적으로는, 앞에서 '회의비를 많이 사용하는 사람은 우수한 직원일 확률이 낮다'는 결과를 얻었다. 음식을 함께하면서 고객이나 파트너와 커뮤니케이션을 하는 것은 영업 업무에서 큰 비중을 차지하는데, 그 횟수와 상관하는 회의비가 성과와 마이너스 관련성을 나타낸다면 그것은 놀라운 결과다. 이럴 때는 '데이터를 잘못 입력한 것 아닌가?' '뭔가 분석에 포함해야 하는 다른 설명변수를 잊었는가?' 등을 다시 한 번 확인하는 것이 좋다.

　'우수한가 아닌가'에서 관리직이 되면 업무 성격이나 다른 직원과의 관계성에서 '우수하다'는 평가를 얻기 힘들다. 한편 회의비는 입장상 극단적으로 많아지는 경향이 있다는 상황은 생각할 수 없을까? 그렇다면 데이터에 포함되는 관리직은 극단적으로 사용하는 회의비 액수가 많은 한편 평가가 그리 높지 않다는 이유만으로 이런 결과가 얻어질지 모른다. 이 경우 관리직 인원을 분석에서 제외하거나 '관리직은 어떤가' 하는 설명변수를 추가해 분석을 다시 하는 것이 좋다.

　이처럼 생각할 수 있는 모든 반론에 답할 수 있는 검토를 한 후 그럼에도 경험이나 직관에 반하는 결과가 얻어졌다면, 그것은 아마도 지금까지 간과하던 중대한 발견일 것이다.

　이미 이야기했듯이, 채용 시의 성적이 정말로 그 후의 우수함과 관련되느냐 그렇지 않느냐 하는 점에 대해서도 그것이 '절단'이나

'중단'의 영향에 의한 것인지 아닌지 주의가 필요하다. '절단'과 '중단'에 대한 자세한 것은 이 장 끝의 칼럼에서 설명한다.

그렇지만 '주의 깊게, 신중하게'에만 신경 쓰다가 어떤 조치도 실천하지 못한다면 분석 따위를 아예 하지 않는 것이 낫다. 어떤 빅데이터에 대한 어떤 고도의 분석 결과든, 행동을 하지 않는다면 가치를 만들 수 없다.

현시점에서 수집할 수 있는 데이터에서 얻어진 분석 결과가 어디까지나 좋은 행동의 자료다. 그것이 만약 업무지식에서 '명백하게 이런 이유로 이상하다'고 잘라 말할 수 있다면 무리하게 달려들 필요는 없다. 그러나 틀렸다고도, 그렇다고 옳다고도 잘라 말할 수 없다면, 그런 상황을 명확하게 하기 위해 랜덤화 비교실험을 해보자.

대강의 분석 결과를 읽어낸 이 시점에서는 여러 가지 주의해야 할 점을 머릿속에 담아두면서, 재빨리 '분석 결과에서 어떤 조치를 취해야 할까?'로 사고를 전환하는 것이 좋다.

실천해야 하는 행동: 변한다

분석 결과가 시사하는, 택해야 할 행동은 크게 두 가지로 나뉜다. 하나는 '변하는 것', 다른 하나는 '옮기는 것'이다.

첫 번째 '변한다'에서는 감정 안정성이 높을수록 우수한 직원일 확률이 높아진다면 시험 삼아 감정 안정성을 향상시켜보는 것이다.

감정 안정성이란 분노하거나 안절부절못하거나 풀이 죽거나 당황하거나 하는 것인데, 직원들의 감정 안정성을 변화시키는 것은 불가능하지 않다. 앵거 매니지먼트라는 분노 통제 기술이 있는데 관련 책이 많이 나와 있고 훈련 전문가도 존재한다. 앵거 매니지먼트 훈련이 실제 비인지능력을 향상시킨다는 랜덤화 비교실험도 이미 나와 있다.

이런 프로그램으로 현재의 직원을 우수한 사람으로 바꾸는 것이 첫 번째 행동방식이다.

감정 안정성 외에도, 어려운 업무라도 끝까지 계획적으로 해낸다는 성실성을 높이기 위해 앞에서 이야기한 자기통제를 향상시키는 것도 '변하는' 행동이다. 매일 의식적으로 자세를 바르게 취한다든지, 언제나 문법적으로 바른 경어를 사용한다든지를 명심하는 것만으로 조금씩 자기통제의 힘이 증가한다. 이런 선행연구도 이미 있다.

음식점에서의 회식보다 점심시간 사무실에서의 상담 횟수를 늘린다든지, 경비로 업무 관련 서적의 구매를 장려하고 읽은 책의 내용을 공유하는 장을 만든다든지 하는 노력도 '변하는' 행동이 될 수 있다. 이런 '변하는' 행동의 유효성을 검정하기 위해 직원을 랜덤하게 나누고 한쪽 그룹에는 감정 안정성이나 성실성, 신문도서비 사용액 등의 설명변수를 향상시키기 위한 연수 프로그램을 실시하고, 다른 한쪽 그룹은 기존과 같은 일반 연수를 실시한다. 그 결과, 일정기간이 지난 후 양자 간에 성과 차이가 얼마나 생기는지를 통계해석해 보면 된다. 만약 얻어진 p-값에서 '그룹 간의 성과 차이는 주어진 자료에서 우연히 나타난 결과로 생길 수 있는 수준이 아니다'라고 판단되고, 그 차이가 연수 등에 드는 비용을 지불하기에 충분하다면, 그것은 여러분의 회사가 직원의 성과를 향상시키는 방법을 발견했다는 뜻이다.

실천해야 하는 행동: 옮긴다

단 모든 설명변수가 현재 직원을 '변화시킬 수 있는' 것은 아닐 수 있다. 남성보다 여성이 우수한 영업직원일 확률이 높다는 결과가 옳다 해도 지금 있는 남성직원에게 성전환을 시킬 수는 없다. 나이, 출신지 같은 속성도 마찬가지다. 앞의 '신문도서비'도 상사의 지시로 책을 사봤자 우수해질 리는 없으며, 애초에 누가 말하지 않아도 스스로 책을 사려는 직원 중에 우수한 사람이 많다는 이야기일 뿐일 수 있다. 이 경우도 역시 '변한다'는 기능하지 않는다.

이 경우 '옮긴다'는 행동이 필요하다. 현재 직원에게 지금부터 변화를 요구하기는 어렵지만, 앞으로 채용할 때 목표를 옮기는 것은 가능하다. 즉 예전처럼 오직 경력과 필기시험, 면접으로 채용을 결정하는 것이 아니라 명확한 기준을 가지고 여성이나 업무에 관계하는 책을 많이 읽는 독서가의 비율을 높여가는 것이다. 한 사람 한 사람을 변화시키는 것은 불가능하지만 전체적으로 보다 우수한 사람의 비율이 높은 조직으로 바꾸는 것을 가능하다.

이처럼 채용 목표를 옮겨가는 경우에도 물론 랜덤화 비교실험을 할 수 있다. 인사 채용 담당자를 랜덤하게 절반씩 나누어 채용 과정 자체를 이분화해 한쪽 팀은 여성이나 독서가를 중점적으로 채용하도록 지시하고, 다른 한쪽 팀은 기존 방식으로 진행한다. 물론 전자의 팀이 남성을 채용하는 경우도 있고, 책을 싫어하는 사람을 뽑는 경우도 생기겠지만 일정 기간 후 어느 쪽 팀에 의해 채용된 직원인가로 우연이라고는 생각하기 힘든 수준에서 성과 차이가 생긴다면 회사 차원에서 채용 방침을 바꾸는 것이 좋다는 말이다.

인적자원관리 정책의 후보가 되는 HPWP

마지막으로, 이런 전략을 생각하는 데 도움이 되는 또 하나의 에비던스를 소개한다. 유럽과 미국 기업의 인적자원관리에서는 하이퍼포먼스 워크 프랙티스(HPWP, high performance work practice: 고성과 인적자원관리)라 불리는 방식이 주목받고 있으며, 실제 체계적 문헌 연구를 통해 그 유효성이 실증되었다.

HPWP는 일반적으로 채용활동, 인재 선발, 성과 평가, 승진, 직무설계, 사내 정보 공유, 교육훈련, 워크 라이프 밸런스 관리에의 직원 관여, (직원으로부터의) 불만 처리 수속, 태도 평가, 권한 위양, 팀 작업, 인센티브 지급 등으로 구성되어 있다. 즉 우리 회사의 업무에 적합한 우수 인재에게 어떤 방법(어떤 모집 매체를 사용하는가, 구글처럼 직원으로부터의 소개를 중시하는가 등)으로 접근하고, 어떤 선발방법이나 평가방법을 사용해 본인의 능력이나 적성, 동기나 현재의 업무 태도를 판단해 채용하거나 승진시킬 것인가, 그리고 관리직의 경험과 감을 넘어 어떤 업무 내용이나 워크 라이프 밸런스를 설계하고, 직원에게 필요한 정보나 권한, 훈련을 부여하며, 팀을 만들고, 어떤 기술의 획득이나 성과에 연동시켜 보너스를 지불할 것인가 하는 것이 HPWP의 사고방식이다.

체계적 문헌 연구 결과 국가나 지역, 업계를 불문하고 이 HPWP에 강력하게 대응하는 기업일수록 성과가 좋은 것으로 나타났다.

간단히 말하면, 이들이 인적자원관리에 있어서 유용한 정책의 후보가 될 것이다. 단순히 이들 정책을 추진하면 되는 것은 아니다. 특히 주의해야 하는 것은 인센티브 지급법이다. 한 사람 한 사람이 독립해 있고, 성과의 질과 양을 측정하기 쉬운 규격적인 작업에서는 개인의 생산성에 대한 보너스가 플러스 효과를 가진다. 미국의 자동차에 유리를 끼우는 공장에서 시급이 아니라 성과급(끼운 유리의 양)을 지불한 결과, 생산성이 상승했을 뿐만 아니라 생산성이 높은 사원의 이직률이 저하했다는 사례가 존재한다.

그러나 팀워크가 중요한 업무나 성과의 질과 양의 객관적 측정이 어려운 업무에서는 보너스를 개인의 성과와 연동시키지 않는 것이 좋을 수 있다. 팀워크나 고객만족도가 중요한 영업팀에서 단순히 개인별 매출만을 토대로 보너스를 지급하면 누구도 서로 노우리 하지 않을 뿐 아니라, 고객을 희생시켜 매출을 올리려고 해 장기적으로는 마이너스 영향이 클 수 있다.

그것보다도 게인 셰어링(Gain Sharing)이라 불리는, 기업이익을 직원과 나누는(미리 정해진 기준에 토대해 회사가 올린 이익의 몇 %를 직원 모두에게 나누어 지급한다) 대처법이 업무력을 향상시킨다는 것도 체계적 문헌 연구의 결과 지지되고 있다.

여러분은 지금까지 알아본 방법을 사용해 우리 회사 또는 부서에서 어떤 직원이나 조직 특성이 성과에 공헌하는지 알게 되었을 것이다. 이런 특성을 늘리기 위해 과연 무엇을 바꾸고 무엇을 옮겨야 할지 관점을 가진 다음, 앞에서 말한 HPWP에 포함되는 정책 중 무엇이 지금 필요한지를 반드시 생각하기 바란다.

이와 같은 기존 데이터에서 가설을 추출하고 조치를 생각하며 실제 검정하는 사이클을 계속적으로 돌릴 수 있다면, 여러분 회사의 각 부서에는 적재적소의 훌륭한 인재가 조금씩 늘 것이다.

2장 정리

지금까지 말한 것을 정리하자. 1장에서는 경영전략 분석에 있어서 중요한 관점으로 '어떤 시장에서 싸울 것인가'라는 외부환경과 사내 역량, 경영자원 등의 강점을 소개했다. 일반론으로는 기업 수익성의 30~50% 정도는 그 기업이 어떤 강점을 갖고 있는가로 설명이 가능하다는 사실을 경영학자들은 발견했다.

기업의 강점에는 인재와 조직 상황, 자산이나 자본 등의 유형자산, 마케팅 등으로 얻어진 무형자산, 보유 기술 등 다양한 것이 있지만, 이 장에서는 먼저 인재에 집중했다. 실제 선행연구에서 가장 우수한 프로그래머는 무능한 프로그래머의 열 배, 평균 프로그래머의 다섯 배나 되는 생산성을 보였다.

슈미트와 헌터가 85년간에 걸친 연구를 정리한 결과, 우수 직원은 평균적인 직원과 비교해 특별한 기술을 필요로 하지 않는 단순작업에서조차 19%, 전문 업무나 관리 업무에 있어서는 48%나 생산성이 높다는 결과를 보였다. 기업 내 많은 인재가 우수한지 아닌지의 관점에서 적절하게 데이터를 활용하면 높은 성과를 올릴 수 있다.

단 주의해야 할 점은 이른바 IQ와 같은 지표를 이용해 일반론적으로 우수한가 그렇지 않은가 하는 관점에서 직종을 묻지 않고 채용하는 방식은 별로 효율적이지 않다는 것이다. 리더십을 연구하는 많은 경영학자들이 이미 1990년대 무렵에 알아차렸듯이, 우수한가 그렇지 않은가 또는 생산성이 높은가 그렇지 않은가는 개인이 가진 특성과 상황 적합성이 맞는가 하는 상황적합 문제다.

앞에서 말한 슈미트와 헌터에 따른 직종을 묻지 않는 체계적 문헌 연구의 결과에서는 IQ나 SPI와 같은 일반인지능력 테스트가 성과의 26% 정도를 설명한다고 했다. 한편 빈추르가 했던 영업직원의 성적에 대한 체계적 문헌 연구의 결과에서는 일반인지능력이 영업 성적에 1% 정도의 설명력도 갖지 못했다.

이것이 국내에도 해당된다면 대기업들이 고학력에 SPI 점수가 높은 사람을 채용하고, 딱히 본인이 지망하거나 특출난 적성을 보인 것도 아닌데 영업직으로 배치한다는 것은 참으로 아까운 일이다. 그것은 기업, 직원, 그리고 사회 전체에도 좋지 않다.

빈추르 등에 의한 에비던스에 따르면 그보다는 영업에 대한 흥미나 적성, 성실성 등을 중심으로 선발하는 것이 효율적이고 우수한 영업맨을 채용할 가능성이 높다. 반대로 자사의 성과를 좌우하는 특정 직종에 어떤 능력이나 특성이 높은 생산성으로 이어지고, 한편 어떤 능력이나 특성은 그만큼 중시하지 않아도 되는지를 데이터에서 명백하게 할 수 있다면, 그 업무를 천직으로 하는 훌륭한 인재를 채용하는 일이 훨씬 쉬워질 것이다. 또 현재 직원에게 필요한 연수나 제도를 제공해 생산성이나 성과를 크게 향상시킬 수도 있다.

상황적합이론에 토대하면, 세계 학자들이 명백하게 한 '어떤 사람의 생산성이 높은가'라는 일반론이 자사에도 해당한다고는 할 수 없다. 하지만 자사 데이터를 잘 분석하면 경쟁사가 아직 알아차리지 못한 성공하는 인재의 비밀을 발견할 수 있을지도 모른다.

그러기 위해 이 장에서는 〈도표 2-10〉에 제시한 것과 같은 분석을 제안했다.

아웃컴은 가능한 한 수익성이나 생산성으로 직결되도록 주의 깊게 설정된 성과다. 개인이 올린 이익이나 매출액이 명백하다면 그 숫자를, 또는 업무에 과부하가 걸리지 않도록 조정한 형태로 작업량을 등과 같이 설정한다. 이런 객관적인 지표를 도저히 사용하기 힘들다면 가능한 한 공평하게 그 사람이 우수한지 아닌지를 평가한 결과를 아웃컴으로 한다. 이 경우 단지 상사의 마음에 든 사람이 높은 평가를 받지 않도록, 동료 등의 평가도 합쳐서 준비한다.

해석단위는 인간인데, 영업이라면 영업, 서비스 직원이라면 서비스 직원 등과 같이 되도록 거의 동질로 보이는 업무에 종사하는 직원이 기본 분석 대상이 된다. 최소 수십 명, 가능하면 수백 명이 분석 대상이 되는 것이 바람직하지만 반대로 해당자가 수만 명이나 된다면 같은 서비스 직원이라도 대응하는 고객이나 취급 물품에 따라

아웃컴	• (가능한 한 수익성이나 생산성과 직결되는) 성과 • 그것이 무리라면 가능한 한 공평한 평가
해석단위와 그 범위	• (거의 동종으로 여겨지는 업무에 종사하는) 직원 • 필요에 의해 타사의 동종 인원도 추가
설명변수 예	• IQ나 SPI 같은 인지능력(복수의 요인 포함) • 특정 분야의 지식 · 경험 • 흥미 · 관심 · 취미 • 나이 · 성별 · 학력 등의 속성 • 빅 파이브 등의 성격 특성 • 근태 · 사용한 경비 · 업무 활동 등 • 조직요인과 그것의 인지
데이터 소스 예	• 채용 시의 전형 기록 • 지속적으로 행해지는 사내 조사/설문조사 • 추가로 하는 신규 조사 • 사내 시스템이나 엑셀 내에 축적된 업무 기록
분석방법	• (변수선택을 사용한) 다중회귀분석이나 로지스틱회귀분석 • 질문 항목에서 신규로 만든 경우 등은 요인분석 등

'가능한 한 동질'이 되는 범위로 나눈다.

사내만으로는 사람 수가 부족하거나 데이터가 편중된다면 사외 직원도 분석에 추가하고 제3자로부터 설명변수와 아웃컴에 대해 평가받은 결과를 분석하는 방법도 생각할 수 있다.

설명변수로 많이 생각되는 것에는 먼저 IQ나 SPI 점수와 같은 인지능력이 있다. 인지능력에는 일반인지능력같이 하나의 축으로 정리되는 것 이외에 수 처리능력이나 언어능력 등, 복수의 축으로 나뉜 상태에서 산출되는 점수도 있다. 그 업무에 필요한 전문 지식이나 경험, 기술이나 자격 이외에 업무 흥미도 그 사람이 어떤 취미를 갖고 있는가 하는 점도 채용 전형 때 무심코 수집되는 데이터인데 각각 중요한 설명변수가 될 수 있다.

더욱이 빅 파이브를 시작으로 심리학자들이 생각해낸 다양한 심리 특성도 종종 선행연구에서 성과와의 관련성이 지적되므로, 이런 조사가 이미 행해지고 있는지 또는 새로 조사를 하는 것이 가능한지도 검토해보면 좋다. 그 밖에 근태나 경비, 업무 활동 등도 유용한 데이터다.

이 장에서는 지금까지 이야기가 확산되지 않도록 일부러 '개인의 능력이나 자질'이라는 점에 좁혀서 언급했지만, 이외에 고려해야 하는 설명변수로 조직적인 요인도 있다. 직장 내의 인간관계가 어떤지, 회사 분위기는 어떤지, 상사와 부하의 관계는 어떤지 등이 그것이다. 앞의 〈도표 1-13〉을 재검토해 조직요인도 분석에 추가할 여지가 있다.

구체적으로 분명히 우수한 개인이라도 실패가 허용되지 않고 서로가 서로의 발목을 잡는 분위기가 만연한 직장에서는 능력을 발휘하지 못할 수 있다. 한편 스스로는 썩 좋은 성과를 올리지 못하더라도 회사 분위기를 밝게 하거나 동료가 업무에 집중할 수 있도록 여러모로 지원해주는 직원이 생각 이상으로 큰 공헌을 하고 있음이 밝혀질 수도 있다.

직원 만족도 조사 형식은 다양한 기업이나 연구자가 개발하고 있으며 그중에는 인간관계나 기업문화, 직무, 급여나 복리후생제도에 대한 다양한 인지도를 조사하는 것이 있다. 이런 조사를 추가적으로 하거나 또는 이미 조사 중이라면 그 데이터를 포함해서 분석함으로써, 어떤 조직요인이 중요하고 그것을 어떻게 개선하면 어느 정도로 성과에 영향을 미치는가가 분명히 시사될 것이다.

체계적 문헌 연구에 의해 이미 제시되어 있는 에비던스로는 직원 만족도가 높으면 생산성이 높아지는 경향이 있으며 직장의 사회관계자본, 즉 동료나 상사를 신뢰할 수 있다고 느끼는 경우에도 생산성이 좋아진다. 또 직원 교체는 적을수록 생산성이 향상된다. 가능하다면 실제 조사에 이런 항목도 포함시켜본다.

많은 비즈니스맨이 통제하기 힘든 부분일지는 모르지만, 어떤 의미에서는 궁극의 인사란 경영진을 누구로 할 것인가다. 컬럼비아 대학교의 햄브릭(Donald C. Hambrick) 등은 1984년에 경영층의 능력이나 특징이 기업 성공의 토대가 된다는 기초 상층부이론을 주장했다. 단순한 연공서열이나 파벌이 아니고 진짜 우수한 경영자란 어떤 인물인지를 명백하게 하고, 그것에 맞춰 중역 인사를 할 수 있다면 전사적인 성과에 크게 영향을 미친다.

데이터 분석방법으로는 아웃컴이 매출 등 숫자로 표시되는 정량적인 것이라면 1장과 마찬가지로 다중회귀분석을, '우수한가 그렇지 않은가' 같은 정성적인 차이라면 로지스틱회귀분석을 이용한다. 필요에 따라 단계적 방법 등의 변수 선택법도 마찬가지다. 질문항목을 새로 만들 수도 있으며 내용이 겹치는 복수의 척도를 동시에 분석에 사용한 경우에는 요인분석으로 축약을 한다.

이런 분석 결과가 정말로 수익성으로 이어지는 인과성을 보일까? 아무리 고도의 방법을 사용해도 완벽하게 보증하는 것은 불가능하다. 그러나 이런 방법을 통해 얻은 분석 결과로 '변할 수 있는 설명변수는 변화시킨다' '아니면 목표를 옮긴다'라는 수익성을 개선하기 위한 구체적인 행동은 할 수 있다.

어떤 능력이나 심리 특성이 성과로 이어진다면 그것들을 강화하거나 그런 능력이나 특성을 가진 사람을 적극 채용하는 방법은 없을까? 이 두 방법을 놓고 랜덤화 비교실험을 통해 실제 그 조치가 어느 정도의 수익성으로 이어지는지 검정하면 된다.

이상과 같은 분석을 하면 분명 여러분도 수익성으로 이어지는 중요한 역량과 그것을 확장해 수익을 높이는 조치를 생각해낼 수 있다.

그러나 인재 또는 그것과 관련하는 조직요인이 중요하기는 하지만 어디까지나 기업의 수익성과 관계하는 강점의 일부다. 금융자산이나 타사가 흉내 낼 수 없는 설비라는 강점은 쉽사리 손에 넣을 수 없고, 그 밖에도 마케팅 등의 무형자산(브랜드 이미지나 고객, 파트너와의 관계성 등), 보유한 기술 등의 강점도 생각할 필요가 있다.

참고로 '어떤 이미지가 수익으로 이어지는가' '어떤 기술을 사용한 제품이 수익으로 이어지는가' 등의 이야기는 인재상황적합이론보다 고려해야 하는 조건이 더 복잡해진다. 취급 상품이나 타깃 고객층에 따라, 어떤 이미지나 특징의 제품이 매력적인지가 크게 달라시는 것이다. 하지만 물론, 이런 복잡한 문제에 대해서도 경영학자들은 이미 이론을 만들어놓았다. 그것이 다음 장에서 이야기할 마케팅 사고방식이다.

중단과 절단

＿＿＿＿＿＿＿

회사의 인사 데이터를 사용해 SPI 등 채용 시 필기시험 점수와 성과의 관련성을 분석해보았는데, 명확한 관련성은 보이지 않았다는 상담을 실제 받아본 적이 있다. 이 경우 생각해야 하는 게 '중단'이나 '절단' 현상이다.

입사 지원자 전원의 필기시험 점수와 '우리 회사에서 일을 한다면'의 잠재적인 성과를 알 수 있어 〈도표 2-11〉과 같은 산포도를 그린다고 해보자.

필기시험 점수가 높을수록 잠재적인 성과도 높다는 관련성이 아주 명확하고 결정계수로 말하면 0.81, 즉 '성과에 관한 분산의 80% 이상을 필기시험 성적으로 설명할 수 있는' 상태다. 이것은 현실에서는 생각하기 힘들 정도로 정교하게 우수한 인재를 식별할 수 있는 필기시험이다.

하지만 이 필기시험 점수가 80점 이상인 사람만을 채용해 '사내에 축적된 채용과 성과 데이터'를 분석한 경우 〈도표 2-12〉와 같은 산포도를 얻게 된다.

이것은 앞에서와 달리 관련이 별로 명확하지 않다. 성과의 불과 4% 정도만이 필기시험 점수가 설명력을 가지며, 오히려 가장 높은

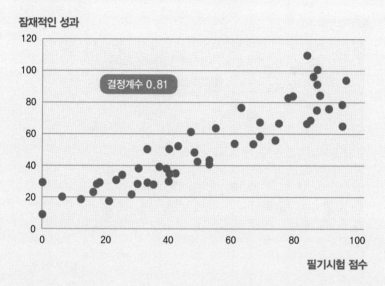

도표 2-11 필기시험과 잠재적 성과의 관계(전체)

잠재적인 성과

결정계수 0.81

필기시험 점수

성과를 나타낸 사람은 채용자 중 필기시험 점수가 낮다.

　이래서는 아무리 필기시험이 성과를 잘 설명한다 해도 '회사 데이터를 사용해서 보면 별로 관련성이 발견되지 않았다'라는 현상이 일어나고 만다. 그러므로 이런 분석 결과만을 토대로 '실제 데이터를 분석해보았지만 ○○에 의한 채용에는 의미가 없으므로 포기한다!'라는 것은 너무 성급한 판단이다.

　이런 문제는 일반적으로 '절단'이나 '중단'이라 불린다. 입사시험 점수라는 설명변수에 대해서는 회사에 응모해온 구직자 전원의 데이터를 얻을 수 있는데, 성과는 실제 채용해 일을 시켜보지 않으면 데이터를 얻을 수 없다. 그러나 입사시험 점수가 일정 이상만 채

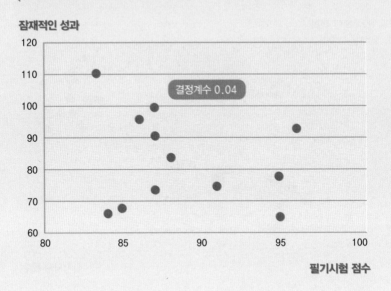

도표 2-12 | **필기시험과 잠재적 성과의 관계**(합격자만)

잠재적인 성과

결정계수 0.04

필기시험 점수

용되면 성과라는 아웃컴에 대해 앞에서 제시한 것과 같은 데이터의 '절단'이 생기고 만다. 또는 애초에 구직자 자체가 일본인 전체로 말하면 우수한 층뿐이라는 '절단'을 생각할 수도 있다.

아무리 어떤 사람이 우수하다 해도 테스트나 평가의 성질상, 입사시험이든 성과 평가든 절대로 100점 이상은 되지 않는다든지, 반대로 0점 미만은 되지 않는다는 것도 생각할 수 있다. 이 도표에서는 한 명, 잠재 성과가 110점인 사람이 있는데, 잠재적으로는 110점 정도의 우수함을 갖고 있다 해도 사내평가시스템상 그의 성과는 100점보다 높은 점수는 되지 않는다. 그런 숫자를 반올림하는 방법에 따라서도 분석 결과는 약간 달라진다. 이런 상황을 '중단'이라고 부른다.

이런 문제는 계량경제학 분야에서 일찍부터 주목받아 일반적으로 '절단회귀 모델'이나 '중단회귀 모델' 등의 방법군이 생겨났다. 그중 대표적인 것으로 1981년에 노벨경제학상을 수상한 제임스 토빈(James Tobin)에 의한 토빗(Tobit) 모델이라 불리는 것이 있다. 흥미 있는 사람은《실증분석을 위한 계량경제학》(야마모토 이사무山本勲 지음) 등을 참조하면 좋겠지만, 간단히 말하면 실제 관찰된 성과 등의 아웃컴이 아니라 그 배후에 있는 잠재적인 변수를 상정함으로써 절단이나 중단의 배후에 있는 관련성을 추정해가는 접근법이다.

그러나 이미 관찰된 여러 경제통계에서 그 배후에 있는 구조를 해명하려 하는 계량경제학자들과 달리, 기업에서는 마음만 먹으면 '실험'을 하는 것이 가능하다. 지금 있는 데이터와 고도의 통계방법 만으로 어떻게 해보자 하는 것이 아니라, 기존 데이터를 취급하는 방법 자체를 공부하는 것도 생각해보는 것이 좋다.

대량 채용자 가운데 일부 '통상적인 기준이라면 탈락될 사람을 일부러 채용한다'는 틀을 만들어둔다. 이렇게 말하면 기준에 미치지 못하는 사원을 종신고용하는 위험을 걱정하는 사람도 있을지 모르겠다. 그러나 앞으로 수십 년이나 어떤 근거도 없이 종신고용으로 직원을 계속 채용하는 위험을 줄이기 위해서라면 이런 실증실험도 합리성을 갖는 것 아니겠는가.

이런 채용자를 포함한 형태로 과연 필기시험이나 면접, 학력 등의 기준에서 채용할지 아닐지에 의해 어느 정도나 성과가 달라지는지를 분석하면, 그것은 보다 타당한 판단기준이 될 것이다.

실험까지는 힘들다 해도 최소한 불합격자 후속조사를 할 수 있다면 참고가 되는 정보를 얻을 수 있다. 과거의 불합격자로부터 랜덤하게 선택된 일부 사람들만이라면 현재 어떤 기업에서 어떤 지위에 있으며, 어떤 업무에서 어떤 성과를 올리고 있는가를 조사회사를 통해 문의하는 것이 가능하다. 과연 그중 어느 정도가 불합격을 원통하게 여기며, 채용 시의 데이터는 그런 불합격자를 어떻게 식별해내는지를 분석해보자.

이들 결과는 아마도 앞으로의 인재전략을 생각하는 데 커다란 힌트가 되어줄 것이다.

마케팅을 위한 통계

많은 일본 기업에서 마케팅을 위한 데이터 분석에는 커다란 갭이 존재한다. 대기업의 연구조사 부문에는 고도의 통계방법을 아는 전문가가 있기도 하다. 하지만 한편으로 실제는 약간의 패널조사 집계 결과와 경험, 감만으로 많은 의사결정이 내려진다. CRM이나 마케팅 오토메이션(Marketing Automation, 또는 마케팅 자동화, 기업이 이메일이나 SNS, 모바일 등 복합 온라인 채널에서 좀 더 효과적인 마케팅을 할 수 있도록 고안된 소프트웨어 플랫폼) 등 최신 기술이 도입되는 와중에 오래전부터 계속 지적되어온 기본 마케팅 방식을 이해하지 못하고 있다. 이번 장의 주제는 이런 갭을 메우는 것이다. 여기서는 마케팅의 기초가 되는 방식과 기본 통계방법만으로 단순집계보다 큰 수익을 내는 방법을 제시한다.

01
마케팅전략과 고객 중심주의

이제부터 마케팅 이야기를 시작하자. 인재나 조직요인 등 사내 역량으로 수익성을 높일 수 있다면, 다음은 사회를 생각해야 할 때다. 즉 고객이나 시장을 보고, 구체적으로 어떤 제품이나 서비스를 제공하며 어떤 판로를 확보하고, 어떤 광고나 영업을 펼치면 될지를 궁리해보자.

현재 마케팅에 전력을 기울이고 있는 많은 기업에서 적어도 판로 별 매출 변화나 성별, 나이 등의 속성별 고객 수 정도의 집계는 내고 있다. 하지만 이처럼 그저 집계 작업만으로는 이 책에서 지금까지 이야기한 것과 같은 '아웃컴을 좌우하는 것은 무엇인가'에 시사점을 얻을 수 없다.

이번 장에서는 이런 단순집계에 앞서 있는, 통계방법을 이용한 마케팅 방식에 대해 이야기한다.

아이폰에 대한 고객 니즈는 조사로 알아냈을까

마케팅 통계 조사에 대한 반론으로 '고객은 자신이 원하는 것을 모르기 때문에 물어보는 것은 시간 낭비다'라는 생각이 있다. 그 예로 많이 인용되는 것이 최근 혁신의 상징으로 언급되는 아이폰이다. '아이폰의 등장 이전에 아무리 조사를 해봤자 고객은 자기가 아이폰을 원한다는 것을 모른다'와 같은, 마케팅 조사의 가치를 폄하하는 말이 종종 보인다.

하지만 첫 번째 아이폰이 발표된 2007년 1월 시점에 이미 이메일의 송수신과 웹브라우징이 가능한 블랙베리(BlackBerry)는 세계 비즈니스맨들 사이에서 대히트를 치고 있었다. 일본의 이동통신업체가 제공하는 I모드와 같은 피처폰에서의 인터넷 접속 서비스도 큰 매출을 올렸다. (작동 방식은 다르지만) 액정 터치패널을 사용하는 유저 인터페이스와 같은 CPU의 아키텍처를 탑재한 닌텐도 DS는 2004년에 발매된 후 이미 전 세계에서 대히트를 쳤고, 2006년 7월에 발매된 닌텐도 DS 브라우저라는 어댑터를 탑재해 무선 LAN을 경유해 웹브라우징을 할 수 있게 되어 있었다.

그 시점에 이미 수많은 사람이 인터넷을 통해 메일을 주고받거나 검색을 하거나 SNS로 커뮤니케이션을 했다. 아마도 당시 전 세계 수많은 사람은 사무실이나 침실, 거실에 놓인 PC로 그런 행동을 했을 것이다. 그리고 가능하다면 바깥에서도 스트레스 없이 인터넷을 이용하고 싶다고 생각한 사람도 분명 적잖이 존재했다. 어쨌든

1996년 시점에 '인터넷중독(Internet addiction)'이라는 말이 의학논문에 등장했을 정도다.

당시 이렇게 큰 고객 욕구를 추측하지 못했다면 그 마케팅 조사관은 엄청난 바보일 것이다. '24시간 언제라도 스트레스 없이 인터넷에 접속'하는 것에 대한 욕구를 아마도 많은 사람이 갖고 있었고, 바로 그렇기 때문에 아이폰 이전부터 이미 수많은 기업이 이 문제에 대해 다양한 도전 성과를 발표해왔다.

그리고 아이폰만이 그 도전에 크게 성공했다. 물론 그 이유를 천재적인 경영자나 디자이너에 의해 훌륭한 제품이 생산되었기 때문이라고 생각하는 것도 하나의 답이다. 하지만 그것은 평범한 우리가 어떻게 비즈니스에서 성공할 수 있는지에 대한 답은 되지 않는다.

블루오션 전략을 모방한 접근법

거기서 '지금까지 없었던 훌륭한 제품을 만든다'는 생각을 바꿔 말해보면 어떨까? '과거에 있었던 제품 중 불필요한 것을 과감하게 없애고 중요한 것을 크게 키운다'로 말이다.

이런 생각은 내 아이디어가 아니다. 1장에서 언급한 김위찬과 르네 마보완이 쓴《블루오션 전략》에 따른 것이다. 블루오션이 되는 수익성 높은 전략의 특징으로 사사 비즈니스가 어떤 시장과 경합하는지를 잘 생각한 다음, 그 시장에서 중요한 요소를 크게 키우거나 추가하거나 반대로 불필요한 요소를 과감하게 삭제할 것을 제시하고 있다.

《블루오션 전략》에 QB하우스가 소개되어 있는데 QB하우스는 일반적인 이발소가 제공하는 서비스 중 면도나 샴푸, 마사지 등을 '중요성이 낮다'고 생각해서 제외했다. 그럼으로써 배관 설비가 좋지 않은 입지에도 점포를 내는 것이 가능해졌고 고객 일인당 이발에 걸리는 시간과 가격을 낮춰 커다란 차별화 요인을 만들었다.

이것은 면도나 샴푸, 마사지 등의 서비스를 중시하고 가격이나 입지, 이발에 걸리는 시간을 그리 중시하지 않는 고객에게는 '무슨 말도 안 되는 전략이냐' 하는 생각이 들게 한다. 그러나 QB하우스는 이미 일본 내에 500개가 넘는 점포를 갖추고 연간 1,800만 명이 내점하는 데까지 성장했다. QB하우스가 성공한 요인은 '이발에 가능한 한 돈과 시간을 들이고 싶지 않고 면도나 샴푸는 직접 하므로 필요 없다'는 고객이 많았기 때문이다. 그들은 이 니즈를 잘 잡아냈다.

아이폰도 마찬가지다. 블랙베리와 같은 키보드는 물론 일반 휴대전화와 같은 숫자 키조차 없으며, 음악은 들을 수 있지만 지상파 DMB는 볼 수 없다. 초창기에는 전화번호부를 옮기는 것도 힘들었다. 대신 액정화면은 크고 아름다워 PC용으로 만들어진 웹사이트를 보는 스트레스가 줄어들고 거기에 사용하기 위한 앱을 개발해 공개하는 것도, 그것들을 인스톨해 사용하는 것도 간단한 구조가 도입되었다.

이것이 폭발적으로 팔렸다는 것을 QB하우스 전략과 마찬가지로 생각하면, 전화번호부 등의 휴대전화에 있어서 당연한 기능도, 문장을 타이핑하기 위한 물리적인 키보드 기능도, 큰 화면에서 웹사이트나 앱을 사용한다는 이점에 비해 중요성이 낮았다는 것이다.

유형의 제품이나 무형의 서비스에 있어서 어떤 이점을 만족시키는 것은 그 이외의 이점으로 이어지는 일이 종종 있다. 대화면 액정과 키보드를 양립시키려 하면, 그만큼 크고 무겁고 제조비용이 높아진다. 하지만 거기서 '비교적 중요하지 않은 것'을 찾아내어 과감하게 뺄 수 있다면 보다 중요한 것을 크게 증가시키는 게 가능해진다. 그 결과가 매력이나 경쟁력이 된다.

아마도 천재적인 경영자나 제품 디자이너는 '무엇을 중요하게 생각하고 무엇을 중요하지 않다고 생각할까'를 잘 파악할 것이다. 반대로 이 점을 착각하면 어떤 고객도 반기지 않을 제품이나 전략이 나온다.

이런 생각을 실천으로 옮기기 어려운 이유는 '무엇이 중요하고 무엇이 중요하지 않은가'라는 가치관이 사람마다 다르기 때문이다. 2장에서는 상황적합이론, 즉 업무의 성질과 인간 특성의 적합성에 의해 생산성이 변한다고 말했는데, 마케팅에서는 상황이 훨씬 복잡해진다. 고객 규모나 다양성, 취급 제품이나 판로, 광고매체의 특성 등 생각해야 할 관련성의 조합이 엄청나기 때문이다.

통계학이 천재를 이기는 이유

그럼 이 복잡한 문제를 어떻게 생각하면 좋을까. 현대 마케팅에서는 중심을 고객에 둔다. 이것이 고객중심주의다. 제품, 판로, 광고에서도 무엇을 중시하고 매력적인지 판단하는 것은 어디까지나 고객이다. 그러므로 반드시 처음에 고객을 깊이 이해해야만 한다.

덧붙여서 남플로리다 대학교의 카노(Carlos J. Cano) 등이 2004년에 모든 대륙의 23개국 187개 실증 연구의 체계적 문헌 연구를 한 결과, 나라와 업종을 불문하고 고객중심주의를 지향하는 기업의 경영성과가 명백하게 높은 경향이 시사되었다.

이 고객중심주의를 실천하는 데 있어서 생각해야 하는 고객이 단 한 명이라면, 그 사람을 이해하기 위해 '상대방을 잘 관찰하고 이야기를 나누는 것'이 중요하다. 그러나 몇 천 명, 몇 만 명이나 되는 고객 모두와 대화하는 일은 불가능하다. 하지만 적절한 조사를 통해 데이터를 모으고 그것을 분석할 수 있다면, 마치 몇 만 명의 고객과 대화한 것처럼 그 집단을 이해하게 된다.

이것이야말로 현대 마케팅 전략에서 통계학이 때로는 천재의 아이디어조차도 이길 수 있는 가장 큰 이유다.

02
현대 마케팅의 기초 지식

기업 대 기업(B to B) 비즈니스든, 기업 대 고객(B to C) 비즈니스든 대다수 기업은 어떤 제품을 팔기 위해 노력해야만 하며, 그런 노력을 마케팅이라고 부른다.

잡지에 광고하고, 이벤트를 열거나 전시회에 나가는 것, 점포에 뿌리는 기념품, 파생상품을 기획하는 것을 마케팅 활동이라고 한다. 그런데 '아무리 열심히 마케팅을 해도 제품 자체가 매력적이지 않으면 팔리지 않는다'는 의견을 입에 담는 비즈니스맨도 종종 있다.

하지만 내가 이 장에서 이야기할 마케팅이란 이런 선전이나 판매보다 넓은 개념이다. 현대 마케팅의 아버지인 필립 코틀러(Phillp Kotler)는 1967년에 명저《마케팅 매니지먼트》를 저술했다. 그 책은 몇 년마다 개정되는데, 최신판에서도 여전히 첫머리에 '마케팅이란 일반적으로 말해지듯 상품을 잘 판매하는 것이 아니다'라고 주의를 주고 있다. 그 책에서 인용되는 드러커(Peter Drucker)의 말에 따르면, 오히려 마케팅의 궁극적인 목표는 고객이 무엇을 원하는지 이해함으로써 '상품의 판매' 자체를 불필요하게 만드는 것이다.

그런 관점에서 앞의 의견에 대해 말하면 '제품 자체가 (대상으로 하는 고객에게 있어서) 매력적이지 않다'면 그 기업은 아무리 광고선전비를 쏟아 부어도 마케팅에 실패하는 것이다.

요즘은 CRM(Customer Relationship Management)이나 마케팅 오토메이션을 위한 IT시스템이라는 것이 있으며 '이 시스템을 도입하면 어려운 것을 생각하지 않아도 마케팅이 가능하다'라는 선전문구가 종종 눈에 띈다. 하지만 이것 역시 다이렉트 메일(DM) 발송 등 '선전이나 판매'라는 마케팅의 일부만 관리 가능하거나 자동화한 것에 지나지 않는다. 앞에서 말한 코틀러의 《마케팅 매니지먼트》에도 '고객중심주의라는 마케팅 대원칙을 이해하지 못한 채 이런 시스템을 도입해봤자 실패로 끝나고 마는 경우가 많다'고 언급되어 있을 정도다.

물론 대기업이 데이터를 적절하게 사용해 DM 발송의 최적화를 한다면 그것만으로도 수억 엔 정도의 매출 증가나 비용 감소를 얻을 수 있다. 하지만 단지 RFM(Recency, Frequency, Monetary) 분석, 즉 고객의 구매빈도나 구매간격, 단가를 집계하는 정도가 가능한 DM 발송 최적화의 효과 따위는 뻔하며, 요즘 유행하는 기계 학습적인 접근법도 잘못 사용했다간 비참한 결과만 생긴다.

자주 있는 함정으로 '구매 패턴에서 앞으로 우량고객이 될지 어떨지를 기계 학습으로 정확히 예측한다'라는 시스템을 도입한 후, 그 시스템에서 제시한 우량고객 후보 집단에 열심히 쿠폰이 붙은 DM을 발송하는 방식이 있다. 이런 방법이 우연히 제기능을 하는 상황도 물론 있지만, 실제 랜덤화 비교실험에 따른 평가를 해본 결과 우량고객 후보들은 '쿠폰이 붙은 DM을 보내든 보내지 않든 마찬가지로 그 후 자주 구매한다'는 경향이 보인 사례도 실제 있었다. 즉 이 사업에 있어서는 우량고객 후보에게 보낸 DM은 인쇄비와 발송료가 통째로 무용지물이 되며, 그렇게 되면 쿠폰의 할인분만큼 쓸데없는 낭비가 늘어난다는 결과다.

최종 전략이 DM이나 쿠폰 발송으로 한정된다면, 생각해야 하는 아웃컴은 '어떤 고객이 얼마나 사는가'가 아니라 '이 DM을 보내는 원인에 의해 변화하는 고객의 구매금액은 얼마가 될까' 하는 점이다. 그리고 이런 점에 대해 생각하려 한다면 향상 모델링이라 불리는 21세기에 들어와 많이 연구된 방법들을 준비하는 것이 적절하다. 나의 첫 책인《통계의 힘》에서도 경험을 토대로 DM 발송의 최적화에 대해 언급했다. 당시 상황에서 굳이 그런 방법의 명칭은 대지 않았지만 거기서 다룬 분석방법이 향상 모델링이다. DM이 랜덤하게 발송되지 않고 의도적으로 편중된 고객집단(그야말로 우량고객 등)에게 보내졌다면 그 편중을 고려하기 위해 통계적 인과관계 추론 방법이 필요해진다.

방법의 의의나 한계에 대한 이해가 얕은 분석자에 의해 기업이 손해를 보는 순간을 목격할 때마다 나는 대단히 유감스럽게 생각한다.

한 가지 더 말하자면 'DM의 최적화'보다 더욱 효과가 큰 데이터 사용법은 코틀러도 지적했듯이 고객중심주의에 기초한 '마케팅 전략의 초심'을 잘 생각하는 것이다. 서장에서 이미 이야기했듯이 이것이 비즈니스의 '감'이며 '감'과의 적합성을 생각하지 않은 '지엽'적인 개선은 때로는 무의미한 정도가 아니라 유해하기까지 하다.

누구를 상대로 비즈니스를 할 것인가

현대 마케팅에서 전략은 크게 두 가지로 분석된다. 하나는 '누구를 상대로 비즈니스를 할 것인가', 다른 하나는 '그 사람들에게 무엇을 어떻게 팔 것인가'다.

여기서 전자인 '누구를'이라는 점에서 고객의 니즈는 다양하며 엄밀히 말하면 사람마다 다르다. 그러므로 고객을 잘 이해해야 한다는 것은 이미 말했다. 그렇다고 해서 한 사람 한 사람에게 다른 제품을 다른 방법으로 제공하는 것도 비즈니스로서 수익성이 맞지 않다. 다양성이 증가할수록 생산비용이 커지고 전체를 관리하는 수고도 엄청나기 때문이다.

제품의 색깔만 봐도 여러 색깔을 출시하려면 수요 예측이 곤란해지고, 그 결과 몇 가지 색은 품절되어 기회손실이 생긴다. 반면 어떤 색은 할인을 해도 팔리지 않아 파기하게 된다는 손실이 증가한다.

'고객의 니즈를 생각하지 않고 무조건 똑같은 것을 대량 판매하는 것이 비용은 낮다', 그런 한편으로 '고객 한 사람 한 사람의 니즈에 맞춘 제품을 생산해야 잘 팔린다'라는 양자의 균형을 현대 마케팅에서는 시장세분화 방식으로 해결한다. 요컨대 시장 전체를 니즈나 라이프스타일이 비슷한 소집단으로 분할해(세분화) 마케팅 전략을 생각하자는 것이다. 그렇게 해서 나눈 세분 시장 중 어디에 초점을 맞춰 마케팅을 할지 검토하는 것을 타깃팅이라고 한다.

시장세분화와 타깃팅 결과 노릴 만한 유망 시장에 속한 거의 모든 고객이 '인테리어나 복장은 모노톤으로 정리하는 경향'이라는 고객 이해가 얻어진다면 다채로운 색깔 변주는 생각할 필요가 없어진다. 이것은 색깔이든 기능이든 광고든 판매 방법이든 똑같이 적용된다. 시장 전체에서는 가치관이 다양하더라도, 자사가 목표로 하는 세분 시장에서 얼추 받아들여지는 것만 생각해도 된다면, 마케팅 전략에서 힘을 기울여야 하는 것과 그러지 않아도 되는 것의 취사선택이 상당히 쉬워진다.

무엇을 어떻게 팔 것인가

그렇게 해 목표로 하는 고객 세분 시장이 정해지고 그들을 잘 이해할 수 있다면 마침내 '무엇을 어떻게 팔 것인가'를 생각해야 한다. '무엇을'이란 구체적으로는 취급하는 제품이나 서비스인데, 그것보다 먼저 추상적인 수준에서 자사가 팔려고 하는 것은 '한마디로 말하면 무엇인가', 즉 포지셔닝을 생각해야 한다는 것도 현대 마케팅의 정석이다.

포지셔닝이란 마케팅 전략가 알 라이즈(Al Ries)와 잭 트라우트(Jack Trout)가 1972년에 발표한 논문을 기초로 한다. 같은 시장에서 경쟁 기업이나 제품이 증가하면, 고객은 무엇이 어떻게 다른지 파악하기 힘들어 난감해한다. 거기서 '한마디로 말하면 무엇인가'를 쉽게 알 수 있도록 차별화하는 것이야말로 경쟁력의 원천이며, 그 차별화가 고객에게 있어서 매력적인 경우 성공한다는 것이다.

앞의 QB하우스라면 '싸고 접근성이 좋고 짧은 시간에 끝나는 이발'이다. 물론 이를 위해 이발 후 잘라낸 머리카락을 치우는 청소 구조, 공간을 줄이기 위한 설비 등을 생각해야 하지만 그것은 어디까지나 판매자의 문제다. 고객에게 제공되는 가치는 이 포지셔닝 한마디로 거의 표현된다.

마찬가지로 아이폰도 기존 제품과의 차별화를 한마디로 '언제 어디서나 스트레스 없이 사용할 수 있는 인터넷'이라고 할 수 있다.

이처럼 추상적인 수준에서 포지셔닝을 생각하는 이점은 그것이 최종 광고 전략이나 캐치 카피로 이어진다는 데에 그치지 않는다. 포지셔닝을 생각하는 진짜 의의는 한 번 추상적인 수준에서 제공할 가치의 의의를 생각함으로써 아직 세상에 없는 제품이나 전략 가치에 대해 고객 조사가 가능해지는 것이다. 즉 아이폰이 세상에 존재하지 않는다면 고객은 아이폰을 원하는지 그렇지 않은지에 답할 수 없을지 모르지만 '언제 어디서나 스트레스 없이 사용할 수 있는 인터넷'을 원하는지 그렇지 않은지에는 답할 수 있다.

좋은 포지셔닝을 찾기 위한 조사와 분석방법에 대해서는 나중에 설명하겠지만 '한마디로 말하면 우리는 무엇을 팔 것인가' 하는 포지셔닝이 명백해졌다면, 마지막으로 그것을 구체화하기 위한 네 가지 P를 생각한다.

네 가지 P는 Product(제품), Price(가격), Place(장소), Promotion(판촉활동)이다. 앞에서 말한 DM, 세일즈, 잡지광고도 어디까지나 판촉활동의 일부에 지나지 않는다. '누구에게'라는 세분 시장에 대해서는 물론, 어떤 제품을 얼마에, 그리고 어디서 어떻게 판매할 것인가 하는 관점과의 관련성을 잘 생각해야만 가장 좋은 판촉활동 방법도 떠올릴 수 있다.

여기까지 알면 내가 앞에서 예로 든 '아무리 마케팅을 열심히 해도 제품 자체가 매력적이지 않으면 팔리지 않는다'라는 발언의 모순을 깨달았을 것이다. 좋은 마케팅이란 별 볼 일 없는 제품을 광고나 영업력으로 무리하게 팔아치우는 것이 아니다. 오히려 고객을 잘 이해함으로써 원하는 제품을 합리적이라고 느끼는 값에 사기 쉬운 장소나 유통 경로를 통해 판매하도록 적절하게 판촉활동을 한다면 자연히 팔린다는 구조를 만드는 것이다. 이것이야말로 코틀러와 드러커가 말하는 '판매를 불필요하게 하는 것'이라는 마케팅의 궁극적 목표다.

어떻게 하면 이런 궁극의 목표에 도달할 수 있을까? 여기서도 통계학이 큰 도움이 된다. 구체적인 조사와 분석방법을 알아보자.

03
마케팅을 위한 분석 순서 ①
─ '누구에게 팔지'를 위한 데이터 준비

이제부터는 실제 마케팅을 위한 데이터 분석을 이야기해보자. 1장과 2장에서 데이터 분석은 다음과 같은 순서를 따랐다.

1. 분석 대상 범위 설정
2. 분석해야 하는 변수도 포함한 데이터 수집
3. 얻은 데이터 분석
4. 분석 결과 해석과 행동

마케팅에서는 이런 작업을 최소한 세 번 반복해야 한다. 처음에는 시장세분화와 타깃팅, 즉 '누구에게 팔 것인가'를 생각하기 위한 분석, 두 번째는 포지셔닝, 즉 '한마디로 말하면 무엇을 팔 것인가'를 생각하기 위한 분석, 마지막으로는 포지셔닝 실행을 위한 네 가지 P를 생각하기 위한 분석이다.

최소한 세 번이란 경우에 따라 네 번이나 다섯 번을 할 필요도 있다는 뜻이다. 유망한 세분 시장이 보였으므로 이에 초점을 맞춰 마케팅 전략을 생각해보았더니, 이 세분 시장에 속하는 고객은 자사가 잘 만들 수 없는 제품이나 판로, 광고를 선호한다는 사실이 판명되기도 한다. 이 경우 처음의 세분 시장에 집착해 무리한 비즈니스를 하기보다는 다시 한 번 시장세분화 결과로 돌아가서 두 번째로 유망한 세분 시장을 생각하는 것이 좋다.

이런 과정 때문에 마케팅 전략 결정은 '나선형'이라고 한다. 처음부터 끝까지 일직선으로 진행되거나 원형으로 같은 장소를 빙빙 도는 것이 아니라 빙빙 돌면서 조금씩 목표를 향해 나아가는 이미지다.

또 1장에서 말한 린 전략과 같이 피봇(pivot)을 도입해도 좋다. 먼저 '누구에게'라는 세분 시장을 임시로 두고, 거기를 축으로 해 '무엇을 팔 것인가'라는 포지셔닝이나 네 가지 P를 생각한다. 여기서 양자가 잘 결정된다면 '누구에게'나 '무엇을' 중에 한쪽을 고정한 상태에서 다른 한쪽을 보다 유망한 것으로 바꿔본다. 이를 반복함으로써 최종적으로 적절한 마케팅 전략을 결정하는 방식이다.

이런 나선형 또는 피봇형의 전체상을 염두에 두고 먼저 시장세분화와 타깃팅을 위한 분석 순서를 보자.

분석 대상은 '정말로 말도 안 되는 것'을 제외한 모든 것

먼저 '분석 대상 범위 설정'인데, 이것은 기본적으로 '고객이 될 가능성이 전혀 없는 사람을 제외한 모든 사람'이 된다. 종종 많은 기업은 '애써서 얻은 데이터가 있으므로' 하고 포인트 카드에 가입한 고객이나 영업에 성공한 고객 데이터를 모두 분석하려 한다. 그러나 이미 고객이 된 사람의 데이터만으로 아무리 정밀하게 분석해봤자 '고객이 되어줄지 어떨지의 경계는 어디에 있는가' '앞으로 개척해야 하는 세분 시장은 어디에 있는가'라는 물음의 답은 얻을 수 없다.

'고객이 될 가능성이 전혀 없는 사람을 제외'란 어떤 것일까? 여성 취향의 의류 브랜드가 있다고 하자. 이 가게가 남성이라는 세분 시장을 '전혀 가능성이 없다'고 조사에서 제외해서는 안 된다. 유니섹스한 디자인이라면 키가 크고 호리호리한 체형에 멋을 추구하는 남성이 '여성 취향이지만 의외로 좋다'면서 사러 올지도 모른다. 많은 여성이 동경하지만 손이 넣기 힘든 가격의 브랜드라면 기념일 선물로 함께 쇼핑을 하러 오는 커플도 있을지 모른다. 남성을 겨냥한 디자인을 장점으로 하고 있다면 남성 측에서 파트너 여성에게 '입고 싶다'고 말하게 하는 전략도 생각할 수 있을지 모른다.

이처럼 직접적이든 간접적이든 다양한 구매방식을 고려한 다음, 그럼에도 여전히 '없을 리는 없지만 고려하지 않아도 된다' 정도라면 분석 대상을 여성으로 한정한다. 하지만 '우리의 고객은 이런 집단이다'라고 멋대로 정하고 그 범위에서만 데이터를 분석한다면,

결국에는 직감에 근거해 시장세분화와 타깃팅을 하게 되고 만다. 자사가 상정하는 고객집단보다 약간 넓게 분석 대상을 설정해두지 않으면 '지금까지 의식하지 못했는데 의외로 이쪽이 기회시장이었다'는 세분 시장을 파악할 수 있는 가능성이 현저히 낮아지고 만다.

기업 대 기업 비즈니스에서는 마케팅에 그다지 주력하지 않는 일도 있는데, 물론 똑같은 사고방식이 유효하다. 당신이 건설기계를 파는 기업에서 일한다면 기본적인 세분 시장은 건설 관련 기업에서 일하는 결재권을 가진 담당자가 될 텐데, 역시 그 분석 대상의 폭을 약간 넓게 잡음으로써 의외의 중요 세분 시장을 깨달을지도 모른다.

먼저 싱글 소스 데이터 분석

분석 대상이 정해지면 다음은 데이터 수집이다.

기본적으로 시장세분화에는 어떤 데이터를 이용하든 상관없지만, 한 가지 기준으로 앞에서 이야기한 《마케팅 매니지먼트》에 소개되어 있는 시장세분화 변수의 예를 소개한다. 단 원서의 내용은 모두 미국 시장에 관한 것으로, 지리적 변수로는 산악지대라든지 남부 대서양 연안이라든지 뉴잉글랜드 지방 등의 분류가 있다. 인종이나 종교도 미국에서는 중요한 인구통계 정보지만, 일본에서는 별로 일반적으로 사용할 만한 변수라 할 수 없다.

이것들을 일본 국내시장용으로 전환한다면 〈도표 3-1〉과 같은

변수 형태	변수	분류 방식 사례
지리	지역	홋카이도/도호쿠/간토/주부/긴키/주고쿠 등
	인구	100만 명 이상/50~100만 명/30~50만 명/10~30만 명/5~10만 명/…
	인구밀도	도시/교외/지방
인구 통계	성별	남성/여성
	나이	18세 미만/19~34세/35~49세/50~64세/65세 이상
	세대 규모	1인/2인/3~4인/5인 이상
	세대 유형	독신/아이 없는 부부/막내가 6세 미만 부부/…
	소득	100만 엔 미만/100~250만 엔/250~500만 엔/500~750만 엔/750~1000만 엔/…
	직업	학생/주부(남편)/사무직/판매·서비스직/기능직/기술·전문직/관리직/…
	고용 형태	정규고용/파견·계약사원 등 비정규 고용/시간제 아르바이트/무직
	학력	중졸 이하/고졸/전문대 졸/대졸/대학원졸
심리	라이프스타일	문화 지향/아웃도어 지향/스포츠 지향
	특성	신경질/사교적/권위주의적/야심적
행동	가치관	품질 중시/서비스 중시/가성비 중시/스피드 중시
	현 제품 사용	유저 아님/예전 유저/잠재적 유저/첫 유저/계속적인 유저
	현 사용량	라이트 유저/미들 유저/헤비 유저
	충성도	없음/중/강/절대적
	구매 준비 단계	인지 유무/정보 유무/관심 유무/구입 희망 유무/구입 의도 유무
	제품에 대한 태도	열광적/긍정적/무관심/부정적/적대적

것을 생각할 수 있다.

이 가운데 지리, 인구통계, 행동에 관한 시장세분화는 이것 이외에 별다른 변수가 없지만, 심리변수는 마음만 먹으면 얼마든지 다양하게 정할 수 있다. 2장에서 이야기한 빅 파이브도 좋고 가치관, 대인관계, 감정·기분이나 외모를 가꾸고 치장하는 행동 등 다양한 심리 특성을 측정하는 항목이 있다. 이런 항목을 조사에 포함함으로써 지금까지 몰랐던 중요 세분 시장을 알 가능성도 있다.

이런 생각을 토대로 해 생각나는 한, 그리고 조사 응답자가 참을 수 있는 선에서 여러 변수를 세심하게 조사한다면 시장세분화에 필요한 데이터가 갖춰진다. 여러분이 지금까지 조사 경험이 거의 없다면 갑자기 여러 조사 항목을 스스로 생각해내기는 어려울 것이다. 조사 설계가 가능하다 해도 어느 정도의 조사 대상자(수백~수천 명)에 대해 수십~수백 항목에 '전부 응답을 받는다'는 것은 나름의 비용도 든다.

그래서 내가 추천하는 것이 특히 기업 대 고객 비즈니스에서 먼저 광고기획사나 조사회사가 갖고 있는 싱글 소스 데이터를 분석하는 방법이다.

'싱글 소스'란 데이터 소스가 하나라는 의미다. 요컨대 동일 응답자에 대해 상품이나 브랜드 이용 실태와 선호, 심리적인 가치관이나 다양한 미디어 이용 상황 등, 마케팅 관련 항목을 모든 각도에서 취득한 데이터다. 자사 비즈니스와는 너무 거리가 멀다고 생각되는 항목은 제외해도 되지만, 그렇게 싱글 소스 데이터에 포함된 항목은 기본적으로 모두 시장세분화에 이용 가능한 변수의 후보가 된다.

내가 알고 있는 범위에서 예를 들자면 덴쓰(電通)나 ADK 같은 광고기획사는 직접 만든 패널 데이터(Panel data, 일반적으로 다수의 관측 대상에 대해 비교적 적은 횟수의 측정을 해 얻어진 데이터)를 관리하고 있으며 인터넷 조사회사인 매크로밀이나 닛케이리서치, 노무라종합연구소도 이런 데이터를 클라이언트에게 제공하고 있다. 취급 상품이나 브랜드(명품), 포함되는 심리 특성에 다양한 차이는 있지만 공통되게 모두가 1만 명 이상의 젊은이부터 60대 고령자에 이르기까지 다양한 일본인에 대해 포괄적인 조사 결과다.

회사에 따라서는 분석에 이용하는 데이터를 일반인에게는 판매하지 않기도 한다. 고객 요구에 부응해 집계 그래프만을 제공한다든지, 그런 집계를 스스로 할 수 있는 툴을 제공한다든지, 분석을 의뢰할 컨설팅 서비스와 세트로 주문을 받는 등 비즈니스 모델은 다양하다.

집계 그래프만 제공한다면 이 책에서 제시한 것과 같은 분석을 하기는 어렵지만, 표면적으로는 그런 서비스만 제공한다 해도 영업담당자 등 각사 관계자에게 직접 상담해보면 어떻게든 되기도 한다. 즉 분석 가능한 형태로 데이터를 제공해주거나, 이 책에 있는 것과 같은 형태로 분석을 한 보고서를 넘겨주는 등의 대응이다. 그들도 기껏 시간과 수고를 들여 얻은 데이터가 있다면 기존 비즈니스 모델과 맞물리지 않는 한 가능한 한 거기서 가치를 끌어내는 것이 이득인 것이다.

마케팅에 힘을 기울이는 대기업 등에서는 자사 제품이나 경쟁

제품 등에 대해 인지나 가치관, 브랜드 이미지 등을 묻는 조사를 빈번히 하기도 한다. 많은 경우, 단순집계에밖에 사용되지 않는 이런 사내 데이터를 이 장과 같은 틀로 분석하면 애써 투입한 조사비용으로 보다 큰 가치를 얻을 수 있다.

기업 대 기업 비즈니스에 종사하는 사람은 이만큼 망라된 데이터 소스를 입수하기 힘들지도 모르지만 그래도 방법이 없지는 않다. 1장에서도 이야기했듯이, 제국데이터뱅크의 기업정보(기업 속성이나 재무 상황 등)를 시장세분화에 이용하는 것이 가능하다.

많은 업계 단체나 업종 특화형 싱크탱크는 그 업계에 속한 기업의 담당자들에 대해 정기적인 조사를 하고 있다. 한 가지 예를 들면, 일본정보시스템 유저협회(JUAS)에서는 정보시스템을 도입하는 유저기업의 담당자에 대해 기업 속성이나 IT 투자 실태, 방향성 등 다양한 항목에 응답을 받는 조사를 해마다 하고 있다.

이쪽도 업계나 조직에 따라서는 그래프나 집계 결과가 아닌 분석용 원천 데이터를 제공하기도 하는데 흥미가 있다면 문의해볼 가치가 있다. 만약 이런 단체나 싱크탱크에서 입수한 데이터에 기업명이 익명화되지 않고 포함되어 있는 경우, 제국데이터뱅크의 기업 정보와 결합시켜 재무 상황과 담당자의 의향, 둘 다를 포함한 분석 데이터 세트를 마련할 수 있다.

데이터를 갖추었다면 이제는 그것을 분석하고 결과를 해석할 차례다.

04
마케팅을 위한 분석 순서 ②
― '누구에게 팔지'를 위한 분석

1장과 2장에서는 기본적으로 다중회귀분석이나 로지스틱회귀분석에 의해 '좋은 아웃컴의 해석단위와 그렇지 않은 해석단위의 차이는 어디에 있는가'를 생각했다. 1장에서는 '수익성이 높은 기업과 그렇지 않은 기업의 차이', 2장에서는 '생산성이 높은 직원과 그렇지 않은 직원의 차이'를 찾아내려 했다. 그렇다면 지금 우리가 여기서 생각해야 하는 것은 '수익성이 높은 세분 시장과 그렇지 않은 곳의 차이'를 찾아내는 것인데, 여기서는 다중회귀분석이나 로지스틱회귀분석과는 다른 방법을 이용해야 한다. 그 이유는 다음의 세 가지다.

1. 시장세분화에서는 복수의 설명변수의 조합을 생각해야 한다
2. 타깃팅은 세분 시장에 포함되는 개인이 아니라 집단을 대상으로

하며, 그 세분 시장에 해당하는 사람 수 등도 고려해야 한다

3. 타깃팅의 좋고 나쁨은 '하나의 마케팅 전략으로 어느 정도까지 이 세분 시장을 커버할 수 있는가'에도 좌우되므로, 세분 시장 내의 유사성 등도 중요해진다

먼저 1에 대해 극히 단순한 예로 나이와 성별을 설명변수로 하고, 구매금액을 아웃컴으로 하는 다중회귀분석으로 〈도표 3-2〉와 같은 결과를 얻었다고 해보자.

남성보다 여성이 870엔 정도 구매금액이 높고 나이가 한 살 많으면 100엔씩 구매금액이 많아지는 경향이 있다. 어느 쪽의 결과도 p-값으로 판단하면 통계적으로 신뢰할 만한 결과임을 보여준다. 이 결과를 본 많은 사람은 '나이가 많은 여성이라는 세분 시장이 유망할 것 같다'고 판단할 것이다. 사용방법은 약간 다르지만 미숙한 분석자에 의해 그렇게 언급된 보고서를 내 눈으로 본 적도 있다.

하지만 다중회귀분석으로든 로지스틱회귀분석으로든, 분석 결과에 등장하는 설명변수들은 '서로 상승효과나 상호작용(전문용어로는 교호작용이라 한다)이 존재하지 않는다'라는 가정하에 설명변수와 아웃컴의 관련성을 추정하는 것이다.

바꿔 말하면 앞의 결과는 '성별이 같다면 나이가 높은 쪽이 많이 산다' '나이가 같다면 여성이 많이 산다'는 제시되지만 '나이가 높은 여성이 가장 많이 사는지'에 관해서는 전혀 언급되어 있지 않다.

〈도표 3-3〉과 같은 그래프로 나타나는 데이터라 해도, 〈도표

도표 3-2	'변수의 조합'을 고려하지 않은 분석 결과 사례	
설명변수	회귀계수	p-값
절편	3700	<0.001
여성 더미	870	0.028
나이	100	<0.001

3-2〉와 완전히 똑같은 다중회귀분석 결과가 얻어지고 만다. 여성은 평균하면 남성보다 구매금액이 높지만 나이가 많다고 해서 구매금액이 높다는 경향은 존재하지 않는다. 한편 남성은 평균적으로는 여성보다 구매금액이 낮지만 나이가 올라감에 따라 구매금액이 높아지는 경향이 있다.

이런 상황이라도 '성별이 같다면 나이가 많은 쪽이 더 산다' '나이가 같다면 여성이 더 산다'라는 결과를 얻을 수 있다. 실제 가장 구매금액이 높은 고객 집단은 우측에 위치하는 '60대 이상의 남성'이다. 이것이 가정상 무시해버린 '설명변수 간의 교호작용'이 실제는 존재하는 상황이다. 단지 나이가 많은 것은 구매금액과 관련되지 않지만 '남성이고 나이가 많으면~'이라는 교호작용이 존재하는 것이다.

물론 이런 교호작용을 다중회귀분석이나 로지스틱회귀분석으로 취급할 수도 있으며 SAS나 R 등의 분석 툴에는 특정 설명변수 사이의 교호작용이 어떻게 영향을 주는가 하는 결과를 내기 위한 옵션

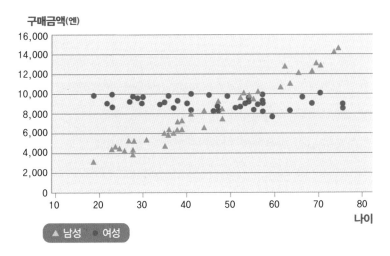

구매금액(엔)

▲ 남성   ● 여성

이 존재한다. 그러나 그것이 이론상 가능하다는 것과 실용적으로 사용하기 쉽다는 말은 별개다. 100개 정도 설명변수 간의 교호작용을 모두 생각하면 최소한 4,950(=100×99÷2)이나 되는 교호작용을 상정해야 한다. '성별과 나이와 거주 지역'같이 세 개 이상의 설명변수의 조합에 의한 교호작용을 생각할 수 있는데, 그렇게 하면 변수가 늘어남에 따라 교호작용의 조합 또한 폭발적으로 많아지고 만다. 아무리 분석 툴에 자동 변수 선택을 맡긴다 해도, 사람이 분석 결과를 해석하는 만큼 엄청난 작업이 될 것이다.

'군집분석'을 권한다

이런 무수한 교호작용을 고려한 다음 '어떤 설명변수의 조건을 조합하면 아웃컴(구매금액)이 가장 높은 집단이 될까'를 알고 싶다면 다중회귀분석이나 로지스틱회귀분석 등보다 의사결정나무분석(decision tree)이라 불리는 방법이 적절하다. 자세한 것은 이 장의 마지막에 있는 칼럼에서 이야기하겠지만, 한마디로 말하면 〈도표 3-4〉에 제시한 것처럼 가장 신뢰할 수 있는 큰 아웃컴의 차를 만드는 설명변수의 조건을 탐색하고, 그 조건에서 데이터를 분해하는 나무(모양)그림(Tree Diagram)을 그리는 방법이다.

그러나 시장세분화에 대해 말하자면 앞의 2와 3의 이유로 나는 의사결정나무분석을 별로 추천하지 않는다.

만약 단 한 가지 마케팅 전략을 〈도표 3-4〉 각각의 모든 사각형이 완벽하게 기능하게 해낼 수 있는 천재적인 마케터가 있다고 하자. 이 마케터는 50세 이상의 남성에 대해 마케팅 전략을 만들라는 지시를 받으면 거기에 있는 200명 전원이 1만 1,000엔을 지불하게 할 수 있으므로 그 결과 220만 엔의 매출을 얻는다. 그러나 이 마케터는 단지 49세 이하의 모든 일본인에게 적용할 전략을 만들라는 지시를 받으면 600명에게 7,500엔을 지불하게 할 수 있으므로 450만 엔의 매출을 얻는다. 더 좋은 것은 '전원'에 대한 전략으로 850만 엔의 매출을 얻는 경우다.

무슨 말인지 알겠는가? 적절한 설명변수의 조건으로 고객을 나

의사결정나무분석의 이미지

누면 확실히 평균 객단가가 높은, 즉 '아웃컴의 밀도가 진한' 집단을 특정하는 것은 가능하다. 그러나 한편으로 나누면 나눌수록 반드시 구매금액의 합계라는 '총량'은 작아지는 경향이 있다.

그럼에도 왜 시장세분화를 해야 하느냐면 이미 말했듯이 '같은 마케팅 전략이 기능하기 쉬운' 세분 시장으로 나눔으로써 광고비를 들여 무리하게 팔아치우거나 큰 폭의 할인을 하지 않아도 되는 수익성이 높은 전략을 생각할 수 있기 때문이다. 앞에서 말한 '어떤 시장에서도 완전하게 기능하는 전략을 만드는 마케터'는 비현실적인 가정인 것이다.

이상적인 세분화란 '(제품의 특징이나 판로 등을 포함하는) 마케팅 전략에 대한 반응 방식이 공통되어 있으며, 사람 수 면에서 어느 정도 규모와 단가를 기대할 수 있는 층'이 된다. 이것은 단지 기계적으로 의사결정나무분석을 하더라도, 사람 수 면에서의 규모는 물론 '마케팅 전략에 대한 반응 방식'에 대한 공통성 등을 고려할 수 없다는 것이다.

그렇다면 어떻게 하면 좋을까? 현시점에서 일반적으로 내가 권하는 것은 마케팅 전략에 관한 변수에 대해 유사성이 높은 집단을 군집분석에 의해 명백하게 한 다음, 각각의 군집별 사람 수와 아웃컴의 평균값을 종합적으로 판단하는 방식이다.

군집분석에 대해서는 어느 정도 소소한 부분까지 전작인《실무 활용 편》에서 자세히 이야기했으므로 흥미가 있는 사람은 그 책을 읽어보기 바란다. 간단히 말하면 '모든 분석 대상자를 넷으로 나눈다면 어떻게 하는 것이 적절한가'라는 물음에 대해 〈도표 3-5〉와 같은 결과를 제시해주는 것이다.

이것은 1장에서 예로 제시한 스포츠용품 회사의 군집분석 결과다. 1,000명 분의 싱글 소스 데이터를 이용해 스포츠와 옷에 관련된 의식이나 성별·나이 등의 속성, 텔레비전이나 인터넷 이용 등의 미디어 접촉 등을 분석한 것이라고 하자. '특징 집단으로 어떻게 나눌 수 있는가'를 제시한다.

첫 번째 군집에서는 운동습관자와 운동부 경험자의 비율이 넷 중 가장 높고, 프로 스포츠 관전 습관이 있는 사람의 비율은 두 번째 군집이 높다. 마케팅에서는 군집분석 결과 얻어진 값을 토대로 군

	군집 1 (운동선수)	군집 2 (관전자)	군집 3 (패션 지향)	군집 4 (건강 지향)
프로 스포츠 관전 습관 있음	66.0%	86.8%	25.7%	1.4%
일상적인 운동습관 있음	44.9%	3.3%	9.4%	38.2%
학창 시절 운동부 경험 있음	78.9%	9.1%	34.2%	26.6%
의류는 패션성 중시	36.4%	11.6%	83.2%	48.8%
의류는 기능성 중시	48.2%	66.1%	10.3%	39.6%
…	…	…	…	…
사람 수	147	91	296	466
연간 평균 구매금액	21,714엔	9,751엔	4,778엔	15,406엔

집의 특징을 단적으로 나타내는 이름을 붙이는 일이 많은데 군집 1은 '운동선수'라든지 '플레이 지향' 등의 이름을 붙일 수 있다.

마찬가지로 관전은 많이 하지만 운동습관도 운동부 경험도 없는 군집 2는 '관전자', 운동부 경험은 어느 정도 있지만 별로 관전하거나 운동을 직접 하는 일도 없고, 아무튼 패션 의식이 높은 군집 3은 '패션 지향', 스포츠를 관전하는 일은 거의 없지만 운동습관자의 비율이 군집 1에 버금갈 정도로 높은 군집 4는 헬스클럽이나 워킹 등의 스포츠를 즐기고 있는 것은 아닌가 생각해 '건강 지향'이라는 이름을 붙여도 좋을지 모른다.

각각의 군집에 이름을 붙이면 뭔가 그 군집 특유의 상품을 상상하기도 쉬워진다.

이 같은 군집분석은 '어떤 마케팅 전략이 기능할 것 같은지', 좀 더 구체적으로 말하면 어떤 제품, 가격, 판로, 판촉방법과의 상성이 좋은지에 힌트가 되는 변수를 이용해 한다. 모든 군집에 이름이 붙여질 정도의 설득력 있는 결과를 얻은 다음 아웃컴을 비교한다. 즉 아웃컴인 스포츠웨어의 연간 평균 구매금액이나, 당연히 그것과 관련된 구매 횟수, 구매 상품 수, 1회의 구매단가 등의 설명변수는 군집분석에 사용하지 않는 것이 좋다.

그 후 각 조사 응답자 중 군집 해당자 별로 아웃컴의 평균값과 해당 사람 수를 비교한다. 이것이 타깃팅의 판단 자료가 된다. 연간 구매금액이 가장 높은 세분 시장은 운동부 경험이 있고 스포츠를 즐기는 것과 보는 것을 좋아하는 '운동선수'이며, 그것과 비교하면 '관전자'나 '패션 지향'의 구매금액은 두드러지게 낮아진다. 한편 관전은 하지 않지만 직접 운동하는 '건강 지향' 세분 시장은 사람 수도 많고 구매금액도 상당히 높다. 이런 규모와 1인당 구매금액 이외에 자사의 강점/약점과의 관련성 문제나 타사와의 경쟁 강도, 세분 시장 내 니즈의 다양성에 대해서도 생각해보면 좋다.

프로 스포츠계의 유명 선수나 팀, 리그 전체와의 계약을 다수 하고 있는 기업은 관전자 비율이 높은 '운동선수' 군집에는 유리하지만 '건강 지향'에 대해서는 그렇지 않다. 이 '운동선수' 군집에 대해 나이키나 아디다스 등 업계의 거인들이 막대한 광고 투자를 하는 반면 '건강 지향'에 주력하는 기업은 그리 많지 않다면 이런 점도 고려해둔다.

더욱이 같은 세분 시장 중에도 패션 취향이나 하는 종목의 특성 등에서 다종다양한 제품과 판촉방법을 생각해야 한다면 마케팅 전략의 효율성은 약간 떨어진다. 이 경우 다른 세분 시장을 선택하거나 경우에 따라서는 좀 더 세세하게 구역을 나눠본다.

좋은 세분 시장의 발견이 군집분석의 목적

이것도 전작 《실무활용 편》에서 이야기했지만 군집분석의 결과에 절대적인 정답은 없다.

앞에서는 '네 개의 군집으로 나눈다면'이라는 설정으로 한 분석결과의 이미지를 제시했는데, 데이터 전체를 세 개나 다섯 개, 경우에 따라서는 100개로 나누든, 그것은 분석자의 자유다. 잘되면 하나의 상품 브랜드로 시장의 몇 % 정도를 점유할 업계인지, 아니면 수십~수백이나 되는 상품 브랜드가 있어 성공해도 좀처럼 몇 % 정도의 점유율밖에 차지할 수 없는 업계인지 하는 점에 따라서도 적절한 군집 수익 기준은 다르다.

군집분석이 잘되었는지 아닌지 하는 통계학적 지표도 있지만 그런 지표를 활용해 기계적으로 군집 수를 결정하기보다는 실제 얻어진 군집의 특성이 '딱 들어맞는지' 아닌지 생각하는 것이 실용상의 의미는 클 것이다. 군집 수 이외에 일부 변수를 분석에서 제외해보거나, 《실무활용 편》에서 이야기한 '변수의 분산이나 상관관계를 고려하는가 아닌가'라는 군집분석의 다양한 조건에 대해 시행착오를 겪고, 좋은 세분 시장을 발견하는 것이 분석자의 업무다. 같은 군집분석에서 '요컨대 이런 집단이다!'라는 이미지를 파악할 수 있는지 없는지는 그 비즈니스 또는 고객에 대한 이해가 요구되기도 한다.

좋은 세분 시장의 발견은 그것만으로도 커다란 의미를 갖는다. 앞에서 이야기한 QB하우스가 성공한 이유도 '이발에 가능한 한 시간과 돈을 들이고 싶지 않은 세분 시장'이야말로 비록 객단가는 낮지만 경쟁이 적고 사람 수가 많은 유망 시장임을 발견했기 때문이라고 해석할 수 있다.

여러분도 지금까지 성별이나 나이만으로 대충 만든 시장세분화에서 한발 더 나아가 새로운 유망 시장을 꼭 찾아내기 바란다.

05
마케팅을 위한 분석 순서 ③
—'무엇을 팔지'를 위한 데이터 준비

목표로 하는 세분 시장이 명확해지면 다음으로는 그들에게 '무엇을 팔아야 하는가', 즉 포지셔닝을 생각하자.

통계학적 기초가 없던 기존 마케팅에서는 이런 시점에서 군집분석을 통해 파악된 관심 세분시장에 대한 분석 없이 무조건 '상품의 인지율이 올라가면 더 팔린다!' 또는 '브랜드 이미지가 좋아지면 더 팔린다!'는 식으로 생각해왔다. 그리고 인지율이나 브랜드 이미지 향상을 위해 광고 선전비를 퍼부었다. 하지만 많은 고객이 '상품은 잘 알고 있지만 딱히 사고 싶지는 않다'든지 '이미지는 아주 좋지만 실제 살 기회는 없다'고 생각한다면 아무리 인지율이나 브랜드 이미지 향상에 심혈을 기울여도 그것이 매출로 이어지지는 않는다.

그러나 어떤 설명변수에 의해 아웃컴(구매자 비율이나 평균 구매 금액 등)에 큰 차이가 생긴다는 인과관계를 발견할 수 있다면, 그 설

브랜드 이미지와 구매의 관계

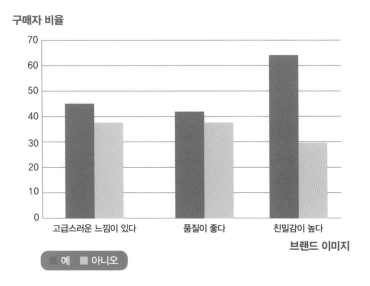

구매자 비율

예 ■ 아니오

명변수를 잘 통제함으로써 매출을 올릴 수 있을지 모른다. 수많은 브랜드 이미지 중에도 고급스러운 느낌이나 품질에 대한 평가가 아니라 '친밀감이 높다'고 느낌으로써 구매 비율이 크게 달라지는 결과가 나온다면 어떨까(〈도표 3-6〉)?

시장세분화 부분에서도 이야기한 스포츠용품이라면 전체 20대 여성이라는 조잡한 세분 시장으로는 각 고객의 의식이 혼재되고 서로 모순된 결과, 도대체 어떤 이미지가 매출과 관계하는지 알 수 없다. 거기에서 더욱 적절한 시장세분화를 한 결과 그때는 보이지 않았던 '친밀감을 느끼는가 아닌가에 의해 구매가 크게 좌우된다'는 경향을 갖는 세분 시장이 발견되었다면 어떤 마케팅 전략이 유효할까?

포지셔닝 분석을 통해 '당신에게 있어 무엇보다도 친밀한 스포츠웨어'를 생각할 수 있다. 그리고 구체화에서 간편 수납이 가능한 디자인이라든지 광고라면 기능만 길게 설명하지 않고 일반인과 동떨어진 몸매의 패션모델을 쓰지 않는 등의 전략을 쓸 수 있다. 또 사용하기 쉬운 인터넷 쇼핑몰이나 출퇴근길에 살 수 있는 역 내부의 소규모 점포 등, 가벼운 마음으로 쇼핑이 가능한 판로를 개척한다… 등 얼마든지 보태거나 뺌으로써 수익성을 향상시킬 요소가 반드시 발견될 것이다.

좋은 포지셔닝은 질적조사와 양적조사의 조합

시장세분화 부분에서 이야기했듯이 분석을 할 때 광고기획사나 조사회사, 업계 단체나 싱크탱크에서 얻어진 데이터만 가지고 이처럼 아웃컴을 크게 좌우할 설명변수를 발견한다면 그것은 나름대로 훌륭한 일이다. 하지만 조사자의 '경험과 감'만으로 생각할 수 있는 정도의 조사 항목뿐이라면 신규성이 있는 좋은 포지셔닝을 발견할 수 없을지 모른다.

이 경우 어떻게 하면 좋을까?《통계의 힘》에서는 여기에 대한 답으로 우선 좋은 질적조사, 즉 인터뷰나 행동관찰을 하라고 말했다. 또한 통계해석과 같은 데이터를 얻는 일은 숫자의 크고 작음 같은 '양'을 다루기 때문에 양적조사라 불린다. 이들은 인간이나 사회를 이해하기 위한 두 개의 축이 되는 연구방법이다.

기본적으로 통계해석을 할 수 있는 데이터란 고객에게 예스냐 노냐, 또는 '대단히 그렇다'인지 '별로 그렇지 않다'인지 등과 같이, 유한한 선택에서 답을 얻어내는 형식이다. 이런 질문 형식을 전문용어로는 가능성이 닫혀 있다는 의미에서 닫힌 질문(Closed question)이라 부른다. 질문항목을 생각할 때 자기 머릿속이나 회의실 안에서만 분석해서 가치 있는 것을 제안할 센스를 가진 인간은 극히 한정되어 있다. 분석해서 가치 있는 질문항목이란 말하자면 지금까지 생각지도 못했던 것이나 생각을 뒤엎는 것이기 때문이다. 보통 사람이 이미 생각한 대부분은 분석해봤자 당연한 결과밖에 나오지 않는다.

하지만 그런 센스가 없는 우리도 다른 입장이나 경우에 있는 고객을 인터뷰나 관찰을 통해, 열린 질문(open question)으로 조사하면 좋다. 영어의 5W1H(Who, What, Why, When, Where, How)를 사용해 물어보는 것이 열린 질문이다. 이에 대한 답은 예스나 노 같은 선택이 아니라 사람에 따라 무한하다고도 할 정도로 다양하며, 이를 통해 종종 질문자가 상상도 못했던 아이디어를 얻기도 한다.

이런 방식이 특히 중요해지는 것은 제품이나 서비스를 제공하는 쪽과 실제 구매하는 유저의 속성이나 심리상태가 크게 다른 경우다. 가전제품을 기획·설계하는 쪽이 가사노동을 하지 않는 중년 남성으로만 구성되어 있고, 그들이 젊은 독신여성 취향의 가전제품을 개발하려 하는 경우를 생각해보자. 만드는 쪽이 아무리 지금까지의 경험을 토대로 해 세탁기의 세척력이나 청소기의 흡입력 등 기계적인 스펙을 떠올려도 독신여성들은 오히려 인테리어와 어울리는 색깔에 가치를 둘지 모른다. 이처럼 만드는 쪽과 사는 쪽 사이의 갭을 메우는 데 가장 좋은 방법이 고객에게 적절한 질적조사와 양적조사를 하는 것이다.

마케팅의 힘을 실증한 '트루 캠페인'

내가 원래 전문으로 하던 건강정책 영역에서도 질적조사와 양적조사를 조합한 방식이 중시된다. 현대를 살아가는 대다수 인류는 폐암이나 심근경색, 뇌졸중 등의 생활습관병으로 사망한다. 담배를 피우지 않는다든지 채소를 많이 먹는 등의 생활습관만 건강하게 유지하면 이런 병은 어느 정도 예방할 수 있다. 그러나 아무리 그런 지식을 교육해도 사람들의 행동은 변하지 않으며, 그렇기에 생활습관병의 예방은 진전이 없다. 거기에 '시장세분화나 4P 등의 마케팅 방식을 사용하면 행동을 변화시킬 수 있지 않을까?' 하는 것이 필립 코틀러가 주장한 생각이다. 이런 접근법을 '사회적으로 좋은 행동을 보급시키기 위한 마케팅'이라는 의미에서 소셜 마케팅이라 부른다.

이것이 통계학과 어깨를 나란히하는 원래의 내 전문 분야다.

지금까지 가장 큰 성공을 거둔 소셜 마케팅 가운데 하나가 '트루(truth) 캠페인'이다. 1999년에는 미국 청소년 가운데 25.3%가 흡연자였지만 트루 캠페인 실시 후인 2002년에는 18.0%까지 낮아졌다. 즉 미국 담배회사 입장에서는 청소년이라는 세분 시장에서 매출이 30% 정도 날아가버린 것이다.

트루 캠페인을 실시한 단체는 공적 조직으로 비교적 넉넉하게 광고 예산을 집행할 수 있는 입장이었지만 그렇다고 지금까지 해왔던 '담배는 몸에 좋지 않다'는 지식만을 대대적으로 선전하는 접근법은 효과가 적다는 것을 잘 알았다. 그래서 질적조사와 양적조사를 철저히 해본 결과, 담배를 피우는 젊은이와 피우지 않는 젊은이의 가장 큰 차이로 '어른에 대한 반항심이 강한가 그렇지 않은가'라는 설명변수를 찾아냈다.

이것은 지금까지 '올바른 지식'을 외치는 방식이 효과가 적었던 이유를 잘 설명한다. 어른에 대한 반항심이 강한 사람일수록 담배를 피우는데, 어른의 논리로 몸에 안 좋다고 외쳐봤자 오히려 반항심만 커질 뿐이다. 그래서 그들에게 있어서 포지셔닝은 '어른에 대한 반항으로서의 금연'이었다(《도표 3-7》).

제작된 동영상 가운데 하나는 담배회사가 지금까지 광고에서 많이 사용했던 '쿨한 카우보이'나 '담배를 피운다고 해서 모두가 죽지는 않는다'는 흔한 흡연자의 핑계를 조롱한다. 카우보이를 도시에 어울리지 않는 촌뜨기로 묘사하고 '담배를 피운다고 해서 모두가 죽지는 않아 (구강암, 후두암에 걸려) 혀를 잘라내게 될 뿐이지'라고 코믹한 멜로디를 인공성대의 목소리로 부르게 한 것이다. 이런 동영상이 많이 제작되어 텔레비전이나 SNS에서 퍼졌다.

그 결과는 이미 말한 대로다. 좋은 포지셔닝을 발견하고 구체화

©Truth Initiative   https://www.youtube.com/watch?v=eshSlxe9qd0

할 수 있다면 큰 성과를 올릴 수 있는 것은 기업이든 공적 조직이든 다르지 않다.

그렇기는 하지만 갑자기 열린 질문으로 질적조사를 하라는 말을 들으면 당황하는 사람이 적지 않을 것이다. 방법론을 설명하면 그것만으로 책 한 권을 쓸 수 있을 정도이므로, 흥미가 있는 사람은 별도의 전문서로 공부하기 바란다.

그러나 비교적 경험이 없는 사람이라도 유익한 질적조사를 하고 싶다면, 행동과학이론의 도움을 받으면 좋다. 그중에도 내가 추천하는 것은 통합행동이론이다. 이것은 일반 마케팅 교과서에는 잘 실려 있지 않지만, 마케팅 예산이 제한된 건강정책 영역에서 개발된 '가난한 자의 지혜'다.

06
마케팅을 위한 분석 순서 ④
―통합행동 이론을 이용한 질적조사

유용한 질적조사를 하기 위해 통합행동이론을 깊이 파헤쳐보자.

통합행동이론은 심리학자인 마틴 피시바인(Martin Fishbein)을 중심으로 1990년대부터 2000년대에 걸쳐 생겨난(그 후에도 세세하게 수정되고 있다), 인간이 무엇에 의해 행동을 바꾸는가를 이해하기 위한 이론이다.

그전에도 여러 연구자가 '인간의 행동은 무엇에 의해 영향을 받는가'라는 관점에서 다양한 이론을 만들어왔지만, 결국 이것들을 정리하면 〈도표 3-8〉에 제시한 것과 같은 형태로 통합할 수 있다. 물론 상품 구매도 행동의 하나로 이 이론에 따라 구매에 이르는 설명변수를 어느 정도 총체적으로 파악할 수 있다.

〈도표 3-8〉에 따르면 먼저 인간이 어떤 행동을 하려는 의도가 생기는 배후에는 극히 단순하게도 '태도' '규범' '자신감(이라고 여기

통합행동 모델

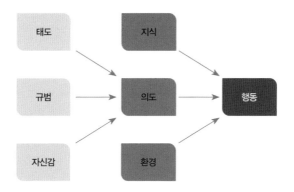

서는 번역하지만 전문용어로는 보통 '통제감'이라 한다)'이라는 세 가지 요인이 있다. 그리고 행동에 대해 의도는 똑같이 갖고 있다 하더라도 실제 행동하는지 여부는 그 사람의 지식이나 능력, 환경에 의해 더욱 좌우된다는 것이다. 이를 행동제어요인이라 불린다.

이중 행동에 관한 '지식'과 '환경'은 이미 많은 마케팅 연구에서 '인지율'이나 '액세스' 등의 형태로 조사되고 있다. 그 이외 요인을 여기서 좀 더 자세히 이야기해보자.

태도란 어떤 행동에 대해 응답자 자신이 어떻게 평가하는가 하는 점이다. '멋지다'라고 생각하는가 그렇지 않은가, '신뢰할 수 있다'고 생각하는가 그렇지 않은가, 반대로 '시대에 뒤떨어졌다'고 느끼는가 그렇지 않은가 등, 가능한 모든 표현으로 고객은 상품 자체나 상품을 구입하거나 사용하는 행동을 평가한다. 이중 어떤 평가를 내리는가, 실제 상품을 사는가 그렇지 않은가 하는 행동과 관련된 것이다.

이런 '태도' 관련 조사도 상품의 만족도나 브랜드 이미지라는 이름 아래, 이미 많은 기업이 하고 있을지도 모른다. 그러나 규범은 의외로 놓치는 경향이 높다.

이는 주변 사람이 '실제 이미 그 행동을 하는지' 또는 '해야 한다고 생각하는지' 하는 이야기다. 부모, 형제, 연인, 배우자, 친구, 동료 등 다양한 관계 중 어떤 사람이 이런 '규범'을 갖고 있을까? 그리고 과연 그중 어떤 관계에 있는 사람으로부터의 '규범'이 관련성이 높을까?

어쩌면 어떤 사람이 상품 구매에 이르는지 그렇지 않은지도 '단지 가까운 누군가가 많이 사용하기 때문에 무심코'라는 요인에 크게 좌우되는지도 모른다. 규범에 대한 질적조사 결과 친구나 부모 등의 일반적인 관계성이 아니라 '존경하는 사람' '라이벌로 여기는 사람' 등의 특수 관계성에서의 영향이야말로 중요한 것 아닌가 하는 결과를 얻기도 했다.

그리고 규범보다 더 잘 놓치는 것이 자신감이다. 이것은 뒤집어보면 '심리적인 장애물이 있는가'로 생각해도 좋다. 개인적으로는 이 상품이 좋다고 생각하고 주변에서도 잘 사용하지만 막상 사려고 하면 가게까지 가는 것이 불편하다든지, 가격 체계를 알기 힘들다든지, 수많은 기종 중 어떤 것이 좋은지 조사하기가 귀찮다는 등의 난관이 있을지 모른다. '어떤 상황이라면 사고 싶을 때 살 마음이 될까?'라는 '자신감'에 대해 알면 그것을 해결할 상품이나 판로, 광고

전략 등이 제대로 기능할 가능성이 시사된다.

통합행동이론에서 행동제어요인은 바꿔 말하면 '태도'란 경제학자가 자주 말하는 이익이나 비용 등을 다양한 가치관 아래 구체화하려 하는 것이다. 사회학자는 개인과 커뮤니티나 사회와의 상호작용을 많이 생각하는데, 이것은 통합행동이론에서 '규범'으로 표현할 수 있다. 심리학자가 생각하는 자기통제나 자기효력감(Self-Efficacy)도 이 이론 안에 포함되어 있으며, 교육학자가 흥미를 갖는 지식과 능력도 마찬가지다. 정치학자가 관심을 갖는 '권력의 원천'도, 어떤 보상이나 벌이 환영받거나 꺼려지는가 하는 태도나 누구한테 정당성을 인정받는가 하는 '규범' 등으로 생각할 수 있다.

즉 적어도 통합행동이론만 확실히 이해하면 인간의 행동에 관한 많은 학문 성과를 살리게 됨으로써 게으른 우리들에게 아주 편리한 도구다.

구체적인 질문과 설문지 작성법

통합행동이론을 토대로 실제 질적조사에 사용할 열린 질문에는 최소한 다음과 같은 것이 포함되어야 한다.

더 나아가 이들 질문의 답을 구체화하기 위해 '왜 그렇습니까?' '다른 말로 바꿔 말하면 어떤 것입니까?' '구체적인 예를 든다면 어떤 것이 있습니까?'라는 열린 질문을 반복한다. 질문자가 상대의 의

태 도: (이 상품 자체·사용·구매에 대해)

어떻게 생각합니까? 어떤 인상을 갖고 있습니까?

규 범: 누가 실제 사용하고/사고 있습니까?

주변에서 사용해야 한다/사야 한다고 생각하는 사람은 누가 있습니까?

반대로 그렇게 하면 안 된다고 생각하는 사람은 누구입니까?

그 사람과 당신의 관계를 한마디로 말해주세요.

자신감: 어떤 상황에서라면 사용하거나 구매할 수 있습니까?

반대로 어떤 상황이라서 사용하거나 구매할 수 없습니까?

도를 멋대로 정하지 않고 응답자가 의식을 언어화해서 표현할 수 있도록 최선을 다해 협동해가는 이미지다.

본격적인 설문조사는 고도의 지식이나 경험을 요하는 전문 업무지만 최소한 이런 점을 의식하고 있다면, 아마도 지금까지의 대충 만든 설문조사에서는 생각지 못했던 많은 발견을 할 것이다.

질적조사는 힘들지만, 미숙한 사람이라도 해보는 게 좋다. 양적조사처럼 수백 명에게 질문해야 하는 것이 아니라 최소 몇 명에서부터 많게는 십수 명 정도, 목표로 한 세분 시장에 속하는 사람의 의견을 들을 수 있다면 종종 커다란 발견을 할 수 있다.

질적조사가 끝나면 그 결과를 양적조사를 위한 〈도표 3-9〉와 같은 설문지에 넣는다. 설문지에는 질적조사의 결과에서 얻어진 행동 제어요인에 대한 것 이외에 적어도 아웃컴, 타깃으로 삼은 세분 시장을 식별하기 위한 변수, 일반 조사에서 사용하는 성별이나 나이 등의 속성 변수도 넣어둔다.

여력이 있다면 이 시점에서 시간대별로 많이 이용하는 정보미디어나 분석 대상으로 삼은 제품을 많이 구매하는 가격대, 쇼핑을 자주 하는 장소 등도 동시에 조사하면 좋다. 구체적인 네 개의 P를 생각할 때도 그대로 같은 데이터를 사용할 경우가 있기 때문이다. 단 뒤에서 이야기하듯 좋아 보이는 포지셔닝을 생각한 다음에 추가로 조사하고 싶은 것이 나오는 경우도 있으므로 이 시점에서는 어디까지나 '여력이 있으면'이라는 정도다.

이것들을 모두 포함한 다음, 최대 A4 용지에 인쇄한 상태로 10페이지 이내, 가능하면 6~8페이지 정도로 정리한다. 그러기 위해 질적조사의 결과 다양한 표현을 얻었더라도 자주 사용하는 것은 하나의 항목으로 정리한다. '멋지다고 생각한다'와 '매력적이라고 생각한다'는 조사 항목의 양에 여유가 있다면 나누어도 좋지만 그렇지 않다면 '멋지다'만을 채택하는 것이다.

나는 설문지를 작성할 때 '대단히 그렇다' '많이 그렇다'… 등과 같이 네 개나 여섯 개 중 선택하는 형식으로 하는 경우가 많다. 이는 어떤 통계 이론에 토대하고 있지는 않지만, 학창시절 사회조사실습에서 배운 '보통'이나 '어느 쪽도 아니다'는 중립적인 답을 넣어두면 거기로 답이 몰리기 때문에 그렇게 하지 않는 것이 좋다는 조언에

설문지 사례(일부 발췌)

【문 1】당신은 특정 스포츠나 워킹, 조깅, 머신 트레이닝 등의 운동을 하고 있습니까?
　　　다음에서 가장 해당하는 번호에 하나만 ○를 하시오.

1 하고 있지 않으며 할 생각도 없다
2 하고 있지 않지만 하고 싶다고 생각한다
3 하고 있지만 한 달에 한 번도 하지 않는 정도다
4 한 달에 1~3회 이상의 주기로 하고 있다
5 (거의) 한 주에 1~3회 이상의 주기로 하고 있다

【문 2】당신은 자신이 사용하기 위해 특정 스포츠나 워킹, 조깅, 머신 트레이닝 등의 운
　　　동 기구, 옷, 신발 등을 과거 1년 이내에 몇 회 구입했습니까?

회수　　　　　(　　　　　　　　　　　　　)회

【문 3】당신은 자신이 사용하기 위해 특정 스포츠나 워킹, 조깅, 머신 트레이닝 등의 운
　　　동 기구, 옷, 신발 등을 사기 위해 과거 1년 동안 대략 얼마를 지불했습니까?

금액　　　　　(　　　　　　　　　　　　　)엔

【문 4】운동에 대한 생각을 묻습니다. 다음 항목에서 당신의 생각에 가장 해당 번호에 하
　　　나만 ○를 하세요.

	그렇다	약간 그렇다	별로 그렇지 않다	그렇지 않다
운동하는 것을 좋아한다	1	2	3	4
운동을 하면 기분이 좋다	1	2	3	4
운동을 잘한다	1	2	3	4
운동하는 것이 즐겁다	1	2	3	4
운동하는 사람은 멋있다	1	2	3	4
운동하려고 기구나 옷을 사는 게 아깝다	1	2	3	4

운동은 미용에 좋다	1	2	3	4
운동은 건강에 좋다	1	2	3	4
운동하면 날씬해진다	1	2	3	4
운동하기 위해 외출하거나 준비하는 게 귀찮다	1	2	3	4
운동하면 땀이 나서 기분이 나쁘다	1	2	3	4
운동을 많이 하는 사람은 일도 잘한다는 인상이다	1	2	3	4

【문 5】 주변 사람이 당신에게 '규칙적으로 몸을 움직여야 한다'고 생각합니까? 해당 사람 모두에 ○하세요.

1 부모
2 형제
3 배우자
4 연인
5 친구
6 없음

【문 6】 주변에 현재 규칙적으로 운동하는 사람이 있습니까? 해당 사람 모두에 ○하세요.

1 부모
2 형제
3 배우자
4 연인
5 친구
6 없음

【문 7】 당신은 다음 상황에서 운동할 수 있다고 자신합니까? 해당 상황 모두에 ○하세요.

1 비가 올 때도 운동할 자신이 있다

2 날씨가 안 좋을 때도 운동할 자신이 있다

3 피곤할 때도 운동할 자신이 있다

4 바빠서 시간이 없을 때도 운동할 자신이 있다

5 집 주변에 공원이나 체육관이 없어도 운동할 자신이 있다

6 함께 운동을 즐길 상대가 없어도 운동할 자신이 있다

7 아침에 학교나 직장에 가기 전에 운동할 자신이 있다

8 낮에 학교나 직장의 쉬는 시간에 운동할 자신이 있다

9 저녁에 학교나 직장이 끝난 뒤 운동할 자신이 있다

10. 해당 사항 없음

【문 8】 당신의 성별은 무엇입니까?

1	남	2	여

【문 9】 당신의 나이는 몇 살입니까?

나이　　　(　　　　　　　　　　　)세

따르고 있기 때문이다.

　이렇게 해서 설문지가 완성되면, 조사회사를 통해 웹 조사를 하든, 조사원을 이용해 종이로 조사하든 목표로 삼은 세분 시장의 사람들에게 실제 답을 받는다. 정량조사를 몇 명에게 할지는 어느 정도의 정밀도를 요하느냐에 달려 있으므로 자세한 것은 전작인《실무활용 편》을 참조하기 바라며 1,000명 정도에게 물으면 문제가 없

으며 어렵다면 최소한 400~600명 정도는 있으면 하는 것이 하나의 기준이 될 것이다.

기업 대 기업 비즈니스에서는 특정 업계·직종에 해당하는 응답자를 조사회사가 필요한 만큼 갖고 있지 않을지 모른다. 이 경우 업계 단체나 업계에 특화된 싱크탱크, 지인이나 자사가 끌어안을 잠재적 고객 목록 등을 통해 최소 수십 명 정도 또는 100~200명 정도의 응답을 얻을 수 있으면 좋다.

데이터를 얻었다면 이제 분석에 들어간다. 자사가 판매하려는 제품 분야, 또는 그중 구체적인 제품을 팔 수 있는가 없는가를 크게 좌우하는 것이 무엇인지 명백하게 하기 위해서다. 그것을 알아낸다면 수익성이 높은 포지셔닝과 그것을 실현하기 위해 어떤 마케팅 전략을 택하면 좋을까에 대한 힌트를 분명히 얻을 수 있다.

07
마케팅을 위한 분석 순서 ⑤
― '무엇을 팔지'를 위한 데이터 분석과 해석

질적조사에서 조사 항목의 아이디어를 얻고, 그것을 설문지로 옮긴 양적조사가 끝나면 마침내 분석에 들어간다.

지금까지 여러 번 이야기했듯이, 마케팅의 아웃컴은 자사가 팔려고 하는 제품을 사는가 그렇지 않은가 하는 '구매 유무', 산다면 연간 얼마나 사는가 하는 '구매금액'이 된다. '팔려고 하는 제품'이란 구체적인 어떤 하나의 제품인 경우도 있고, 특정 브랜드의 여러 제품이 포함되는 경우도, 자사와 타사의 경쟁제품까지도 포함한 상품 분야인 경우도 있다. 심지어 넓게는 업종 경쟁까지를 고려한 상품군도 가능하다. 해석단위는 기본적으로 고객이다.

자사의 특정 제품이나 제품 브랜드를 사는가 그렇지 않은가 하는 분석에서는 지금 이미 취급하는 상품 자체의 개선이나 가격 변경, 판로나 판촉방법에 대한 정책을 포함한 마케팅 전략의 미세하게 수정해야 할 점이 보일 것이다. 마찬가지로 히트하는 타사의 특정 제품·브랜드에 대해서 하면 자사로부터 어떤 기능이나 디자인, 가격의 제품을 어떤 판로와 판촉방법으로 팔면 상대방으로부터 효율적으로 점유율을 빼앗을지 알 수 있다.

비즈니스 세계에서는 표면적으로 경쟁 타사의 히트 상품을 흉내 내도 생각보다 팔리지 않는 일이 종종 있는데, 경쟁사가 어떤 고객에게 어떤 가치를 인정받아 선택되는지를 잘 분석하면 이런 상황도 피할 수 있다.

심지어 자사와 타사의 경쟁 제품군을 포함하는 형태로 많이 사는 사람과 그렇지 않은 사람의 차이를 이해하면, 종래의 제품으로는 만족하지 못했던 고객의 니즈가 보이며, 상품 개발에서 판매방식까지 아우르는 전혀 새로운 마케팅 전략 아이디어가 떠오르기도 한다. 1장에서 이야기했듯이, 블루오션 전략의 사고방식에 토대해 널리 다른 업종까지 분석 범위를 넓혀보면 더더욱 그렇다.

이번에는 다중회귀분석이나 로지스틱회귀분석

시장세분화와 달리 포지셔닝 분석은 1장과 2장에서 했던 다중회귀분석이나 로지스틱회귀분석을 중심으로 할 수 있다. 말할 것도 없이 다중회귀분석은 이웃컴이 구매금액 등의 어떤 숫자로 표시되는 경우, 로지스틱회귀분석은 아웃컴이 구매하는가 그렇지 않은가 같은 질적으로 다른 상태를 나타내는 경우에 이용한다.

이런 방법에 의해 그 상품을 자주 사는 사람과 사지 않는 사람의 차이는 어디에 있는지 알면, 거기를 공략하는 포지셔닝으로 큰 성공을 거둘지도 모른다.

1장이나 2장과 마찬가지로, 조사에 의해 얻어진 성별이나 나이 등의 개인 속성과 태도나 규범, 자신감 등의 행동제어요인을 포함한 많은 설명변수를 후보로 해 변수선택을 하자.

행동제어요인에 대해 기본적으로 4단계나 6단계로 묻는 항목은 1~4 또는 1~6점의 척도로 설명변수에 사용하면 되고, 경우에 따라서는 '대단히 그렇다'인가 아닌가, 반대로 '전혀 그렇지 않다'인가 아닌가와 같이 질적으로 다른 상태를 나타내는 설명변수도 좋다. '이 항목에 응답이 없다'는 경우도 있다. 기계적인 변수 선택의 결과, 나온 설명변수가 도저히 마케팅 전략에 사용하기 힘든 것이라면 그것을 제외하고 분석을 다시 해보는 등의 작업이 필요해지는 경우가 있는 것도 1장이나 2장과 마찬가지다.

그런 분석의 결과 〈도표 3-10〉과 같은 결과를 얻었다고 하자.

이 결과는 〈도표 3-5〉에 있어서 '건강 지향'의 가치관을 가진 세분 시장에 속하는 20~70대까지 남녀에게 한 분석의 결과를 나타낸 것이라고 하자. 아웃컴으로는 시장세분화 결과를 참고로 '과거 1년 이내에 총액 1만 엔 이상, 어떤 것이든 스포츠용품(옷·신발·기구 등을 포함)을 구매했는가 아닌가'를 채택했다고 하자.

지금까지도 설명했듯이 오즈비가 1보다 높다는 것은 '(다른 설명

설명변수	오즈비	95% 신뢰구간	p-값
남성	1.07	1.00~1.14	0.049
20대	1.29	1.07~1.55	0.007
60대 이상	1.11	1.01~1.22	0.030
미나미간토 지방 거주	1.18	1.02~1.36	0.025
태도: 운동 기구나 옷을 사는 것이 아깝다	0.70	0.57~0.85	⟨0.001
태도: 운동을 위해 외출·준비하는 것이 귀찮다	0.74	0.63~0.87	⟨0.001
규범: 연인이 운동을 해야 한다고 생각한다	1.16	1.02~1.32	0.028
규범: 배우자가 운동을 해야 한다고 생각한다	1.15	1.02~1.30	0.023
자신감: 바빠도 운동할 수 있다고 생각한다	1.40	1.17~1.67	⟨0.001
자신감: 날씨가 안 좋아도 운동할 수 있다고 생각한다	2.49	1.57~3.94	⟨0.001

도표 3-10 세분 시장 내 스포츠용품 구매자/비구매자의 차이

변수의 조건을 일정하게 했을 때) 이 상태에 해당하는 경우/이 설명변수의 값이 높은 경우 구매하고 있을 가능성이 많다'는 것을 나타낸다. 반대로 오즈비가 1보다 낮다는 것은 '(다른 설명변수의 조건을 일정하게 했을 때) 이 상태에 해당하는 경우/이 설명변수의 값이 높은 경우에 구매하고 있을 가능성이 적다'를 나타낸다. 이 표에서 p-값은 모두 0.05보다 아래이므로 '단순한 오차나 자료에 내재된 우연성 때문에 이런 결과를 얻었다고는 생각하기 힘들다'라고 여길 수 있다.

위에서부터 결과를 보면 먼저 속성으로 남성이 여성보다, 20대

와 60대 이상인 사람이 그 밖의(즉 30~50대) 사람보다, 미나미간토 지방에 사는 사람이 그 밖의 지역에 사는 사람보다 각각 스포츠용품 구매자일 가능성이 높다.

이런 결과에서 '이 세분 시장 중에도 특히 미나미간토 지방에 사는 20대 남성이 좋은 시장'이라고는 반드시 말할 수 없음은 이미 앞에서 이야기했다. 이런 성별, 나이, 거주지 등 구매에 영향을 미치는 조건의 차이도 고려한 다음에야 여기서 말한 행동제어요인이 스포츠용품의 구매 행동에 영향을 미치는 것이다.

태도 중에는 '기구나 옷을 사는 것이 아깝다' '외출하거나 준비하는 것이 귀찮다' 등의 의식이 상당히 강하게 스포츠용품의 구매 행동과 관련되고 있다. 단 이 관련성이 '아깝다/귀찮아서 구매하지 않는다'인지, '구매한 자신을 정당화하기 위해 아까워함이나 귀찮음에 신경 쓰지 않기로 했다'인지 하는 인과관계의 방향은 현시점에서는 확실하지 않다.

어쩌면 조사 설계 시점에서 미처 생각지 못했던 제3의 요인도 있을지 모른다. 선천적으로 활동성이 높은 사람이라면 스포츠용품에 관계없이 소비 행동은 증가하며, 아깝다든지 귀찮다는 의식도 잘 느끼지 않을 가능성도 물론 생각할 수 있다.

그렇다고 해서 여기서 사고를 멈추거나 '신중한 의논'이라는 제목으로 분석 결과를 보관해두는 것은 아깝다. 얻어진 가설에서 신속하게 '최소한의 제품'을 만들고, 테스트 마케팅을 하는 것이 보다 건설적이라는 린 전략의 사고방식을 여러분은 이미 알고 있다.

이 밖에 연인이나 배우자가 '운동을 좋아한다'고 생각하는지 그렇지 않은지 하는 규범도 스포츠용품 구매 행동과 관련된다. 더욱이 바쁘든지 날씨가 좋지 않든지 운동할 수 있다는 자신감이 있는 사람은 스포츠용품을 구매하는 경향이 높은 듯하다.

반대로 앞에서 제시한 설문지 중에 '미용에 좋다' '건강에 좋다' '날씬해진다' '부모가 운동을 하고 있다' '형제가 운동을 하고 있다' 등의 행동제어요인은 적어도 현시점에서 스포츠용품의 구매 행동과 별로 관련되어 있지 않다는 것을 보여준다.

포지셔닝을 생각하는 두 가지 방법

이런 분석 결과에서 포지셔닝을 생각할 때 두 가지 방식이 있다. 하나는 '보다 아웃컴이 높아질 심리적인 변화를 초래하는 마케팅 전략은 없는가'다. 다른 하나는 '아웃컴이 낮아지는 경향의 고객이라도 '문제 없을' 마케팅 전략은 없는가'다.

앞에서 이야기한 트루 캠페인에서 반항심이 강한 청소년은 담배를 피우기 쉽다는 분석 결과가 얻어진 것을 떠올려보자. 전자의 방식으로 만드는 전략은 '청소년에게서 반항심을 줄인다'고, 후자는 '반항심이 강한 청소년이라도 반대로 담배를 피우고 싶지 않게 된다'는 것이다.

마찬가지로 스포츠웨어 구매에 대해 '아깝다'고 생각하는 사람일수록 구매를 하고 있지 않다면 취해야 할 전략의 방향성은 크게 나누어 두 가지다. 즉 '아깝다고 생각하지 않게 한다' 또는 '아깝다고 생각하는 사람이라도 사고 싶게 한다'다.

시장세분화에서는 교호작용의 문제 등으로부터 '유의한 설명변수를 모두 조합했다고 해서 반드시 좋은 세분화가 되지는 않는다'고 말했는데, 포지셔닝은 그 범주에 들지 않는다. 한마디로 표현할 수 있는 포지셔닝에 의해 분석에 등장한 설명변수를 모두 아웃컴이 높은 것으로 바꿀 수 있다면 그것은 대단히 좋은 전략이다.

이 차이는 시장세분화가 '선택한' 것인 데 비해 포지셔닝은 '만족시키는' 것이기 때문이다. 시장세분화에서는 어떤 특징을 가진 것을 '선택한' 경우 그 특징을 갖지 않은 것을 '선택하지 않는' 일이 되어버리지만, 포지셔닝에서는 복수의 특징을 동시에 '만족시키는' 것이 불가능하지 않다.

단 동시에 만족시키려다가 포지셔닝이 한마디로 표현할 수 없는, 알기 힘든 것이 되어버리면 그것은 본말이 전도된 것이다. 그래서 먼저 핵심 행동제어요인을 선택하고, 동시에 만족시키기 쉬운 게 없는지를 생각한다.

오즈비를 기준으로 선택하기로 하면, 가장 관련성이 큰 행동제어요인은 '날씨가 좋지 않을 때도 운동할 수 있다고 생각한다(오즈비 2.49)'는 것이다. 이와 같은 정도의 강한 '음수의 관련성'이 있는 경우 2.49의 역수, 즉 약 0.4의 오즈비를 나타낼 텐데, 그만한 강한 음의 관계를 나타내는 것과 같은 행동제어요인은 존재하지 않는다.

고객에게 '날씨가 좋지 않을 때도 운동할 수 있다고 생각한다'고 생각하게 하거나, '그렇게 생각하지만 운동한다'고 하는 게 가능할까? 물론 고어텍스 소재를 사용하면 약한 비가 오더라도 운동할 수 있고 집 안에서 운동하는 방법도 있다. 이런 제품을 강하게 밀어붙이는 것도 하나의 전략이지만 '날씨가 좋지 않으면 운동하고 싶지 않은' 사람은 대부분 애당초 비에 강한 옷을 입고 하는 운동이나 실내 운동을 하려고 생각하지 않는 것 아닐까. 그렇다면 이 전략의 근거는 좋지 않은 것 같다.

이처럼 오즈비 또는 회귀계수와 p-값은 전략을 생각하는 실마리로서의 대략적 기준이 되는데 '과연 그런 변화를 낳게 하는 것은 얼마나 현실적인가'는 가르쳐주지 않는다. 어디까지나 '만약 변화시킬 수 있다면 얼마만큼의 영향이 생길 수 있는가'를 나타낼 뿐이다.

오즈비 수준에서 말하면, 차점 후보는 기구 구매나 준비가 '아깝다' '귀찮다'는 태도와 '바빠도 운동할 수 있다'라는 자신감인데 이것들은 어떤지 살펴보자.

아무리 바쁜 비즈니스맨이라도 '통근 중에 약간 오래 (한 정거장) 걷는다'와 같은 운동습관을 들이는 방법이 있는데, 이것을 특화시킨 형태의 스포츠웨어라는 포지셔닝을 생각해보자.

통근시간을 운동시간으로 바꿔도 문제없게 하려면 불쾌한 습도나 땀, 다리 통증 경감 등의 기능성이 필요하다. 이는 운동 중만이 아니라 평상시에도 이점을 샀는다. 만원 전철 안이나 영업을 위해 이동할 때 등의 상황에서도 이런 기능이 있으면 좋다. 그렇다면 '운동을 하기 위해서만' 사는 경우라도 그것을 별도로 준비할 필요가 없기 때문에 아깝거나 귀찮지 않고, 바빠도 통근 중 운동할 수 있다. 잘되면 이들 세 가지 행동제어요인을 한꺼번에 만족시킬 수 있지 않을까.

이 포지셔닝을 구체화시키려면 움직이기 힘든 구두, 정장, 와이셔츠 등의 오피스웨어를 얼마나 비즈니스면에서의 TPO(time, place, occasion)를 지킨 디자인인 채로 가볍고 추위나 더위, 땀에 강하게 만들 수 있는가 하는 프로젝트면에서의 연구가 필요할 것이다.

골프웨어 중에는 최신 화학섬유를 사용해 땀을 빨리 흡수하고 통기성도 대단히 좋은 셔츠가 있다. 하지만 아무리 제약이 적은 일이라 해도 골프웨어를 입고 출근할 수는 없다. 디자인이나 분위기가 너무나 다르기 때문이다. 이런 문제를 해결해 '비즈니스맨이라도 착용할 수 있는 스포츠웨어' 또는 반대로 '운동할 수 있는 비즈니스 웨어' 개발에 성공한다면 어떨까. 스포츠웨어 브랜드뿐만 아니라 보다 넓은 의류시장 전체에서도 블루오션 전략이 될지 모른다.

08
마케팅을 위한 분석 순서 ⑥
─ '네 가지 P'를 위한 분석

'무엇을 팔 것인가'의 분석이 끝나면 거기에서 꿈은 부풀어오르기 마련인데, 이 시점에서는 어디까지나 그저 아이디어에 불과하다. 이 아이디어가 정말로 기능할지 여부는 다음의 네 가지 P를 구체화시키기 위한 분석 결과에 달려 있다.

네 가지 P를 생각하기 위한 분석에는 어려운 점이 없지만 그만큼 수고는 따른다. 즉 시장세분화에 사용한 싱글 소스 데이터나 자신들이 모은 데이터를 토대로, 목표 세분 시장에 해당하는 구매자의 다양한 특성을 집계하는 것이다.

여기서 중요한 것은 지금까지와 달리 '구매자와 비구매자의 차이' 등이 아니다. 양자를 따로따로 집계하는 것도 물론 의미가 있지만 절대적인 규모로 '이떤 특성의 소비자가 많을까'를 이해해야 한다. 거기서 과연 여러분이 떠올린 네 가지 P가 센스가 있는 것인지,

그렇지 않으면 좀 더 세세하게 수정해야 할 포인트가 있는지를 생각하자.

앞의 '비즈니스에서 입을 수 있는 스포츠웨어'라는 제품 콘셉트가 기능할 수 있는가는 세분 시장에 속한 고객이 차지하는 직업이나 거주 지역에도 좌우된다. 캐주얼 차림으로 통근하고 싶지만 허용되지 않는 직업의 비율이 높거나, 자동차 통근이 주류인 지역의 거주자 비율이 높다면, 최초의 아이디어를 버리고 궤도수정을 해야 한다.

그 밖에 제품, 가격대, 중시해야 하는 판로와 판촉 활동 등의 네 가지 P 각각을 구체화한 다음이라도 세분 시장에 해당하는 고객층(구매자)의 다양한 집계 결과는 유용하다.

〈도표 3-11〉과 같은 그래프를 얻었다고 하자.

이것들은 모두 타깃으로 하는 세분 시장 중 실제 자사의 상품을 구매할 것 같다고 생각되는 응답자에 대한 네 가지 P와 관련된 질문의 응답 결과를 정리한 것이다.

스포츠웨어를 포함한 의류를 살 때 고객이 가장 중시하는 것은 '사이즈가 맞는가'이며, 다음으로는 색깔, 체형을 잘 커버하는가인 듯하다. 이런 정보를 얻었다면 되도록 이런 '중시하는 점'을 만족시킬 만한 상품을 만들면 잘 팔릴 것이다.

이외에도 제품의 세세한 기능을 고려할 때는 다양한 데이터가 참고가 된다. 이 세분 시장에 속하는 고객은 과연 스포츠 중에도 무엇을 보고, 어떤 것을 경험하고 있을까? 현재 어떤 활동을 하고(또는 하고 싶다고 생각하고) 있을까? 셔츠 하나를 디자인할 때도 테니스 팬

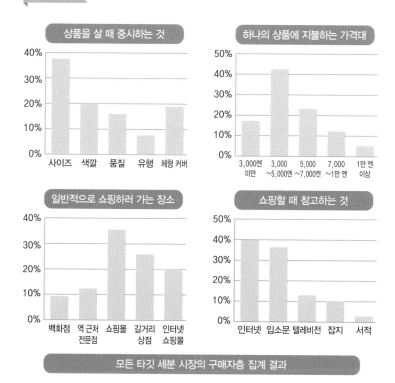

모든 타깃 세분 시장의 구매자층 집계 결과

을 의식하는가 럭비 팬을 의식하는가에 따라 디자인이나 기능이 달라진다. 또 색깔이 중요하다면 좋아하는 색을 알아두어야 한다. 그 밖에 스포츠 이외의 휴일을 즐기는 방법 등, 모든 정보가 상품 기획에 참고가 된다.

　포지셔닝 자체나 상품을 생각하는 것에 비하면, 나머지 세 가지 P를 위한 집계는 좀 더 구체적으로 범위가 좁혀진다. 이어서 가격대에 대한 그래프를 보면 세분 시장에 해당하는 상품의 구매자 집단이

한 상품에 지불하는 가격대는 3,000~5,000엔 정도이며 다음으로 5,000~7,000엔임을 알 수 있다. 즉 3,000~5,000엔의 가격대로 상품을 판매할 수 있다면 세분 시장의 40% 이상이 구매를 검토해주는 것 아닌가가 된다. 한편 5,000엔을 넘어가면 그만큼의 부가가치를 추가적으로 제공해야 하거나 또는 타깃 소비자층이 좁아져버릴 각오를 해야 한다. 이런 정보가 상품의 가격과 그에 따른 기능, 재료, 생산단위 등의 비용요인을 검토하는 데 참고가 된다.

그들이 평소 자주 쇼핑을 가는 장소로는 쇼핑몰이 가장 높고, 이어서 길거리 상점, 인터넷 쇼핑몰 등의 결과가 나왔다. 이것들에 비하면 역 근처나 백화점의 우선도는 낮은 것 같다. 그러나 이런 곳도 다수가 몰리는 장소인 만큼 판매처로 중시하는 것이 좋다.

쇼핑할 때 참고로 삼는 정보처로는 인터넷이 가장 높고, 이어서 친구·지인의 입소문이다. 그에 비해 텔레비전이나 잡지, 책의 영향력은 낮은 것 같다. 그렇다면 상품을 홍보할 때 텔레비전이나 잡지에 광고비를 투입하기보다 인터넷 광고를 잘 이용하고, SNS상에서의 입소문을 어떻게 만들어낼까에 초점을 맞추는 것이 좋다.

이는 물론 일반론으로 '집계상 다수파의 응답을 중시하는 것이 좋다'는 맞지만 반드시 이 결과만으로 세 가지 P를 정하라는 것은 아니다. 어디까지나 자사의 강점이나 현실적인 제약 등 다양한 사정을 고려해 결정해야 한다.

3,000~5,000엔이라는 가격대에서 이미 많은 기업이 경쟁하고 있을지도 모른다. 게다가 자사가 기술적인 강점을 가진 소재나 디자

인 등을 살려 차별화하려면, 이 가격대로는 거의 이익을 낼 수 없는 상황일 수도 있다. 그 경우 '대상이 되는 고객 수가 이 데이터 분만큼 줄어든다'는 것을 각오하고, 그래도 택해야 할 전략이 있다면 그것은 그것대로 좋은 판단이다. 판로나 홍보 매체에서도 마찬가지다.

처음에 말했듯이 마케팅 분석은 '나선적인 과정'이다. 기껏 여기까지 좋은 느낌으로 왔다고 해도 마지막에 네 가지 P를 구체화시키는 단계에서 아무래도 현실이 어렵다거나, 자사의 강점과 적합성이 좋지 않다는 등의 사실을 알게 될지도 모른다.

애써 얻은 분석 성과를 버리는 것은 유감스러운 일이다. 그럴 때는 최초의 시점에서는 그 세분 시장과 자사의 강점과의 관련성조차 몰랐음을 기억해내기 바란다. 아무것도 모른 채 상품을 개발하고 실패하는 것에 비하면, 어떤 시장세분화나 전략에 '적합성이 좋지 않음을 알았다'는 것만으로도 큰 발견이다.

시제품이나 전단지에 의한 테스트 마케팅

다행히 구체적인 네 가지 P를 알았다면 그것이 과연 성공할지 시제품을 만들어 테스트 마케팅을 해보자. 설계나 제품에 비용이 든다면 CG로 만든 '가공의 상품 이미지가 인쇄된 전단지'를 디자인만 해도 된다.

목표로 하는 세분 시장에 해당하는 사람을 조사회사에서 소개받거나, 고객이나 관계자들을 부르거나 해서 조사 협력자를 모으고 그들을 랜덤하게 반씩 나눈다. 한쪽에게는 분석의 결과 생각한 '네 가지 P의 전단지'를 보여주고 다른 한쪽에게는 '현재 자사 제품의 전단지'를 보여준다. 우선은 그 결과, 전단지에 실린 상품을 구매하고 싶다고 생각하는지 여부를 묻고, 이것을 아웃컴으로서 두 그룹 사이에서 비교한다. 이 차이가 오차나 자료상의 우연성에 의해 발생할 수 있는 수준을 넘어서고 동시에 비즈니스적인 이점으로도 충분히 만족할 만하다면 당신은 유망한 마케팅 전략을 발견했다고 말해도 된다. 더욱이 그 후 조사 협력자들을 상대로 어떤 점이 좋다고 생각하는가 안 좋다고 생각하는가를 인터뷰하면 지금까지는 깨닫지 못했던 세세한 부분이나 근본적인 포지셔닝의 결함을 알아차릴 수도 있다.

여기까지 철저하게 접근했다면 분명 당신의 회사에서도 새로운 시장과 혁신적인 마케팅 전략을 발견할 수 있을 것이다.

3장 정리

이번 장에서 한 이야기를 정리하자.

1장에서 소개한 경영전략의 요소로 '어떤 시장에서 싸울 것인가'라는 외부환경과 사내의 역량, 경영자원 등의 강점을 소개했다. 2장에서는 역량이나 경영자원 등을 보다 깊게 파헤치기 위해 직원이라는 사람을 축으로 논의했다. 이번 장에서는 외부환경을 구체화하기 위해 고객을 축으로 한 설명이다.

우수한 직원과 그렇지 않은 직원의 생산성 이상으로, 우량한 고객과 그렇지 않은 고객이 자사 제품에 지불하는 금액의 차이는 크다. 그러므로 차이가 어떻게 생기는지 분석하는 것은 유용성이 높을 수밖에 없다. 시장에는 자사 제품에 전혀 가치를 느끼지 않는 사람도, 스스로 원해서 큰 매출을 발생시켜주는 고객도 다양하게 섞여 들어온다.

이렇게 옥석이 혼재한 상태인 채로 광고의 인지율을 높인다든지, DM의 발송방법을 최적화하는 등의 일을 하기보다는, 자사에 있어서 중요한 고객은 어떤 사람인지를 이해하는 것이 가장 먼저 해야 하는 작업이다. 그들이 어떻게 생활하고, 무엇을 생각하고 좋아하는지 알아낸다. 그런 다음 그들이 강하게 원하는 전체적인 포지셔닝이나 네 가지 P, 즉 제품, 가격, 판로, 판촉활동의 각 요소를 통제한다. 그렇게 하면 자연히 물건은 팔릴 것이라는 게 현대 마케팅의 근간에 있는 생각이다.

이런 마케팅을 실천하기 위해 이 장에서는 크게 나누어 두 단계의 분석을 소개한다. 1단계는 '누구에게 팔 것인가'를 생각하는 시장세분화 분석, 2단계는 '무엇을 어떻게 팔 것인가'를 위한 포지셔닝 분석이다.

먼저 시장세분화 분석에서는 광고기획사나 조사회사 등이 관리하는 싱글 소스 데이터를 사용해, 거기에서 좋은 세분 시장을 발견하기 위한 방법에 대해 이야기했다. 지금까지 소개한 분석과는 달리 이 단계에서는 '아웃컴이 바람직한지 그렇지 않은지의 차이는 무엇인가'를 생각하는 것이 아니라, 마케팅 전략에 대한 반응의 유사성, 세분 시장에 해당하는 사람 수, 각각의 평균 객단가 등을 종합적으로 고려하는 것이 바람직하다.

그러기 위해 우선은 싱글 소스 데이터에 대한 군집분석을 하고, 각 세분 시장에 '딱 떨어지는' 이름을 붙일 수 있는 분류를 탐색한다. 그것이 끝나면 각 세분 시장에 해당하는 사람 수나 객단가, 거기

아웃컴	(유사성과 매출이나 사람 수, 경쟁의 격렬함이나 자사와의 적합성 등을 종합적으로 평가)
해석단위와 그 범위	(잠재) 고객
설명변수 예	• 성별 · 나이 · 직업 등의 인구통계 • 거주지 인구 규모 · 인구 밀도 등 • 라이프스타일이나 개성 등의 심리 특성 • 가치관 · 제품의 사용 상황 · 제품에 대한 태도나 충성도 등의 행동 특성
데이터 소스 예	광고기획사 · 조사회사 등에서 입수할 수 있는 싱글 소스 데이터 등
분석방법	(k-means 방법 등을 이용한) 군집분석

에 자사의 강점/약점과의 적합성 문제나 타사와의 경쟁의 격렬함 등을 종합적으로 판단해 어떤 세분 시장을 타깃으로 할지를 판단한다(〈도표 3-12〉).

목표로 하는 세분 시장이 정해지면 '무엇을 팔 것인가'라는 포지셔닝 분석에 들어간다. 여기서의 아웃컴은 기본적으로는 매출인데, 대신 구매빈도나 구매단가 또는 본문에서 이야기한 것과 같은 '일정 이상의 빈도/금액의 구매가 있는지 아닌지'와 같은 분석을 하는 경우도 있다.

설명변수는 시장세분화 대목에서 이야기한 것과 같은 인구통계나 거주지의 지리적 특성 등 이외에 통합행동이론에 토대한 인터뷰 등의 질적조사를 해 뽑는다. 거기에서 얻어진 태도, 규범, 자신감 등의 구매 행동제어요인에 대해서도 분석하는 것이 바람직하다.

아웃컴	매출(또는 그것을 대신하는 구매빈도나 구매단가)
해석단위와 그 범위	타깃 세분 시장에 속한다고 생각되는 (잠재) 고객
설명변수 예	• 시장세분화로 나타낸 것과 같은 인구통계 • 지리적 특성 · 심리 특성 · 행동 특성 • 질적조사를 항목화한 태도 · 규범 · 자신감 등의 행동제어요인
데이터 소스 예	질적조사를 토대로 만든 설문지를 이용해 하는 웹/설문조사
분석방법	(단계적 방법 등의 변수 선택을 이용한) 다중회귀분석 · 로지스틱회귀분석

당연히 이들은 일반적인 싱글 소스 데이터 등에는 존재하지 않는 독자적인 조사 항목이 되므로 데이터 소스로 웹이나 설문지 조사가 필요해진다. 분석방법은 1장이나 2장에서 이야기한 것과 마찬가지로 변수 선택을 하는 다중회귀분석이나 로지스틱회귀분석이다(〈도표 3-13〉).

어떤 설명변수가 아웃컴과 관련되어 있는지를 안다면, 다음으로 생각해야 하는 것은 '설명변수를 어떻게 하면 바람직한 방향으로 변화시키는가'다. 또는 '설명변수가 바람직한 상태가 아니라도 '문제없게' 하기 위해서는 어떻게 하면 되는가'다. 본문에서 든 예로 말하자면 '바빠도 운동할 수 있다'라는 설명변수가 중요하다고 여겨지는 경우 많은 사람에게 '바빠도 운동할 수 있다'고 생각하게 하거나 또는 그렇게 생각하지 않는 사람에게도 '이러면 운동할 수 있을 것 같다'라고 마음을 바꾸게 하는 것이다. 이런 접근법이 새로운 포지셔닝의 가능성을 제시한다.

분석으로 어느 정도 유망한 포지셔닝 아이디어를 얻었다면, 지금까지의 데이터를 다양한 관점에서 집계하고, 타깃으로 하는 세분시장에 그 아이디어가 유효할지 또는 제품에서 의식해야 하는 세세한 점이나 가격대, 판로, 판촉활동을 어떻게 하면 좋을지 등의 참고 정보를 얻는다.

마지막으로 이들 정보를 토대로 제품이나 가공의 판촉 물건(전단지나 CG를 포함한 동영상)을 만든다. 그리고 그것이 고객에게 어떻게 평가되는지 검정한다. 검정의 성과가 훌륭하다면 그것은 무사히, 새로운 유망 마케팅 전략이 탄생했다는 말이다.

이런 시장세분화, 포지셔닝, 구체화를 위한 네 가지 P, 그리고 테스트 마케팅이라는 각각의 단계는 '나선적'이다.

마케팅전략이란 구체적으로 말하면 제품에 탑재해야 하는 기능성, 본체와 포장 디자인, 가격대와 과금 체계, 출점 장소나 중요시해야 하는 유통 파트너, 광고매체, 카피, 광고 디자인 등 모든 요소를 포함하고, 이것들은 얼마든지 통제할 수 있다. 그리고 어떤 고객에게는 멋지고 좋은 것이 다른 고객에게는 심한 불쾌감을 불러일으키는 경우도 있다.

이것들을 모두 자사의 중요 고객에게 적합성이 좋고, 수익성이 높은 것으로 바꿔갈 수 있다면, 분명 그만큼 큰 이익을 올릴 것이다.

의사결정나무분석과 랜덤 포레스트

통계방법에 상관없이 나무(모양)그림 형식으로 경우 나누기를 해가는 것을 '의사결정나무'라고 부르며, 데이터에 토대해 가장 적절하다고 생각되는 조건 나눔을 반복하여 의사결정나무를 그리는 것을 의사결정나무분석이라고 한다.

그럼 '적절하다고 생각되는 조건 나눔'이란 무엇인가? 일반적으로 '아웃컴의 차이를 가장 선명하게 만드는가 아닌가'로 평가된다. 이 점에 대해 본문에서도 언급한 다음 쪽의 도표를 사용해 설명한다.

〈도표 3-14〉의 맨 위에 있는 네모 안의 분석 대상자는 1,000명, 아웃컴으로 하는 객단가(1인 고객으로부터 얻을 수 있는 매출)의 평균값은 8,500엔이다. 설명변수의 후보로는 성별, 나이, 거주지, 심리 특성 등이며 거기에서 다양한 조건 나눔을 생각할 수 있다. 성별이라면 '남성인가 여성인가', 나이라면 '20세 이상인가 미만인가' '21세 이상인가 미만인가'와 같이, 어떤 설명변수에 대해서도 몇 가지 나눔을 생각할 수 있다.

이들 다양한 나눔 조건 중 대략적으로 말하면 아웃컴, 즉 이 경우 평균 객단가가 '이 조건을 만족시키는 사람은 높고 그렇지 않은 사람은 낮다'는 차이가 큰 것을 찾는다. 동시에 한쪽 그룹에 해당하는

사람 수가 한두 명밖에 없다는 것과 같이 극단적으로 치우치지 않게 어느 정도 균형 있게 나눈다.

나눔 조건이 좋은지 평가에 사용되는 지표로는 정보 엔트로피나 지니계수, 카이제곱검정(Chi-squared test) 등이 있으며, 이중 어떤 지표를 쓰는지에 따라 다른 분석방법으로 구별된다.

정보 엔트로피를 사용하는 방법에는 C4.5나 C5.0이라 불리는 것이 있으며, CART(Classification And Regression Tree의 약칭)라 불리는 방법에서는 지니계수가 사용되는 일이 많다. 카이제곱검정을 사용하는 방법은 CHAID(Chi-squared Automatic Interaction Detection)라고도 불린다. 전작《실무활용 편》에서 분할표에 대한 분석방법으로 카이제곱검정을 소개했는데, CHAID란 생각할 수 있는 한의 분할집계를 하고, 그것들을 카이제곱검정에 의해 평가하려는 것이라고 이해하면 된다.

그렇게 해 어떤 조건으로 데이터를 나눠야 하는지를 결정하면 분할된 데이터도 역시 '어떤 조건으로 데이터를 분할해야 하는가'를 생각한다. 이런 처리를 여러 번 반복하면 앞에서 제시한 것과 같은 나무그림이 그려지는 것이다.

나눔 조건의 평가지표 이외에도 한 번의 나눔에 두 그룹 아니면 세 그룹 이상의 분할도 있을 수 있다든지, 어떤 상황이라면 더 이상 나눌 수 없다고 판단해 종료할 것인지 하는 점으로도 분석방법을 구별할 수 있다. 또는 모든 나눔을 리그 방식으로 하지 않고 빠른 속도로 나눔 조건을 탐색하기 위한 특수한 알고리즘도 고안되어 있다. 이와 같이 다양한 연구나 조건을 포함해 의사결정나무분석방법이 마련되어 있다.

앞의 나무 그림에 대한 설명으로 돌아가자. 모든 분석 대상자 1,000명의 평균 구매금액은 8,500엔인데, 이것을 나이가 49세 이하인가 50세 이상인가 하는 조건으로 나누면 좋다고 판단된 듯하다.

그 결과 49세 이하 집단은 600명으로 평균 구매금액은 7,500엔, 한편 50세 이상에서는 평균 구매금액이 1만 엔인 사람이 400명이다. 평균 구매금액 차는 2,500엔이다. 이 집단을 어떤 설명변수의 조건으로 더 나누면 좋을지 탐색해 49세 이하의 집단에서는 규슈에 살고 있는지라는 거주지 조건으로 나눈 경우 그 차이가 가장 명확해진다. 한편 50세 이상의 집단에서는 남성이냐 여성이냐로 나눔으로써 가장 명확한 차이가 생긴다.

본문에서 이야기한 '교호작용'이 있으면 의사결정나무분석에서 이런 결과가 얻어지기도 한다. 나이와 성별, 거주지 사이에 교호작용이 없다면 나이에 상관없이 성별이나 거주지 차이에 따른 객단가의 차이가 일정하다는 뜻이다. 이 경우 나이가 50세 이상인 집단에서도 49세 이하인 집단에서도, 그 후 등장하는 '최적의 나눔 조건'으로서는 같은 것이 나오게 된다. 그러나 실제는 나이가 많은 사람에 대해서는 성별 차이에 착안해야 하며, 낮은 사람에 대해서는 거주지에 착안하는 것이 '보다 명확한 차이가 보일 것'으로 판단되었다.

더 나아가 복수의 계층에 걸친 조건 나눔을 하면, 몇 가지나 되는 설명변수를 조합한 복잡한 교호작용이 존재한다 해도 '가장 객단가가 높은 듯한 집단은 어떤 설명변수의 조합으로 기술할 수 있는가'를 발견할 수 있다. 이 점이 회귀분석 등과 비교한 의사결정나무분석의 좋은 점이다.

한편으로 의사결정나무분석은 1회 1회의 나눔에 대해서는 (특정 지표에 토대한) 최적의 판단을 했다 해도 그것들을 조합한 조건에 따라 '가장 객단가가 높은 집단'을 식별할 수 있을지 여부는 보장되지 않는다.

최초의 나눔의 조건을 다른 것, 즉 그것 하나만으로는 변별력이 떨어지는 것으로 바꾼 결과 두 번째 나눔 조건으로 가장 좋은 것도 바뀌게 되며 그럼으로써 세 번째 나눔 조건도 바뀐다…와 같이, 조건의 조합이 완전히 변해버리기도 한다. 그 결과 전체적으로는 자주 '가장 객단가가 높은 집단'이라고 식별되는 경우도 생긴다.

이런 문제를 해결하기 위해 요즘의 기계학습적인 접근법으로, 랜덤 포레스트(여러 개의 무작위 의사결정나무로 이루어진 숲)라고 불리는 방법도 등장했다. 일부러 랜덤하게 뽑아낸 몇 가지 설명변수만으로 의사결정나무분석을 하는 과정을 여러 번 되풀이하는 것이다. 나무가 많기 때문에 숲이다.

그렇게 해 얻어진 몇 개의 나무 결과를 그 기능이나 성질에 맞는 가중치를 두어 합산함으로써, 보다 전체 최적에 가까운 형식으로 아웃컴을 식별하려는 것이다.

랜덤 포레스트는 이처럼 강력한 방법이지만 한 가지 아쉬운 점이 있다. 본문에서 여러 번 소개해온 회귀분석과 같이 '어떤 설명변수를 늘리면 돈을 벌 수 있는가'라든지, 의사결정나무분석과 같이 '어떤 집단의 객단가가 높은가'처럼 언어화하기 쉬운 형태로 결과가 제시되지 않는 것이다. 그래서 비즈니스상의 아이디어로 이어지는 정보를 사람의 머리로 인식하는 게 어려워진다.

'복수의 다양한 설명변수를 사용해 얻어진 의사결정나무분석 결과를 그 성능에 맞춰 합산한 결과'란 인간이 한마디로 표현하기에는 복잡한 정보다. 그러므로 다음 장에서 자세히 이야기하듯이, 화상 인식이나 기계의 고장 탐지 등, 어쨌든 정확하게 '예측'하고 싶다는 목적에는 사용할 수 있지만, 어떻게 하면 좀 더 이익을 올릴 수 있을까 하는 '통찰'에는 별로 맞지 않는 방법이다.

실무 개선을 위한 통계

제품의 품질과 공정의 생산성 개선이라는 면에서 일본 기업은 과거 반세기 이상 데이터 분석을 잘해왔다. 반대로 말하면 품질과 생산성 이외의 관점에서는 거의 데이터를 사용해오지 않았다는 것이다. 비즈니스에는 다양한 영역이 있으며 이 모두를 데이터를 통해 개선할 수 있다. 이제 제조 이외의 업무 영역도 분석해야 한다. 그럼 어떤 영역에서 어떤 분석을 해야 할까? 애초에 어떤 업무 영역에서 데이터 분석을 해야 하는가? 지금까지 리서치 디자인이라는 생각을 접한 여러분이라면 이해하기가 어렵지 않을 것이다.

01
데밍의 새로운 매니지먼트

지금까지 경영전략과 사내 인적자원관리, 사외 마케팅 관리의 분석과 활용방법을 알아보았다. 이 모두는 기업의 수익성을 향상시키는 주요 기둥이 된다.

극단적인 이야기로, 우수한 인재가 적절한 업무를 받아 높은 동기로 일하고, 게다가 싸워야 하는 시장과 거기서 취해야 할 포지셔닝을 잘못 선택하지 않는다면 그만큼 충분한 이익이 얻어질 것이다. 그런데 이런 상황에서 더욱 높은 수익성을 창출하려면 실무 영역의 개선이 필요하다.

사우스웨스트 항공은 미국의 경기 변동이나 항공업계의 부침에도 불구하고 1973년 이래 40년 이상 연속 흑자를 내고 있으며, 고객 만족도도 언제나 최고 수준이다. 그 때문에 그들은 비즈니스스쿨의 사례 연구 대상이 되고 비즈니스 서적에서 수없이 다루어졌다.

구체적으로 전략이라는 관점에서는, 그들이 국내선의 근거리 수송에 집중했기 때문에 성공했다고 지적되었다. 마케팅 전략 또는 포지셔닝 관점에서는 저운임과 유머러스한 광고로 고객에게 친밀감을 얻어낸 것도 성공요인이라고 여겨진다. 인사전략 관점에서는 서비스 정신이 넘치는 인재를 뽑고 높은 직원 만족도를 유지하고 있다는 점도 많이 든다.

그러나 그것만이 아니라 그들은 실무 개선에도 집중했다.

비행기는 공중에 있을 때는 가치를 낳지만 지상, 즉 공항에 착륙해 있을 때는 비용만 낳는다. 이런 생각을 토대로, 그들은 착륙에서 다음 이륙까지의 유지 · 보수 작업시간을 최대한 단축시켰다. 먼저 비행기를 전사적으로 소형 제트기인 보잉 737로 통일해 정비공이 알아야 하는 정보의 양을 줄였고 착륙 후 청소는 객실 승무원이 간단하게 하도록 했다. 또 이코노미석과 비즈니스석의 구별을 없애 모든 좌석을 자유석으로 했다. 심지어 공항 이용료가 저렴한 작은 공항에서 이착륙을 하며 연료 가격이 싼 주에서 급유할 수 있는 경로를 만든다고 한다.

이렇게 비용을 삭감해 사우스웨스트 항공은 고객에게는 낮은 가격을, 직원에게는 충분한 보수를 제공하면서도 매년 이익을 더 낼 수 있었다.

'저가 전략을 취하라' '직원 만족도를 중시하라' 등의 전략을 흉내 내려 하는 것은 간단하지만 이익이 나도록 하기 위해 무엇을 해야 하는가 하는 실무와 조화가 되지 않으면 그 전략은 실행 불가능하다.

단지 비용을 삭감할 뿐이라면 인건비를 줄여도 된다. 그러나 이는 직원 만족도에서는 치명적이다. 반대로 착륙에서 이륙까지의 청소를 '간단하게 한다'와 모든 좌석을 자유석으로 하는 등의 비용 삭감은 저렴한 항공권을 선택하는 고객 세분 시장과 좋은 적합성을 가진다. 앞에서 이야기한 QB하우스와 마찬가지로 '중시해야 할 점은 중시하고 그렇지 않은 점은 과감하게 줄이거나 없앤다'는 선택이 잘 기능했기 때문에 사우스웨스트 항공은 성공할 수 있었다. 즉 비용만 삭감하면 되는 것이 아니라 실무 개선이 모두 전체 전략에 반하지 않는 것이어야만 한다는 말이다.

사우스웨스트 항공뿐만 아니라 많은 성공한 기업은 이런 경영전략과 조화가 되는 실무 개선 연구와 실무력 향상 노력을 지속하는 기업문화를 갖고 있다. 예전에 확대일로였던 PC시장에서 저가와 BTO(Built to Order) 방식을 무기로 성공해온 델(Dell)은 자사 제품에서 나사를 하나 줄이려면 어떻게 설계하면 좋을까 하는 노력을 계속했다고 한다. 나사를 하나 줄이면 조립시간이 4초 줄어든다. 그것이 전사적인 수준에서 큰 이익으로 이어진다는 것을 그들을 잘 알고 있었다.

가이젠으로 빌 클린턴을 도운 통계학자

이런 실무 개선을 쌓아 경쟁자원으로 삼는 방식은 원래 일본 제조업의 무기였는데 거기에서는 데이터도 큰 역할을 담당했다. 도요타 등의 기업을 필두로 일본의 제조업에서 행해지는, 데이터를 보면서 현장 수준에서 생산성이나 품질을 향상시키는 QC 활동(품질관리, quality control)을 구미의 비즈니스스쿨에서는 가이젠(kaizen)이라는 이름으로 가르치고 있다.

1980년대 미국의 저널리스트나 경영학자들은 '왜 일본 기업이 이렇게 성공을 거두고 있는가'에 관심을 가졌는데, 그들이 낸 답 가운데 하나가 이 가이젠이다.

이런 문화가 기업에 뿌리박혀 있다는 것은 일본인으로서 자랑스럽기는 하지만 이것은 갑자기 일본에 유행하거나 옛날부터 쭉 이어져 내려온 전통은 아니다. 전후 연합군 최고사령부와 함께 미국에서 온 통계학자 W. 에드워즈 데밍(William Edwards Deming)이 씨를 뿌리고, 이시카와 가오루(石川馨) 등을 필두로 한 일본의 통계학자와 공학자들이 체계를 세움으로써 싹을 틔운 것이다. 그리고 많은 일본 기업 경영자나 매니저, 엔지니어들이 실무에 적용해 가이젠이라는 커다란 가치를 낳았다.

데밍은 그때까지 미국 본토에서는 별로 이름이 알려지지 않았다고 하는데, 1980년대에 '일본의 성장을 지탱해온 사람이 그였단 말인가' 하고 미국에서 각광을 받게 되었다. 그리고 포드를 시작으로 미국 기업이나 연방정부의 컨설팅을 하게 된다. 빌 클린턴 정권하에서 1990년대 미국은 엄청난 경제성장을 이루어 '훌륭한 10년(The Fabulous Decade)'이라 불렸는데 이때도 데밍이 정부 위원으로 관여했다고 한다.

데밍은 회계상의 숫자나 부하의 성과를 보고 칭찬을 하거나 주의를 주거나 때로는 해고하거나 사업별로 매각하는 등, 이른바 미국적인 관리방식에 비판적이었다. 미국 기업에서 연수할 때에도 초기 단계에 다음과 같은 구슬 실험으로 미국적 매니지먼트의 한계를 보여주었다.

구슬실험 개요

- 빨간 구슬과 하얀 구슬이 섞인 커다란 그릇이 있다
- 이중에서 빨간 구슬은 '불량품'이라는 설정이다
- 데밍이 '인상이 좋지 않은' 매니저 역할을 맡고, 연수 참가자 중 작업원 역할을 뽑는다
- 작업원 역할에게는 구멍이 뚫린 국자를 지급한다
- 데밍은 작업원 역할을 하는 사람에게 '올바른 순서'를 지시하고 작업원 역할을 맡은 사람은 열심히 빨간 구슬이 섞이지 않도록 국자로 50개의 구슬을 건진다
- 1회의 시행이 '하루 분의 작업'으로 간주되며, 며칠 분 정도 이 작업을 반복한다
- 불량률에 따라 데밍은 작업원 역할에게 주의를 주거나 칭찬하는 매니지먼트를 한다

그를 소개한 《데밍 덕분에 되살아난 미국 기업》(안드레아 가보 Andrea Gabor)에는 실제 1989년에 인디애나폴리스에서 한 이 구슬 실험의 결과가 나와 있다. 여기서 소개해본다.

리스터, 존, 조디 등 여섯 명이 작업원 역할로 참가해 첫날 성적 은 조디의 불량품 수가 다섯 개로 가장 적고 폴린과 앨은 열두 개나 불량품을 냈다. 이것을 본 '인상이 나쁜' 매니저 역할의 데밍은 조디 를 칭찬하고 '어이, 이것 봐. 조디는 다섯 개까지 불량품을 줄였잖아' 하고 다른 작업원들에게는 주의를 준 다음 '그에 비해 폴린과 앨은 너무나 유감스럽다'라고 책망한다. 그리고 의욕과 능력이 넘치는 조디를 승진시킨다(〈도표 4-1〉).

그러나 이틀째 이후 조디의 불량률은 날마다 증가한다. 이것을 본 매니저는 화를 낸다. 첫날의 성공으로 우쭐대고 있는 건 아니냐 고 조디에게 주의를 준다. 그리고 닷새째에는 첫날부터 성적이 나빴 던 댄, 폴리, 앨을 해고하고 나머지 세 명에게 두 배로 일하게 하지만 전체적으로는 불량률이 전혀 떨어지지 않는다. 이것이 미국적 매니 지먼트가 매일 되풀이하는 일이라고 지적한 것이다(〈도표 4-2〉).

하지만 통계학을 안다면 진짜 문제를 금방 깨닫는다. 사실 구슬 을 꺼내는 커다란 그릇 안에는 20% 비율로 빨간 구슬(불량품)이, 80% 비율로 하얀 구슬이 잘 섞인 상태로 들어 있었다. 이런 상황에 서 국자 각도를 45도로 유지하도록 주의하라는 '매니저가 지시한 올바른 순서'에는 불량률을 떨어뜨리는 효과가 없다. 불량품 개수 는 어디까지나 순수하게 확률적인 분산만으로 설명되어버린

구슬 실험 결과(1일째)

불량품 수

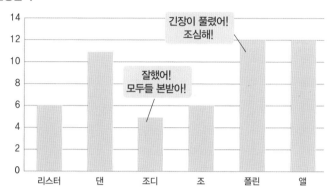

그 후 조디의 성적

불량품 수

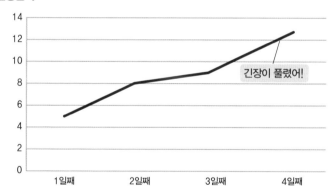

다. 전문용어로는 이항분포라고 하는데 고등학교에서 배운 '경우의 수'를 사용하면 되는 수준의 계산으로, 어느 정도의 확률로 50개 중에 몇 개의 불량품이 나오는지를 알 수 있다(〈도표 4-3〉).

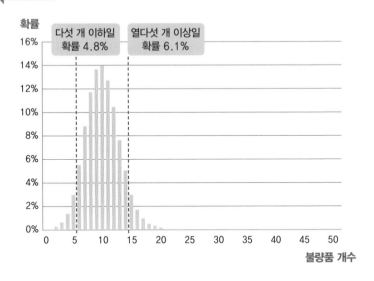

도표 4-3 불량품 수의 이론상 분포(빨간 구슬 비율은 20%)

다섯 개 이하일 확률 4.8%

열다섯 개 이상일 확률 6.1%

확률

불량품 개수

실제 불량품 수가 다섯 개 이하가 될 확률을 전부 더하면 4.8%다. 한편 열다섯 개 이상이 될 확률도 6.1%다. 즉 여섯 명이 5일 분을 되풀이하면 그중 누군가가 한 번쯤 불량품이 다섯 개 이하가 되기도 하고, 반대로 열다섯 개 이상이 되기도 한다. 불량품 수가 열 개 전후가 되는 것은 극히 일반적이다. 이번에는 우연히 그 '다섯 개 이하'에 해당된 사람이 첫날의 조디였을 뿐이라는 말이다. 특별히 의욕이나 능력이 높았던 것도 아니고, 그 후 열 개 정도의 불량품을 냈다고 해서 불량품 수가 증가한 것도 아니다. 이것은 열두 개의 불량품을 낸 폴린이나 앨도 마찬가지다.

이처럼 단순하게 확률적인 문제로 우연히 좋았던 경우를 칭찬하고 나빴던 경우에 주의를 주며, 경우에 따라서는 해고한다는 방식은

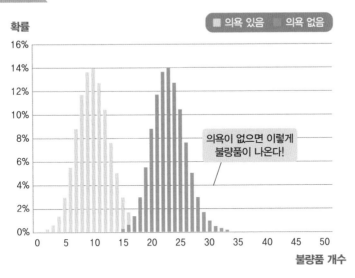

도표 4-4 통계학적 원인 탐색

전혀 의미가 없다. 애초에 확률적인 분산이 바뀌지 않은 이상 뭔가 가 개선되는 일은 없다.

드러커는 매니지먼트에서 목표에 의한 관리(MBO: Management By Objectives)가 중요하다고 했는데, 목표만을 지시하고 달성했는 가 못했는가에 의해 칭찬하거나 비난해도 상황은 전혀 변하지 않는 다. 이번과 같은 상황에서 매니저가 '불량품 수를 세 개 이내로 하라' 는 목표를 부과하는 것은 자유다. 그러나 그것은 거의 어느 누구도 달성 불가능하며 그저 매일매일 누군가를 질책하거나 해고하는 일 을 되풀이하는 사태를 초래하고 만다.

통계학을 알고 있다면 이런 사태는 피힐 수 있다. 정말로 '의욕이 없는 탓에 불량품이 늘었다'라는 가설이 신경 쓰인다면 사전에 적절한 형태로 직원의 '의욕'을 측정하고 그 후 불량품 수를 조사해보면 된다. 그 결과 〈도표 4-4〉와 같은 데이터가 얻어진다면 직원의 동기 관리를 함으로써 열 개 정도의 불량품 수 감소로 이어질 수도 있다.

'분산의 배후에서 영향을 미치는 원인'에 대처하자

데밍에 따르면 매니지먼트 업무란 이런 분산의 배후에서 무엇이 영향을 미치는지를 생각하고, 근본적인 원인에 대처하는 행위다.

이번의 구슬 실험이라면 애초에 그릇에 든 붉은 구슬의 비율을 낮추면 작업자의 의욕 등보다 훨씬 더 불량품 수를 줄일 수 있다. 현실의 비즈니스로 말하면 원재료의 구매처를 바꾸는 행위에 해당한다. 또는 '매니저가 지시하는 올바른 순서에 토대해 한 번만 국자로 구슬을 건진다'는 업무를 변경해도 좋다.

만약 빨간 구슬의 비율이 높을 것 같다면 작업자 스스로가 판단해 다시 할 수 있게끔 권한을 위임해도 불량품 수가 감소한다. 그것이 효율 좋은 일인지는 일단 제쳐두고 20회 이상 도전하면 그중 평균 1회 정도는 다섯 개 이내로 불량품 수를 낮추는 것도 가능하다. 또는 작업자에게 핀셋을 나눠준다는 '설비 투자'를 해도 좋다. 이것으로 작업자는 빨간 구슬과 하얀 구슬을 바꿔 넣을 수 있다.

이는 듣기에는 간단하지만, 과연 여러분의 회사에서는 생산성을 높이기 위해 '분산에 의해 제시된 결과'가 아니라 '분산의 배후에서

'영향을 미치는 원인'에 대처하는 일이 가능한가?

이런 업무 개선은 주의 깊게 현장을 보고 있는 동안 깨달을 수도 있고, 단순히 우수한 직원을 배치하고 권한을 위임하면 저절로 깨달을 것으로 생각하기도 한다. 그런 정성적인 접근법을 보완하고 지금까지 깨닫지 못했던 시점을 부여해주는 것이 데이터의 힘이다. 사내에 축적된 데이터를 분석해 생산성을 높이거나 비용을 삭감하기 위해 지금 무엇을 해야 하는가 하는 시사점을 얻을 수 있다.

02
부분최적에서 전체최적으로

데이터를 적절하게 모으고 분석하면 기업의 어떤 영역에서도 생산성을 향상시키기 위한 시사점을 얻을 수 있다. 많은 사람이 이를 잘 인식하지 못하지만 마케팅이나 제조 등의 영역에서는 비교적 데이터가 많이 (비록 집계에 그치고 만다 하더라도) 활용된다. 그런데 조달이나 물류 같은 영역에서는 데이터가 별로 활용되지 않는다. 미디어나 컨설팅 회사 등에서 얻는 '빅데이터 사례'도 영역이 치우쳐 있는 경우가 많다.

이는 참으로 안타까운 상황이다. 데이터를 분석하고 거기에서 시사된 행동을 실행한 경우 얻을 수 있는 이점은 지금까지 데이터를 사용하여 생산성 향상이 이루어지지 않았던 여타의 영역 쪽에서 더 크다.

사내에 잠들어 있는 광대한 개선 영역

여기서 내 경험을 소개한다. 집계 베이스라 해도 비교적 제대로 마케팅 조사를 하는 회사가 3장에서와 같은 '좀 더 고도의 데이터 활용방법'을 취했다고 하자. 이럴 때의 성과는 1회의 프로젝트별로 매출이 제로 콤마 몇 % 정도는 올라갈 수 있는 것 아닌가 하는 아이디어가 복수(몇 개~십 몇 개 정도) 나오는 정도의 이미지다.

100억 엔 정도 매출이 있는 사업이라면 수천 만 엔 정도 매출이 올라갈 수 있는 것 아닌가 하는 아이디어가 몇 가지나 나온다. 거기에서 점장이나 바이어에게 업무 연결을 해주기만 하면 된다 등 당장이라도 할 수 있을 듯한 조치부터 시험해본다(몇 번이나 말하듯이 가능하다면 여기서 랜덤화 비교실험을 한다).

그것을 거의 해냈다면 다른 사업이나 측면에서 다시 분석 프로젝트를 실시한다. 이것을 계속해가면 세상이 약간 불경기라 해도 마케팅 영역의 개선만으로 반드시 연매출을 몇 %씩 향상시킬 수 있다.

이것이 제조, 그중에도 품질에 관한 것이라면 다소 고도의 방법을 사용한다 해도 개선할 여지는 상당히 제한된다. 이미 많은 일본 기업이 반세기 이상 현장의 지혜와 데이터를 결집해 품질 향상에 노력하고 있다. 물론 제품에 따라 다르기도 하지만 불량률은 이미 몇 % 단위가 아니라 ppm, 즉 '100만 개 중에 몇 개'와 같은 단위로 표시된다.

여기서 불량률을 더 줄이겠다고 하는 것은 엄청난 수고이며, 그것의 목적은 이익 추구보다는 사회적 책임이나 기업 이념의 영역이 되는 경우조차 있다.

이쯤 되면 불량률이 낮다는 것이 그렇게 커다란 경쟁자원이 되지도 않는다.

그리고 불량품으로 클레임이 왔을 때, 깊은 사죄와 대체품 제공을 포함한 고객 서비스를 해봤자 연간 수백 만 엔 정도의 비용도 들지 않을 상황이라면 오로지 이 비용만을 삭감하기 위해 직원을 붙여 데이터 분석을 맡기는 방식은 비효율적이다.

조달이나 물류, 거기에 고객 서비스 등의 영역에서는 일반적으로 데이터가 별로 활용되고 있지 않다고 했는데 2장에서 이야기한 인적자원관리에 대해서도 똑같이 말할 수 있다. 많은 기업이 이런 영역은 단순집계 같은 형태로조차도 데이터를 활용하지 않는다. 경우에 따라서는 오랫동안 생산성을 향상시키려 하는 대응 자체가 이루어지지 않기도 했다.

여기에 이 책에서와 같은 데이터 분석의 대응을 하면 어떻게 될까? 앞에서 제시한 마케팅 영역에서보다도 효과가 높을 것이다. 지금까지의 내 경험에서 나온 감각 수치로 따지자면, 몇 %에서 경우에 따라서는 십 몇 % 정도 비용을 낮추는 아이디어가 떠오를 수 있다.

제품의 노령화나 소비기한이 지나서 재고를 파기하는 데 100억 엔의 비용이 들었는데 지금까지도 변변한 개선을 시도하고 있지 않았다고 해보자. 이런 경우 그중 수억 엔 정도 '잘하면 어떻게든 될 것 같은 것'이 데이터에서 제시된다. 생산성 향상이 제자리걸음이었으므로 거기에 약간만 노력을 들여도 크게 개선될 여지가 아직 얼마든지 남아 있다.

'병목'에서 시작하자

이런 생각에 토대해 일단 자기 부서에서 데이터를 활용해보는 것도 하나의 방법이다. 더 좋은 것은 전체최적이라는 관점으로, 지금 특별히 자사가 우선적으로 개선해야만 하는 영역을 생각하는 것이다.

경영학자, 컨설턴트이기도 하고 원래 물리학자였던 엘리 골드렛(Eliyahu Moshe Goldratt)은 베스트셀러가 된 《더 골》이라는 저서에서 경영의 전체최적을 위한 '제약조건이론'을 제시했다. 《더 골》은 미국에서 먼저 베스트셀러가 되고 다른 나라 말로 번역되었지만 오랫동안 일본어 번역만은 허가되지 못했다. 그 이유는 저자인 골드렛이 '일본인이 전체최적방법을 배우면 1980년대와 같이 미국 기업이 위협받을 수 있다'고 생각했기 때문이라고 한다.

골드렛에 따르면 일본인은 앞에서 이야기한 통계적 품질관리에서처럼, 국소 최적화에는 전 세계 누구보다 뛰어나다. 어떤 공장의 라인이나 부품 등을 아주 작은 단위로 쪼개 생산성이나 품질을 세세하게 개선해온 것이 1980년대 미국 기업을 위협할 정도의 경쟁자원이 되었다.

그러나 기업이 모든 면에서 국소 개선만 하면 전체최적으로 이어지느냐 하면 그렇지는 않다. 전체최적화는 일본인의 단점으로 여겨졌다. 그러면《더 골》에서 제시된 제약조건이론을 일본인이 배우고 전체최적화로 연결시키는 데까지 이르면 어떻게 될 것인가? 골드렛은 일본이 다시금 미국 기업을 위협할 경쟁력을 갖게 될 가능성이 있다고 전망했다.

제약조건이론이란 한마디로 '전체최적을 위해 먼저 가장 약한 곳을 찾아내 개선해야만 한다'다. 이 '가장 약한 곳'을 골드렛은 병목(bottle neck)이라고 했다. 병(bottle)의 목(neck)같이 거기만 좁아져 있는 곳이라는 이미지다.

극히 단순한 사례로 설명해보겠다. 어떤 제조사를 크게 세 개, 즉 원재료를 조달하는 부서와 가공부서, 영업·판매하는 부서로 나눈다. 여기서 조달부서가 매월 제품 1만 개 분의 원재료를 안정적으로 매입하고, 제조부서가 매월 1만 개의 제품을 만들고, 영업부서가 매월 1만 개를 판매하는 상황이라면 이것은 하나의 전체최적 상태라고 할 수 있다.

그러나 경영자가 '좀 더 영업력을 강화하고 싶다'고 영업 책임자를 바꾸고, 직원 채용방법이나 훈련방법을 개선해 수주도 두 배인 2만 개가 되었다고 하자. 이것 자체는 기쁜 일이지만 변함없이 1만 개 분의 원재료밖에 조달하지 못하고, 1만 개 분밖에 제조할 힘이 없다면 아무리 수주를 두 배로 받더라도 의미가 없다. 팔 제품이 없는 것이다. 결국 영업맨들은 기껏 주문해준 고객을 기다리게 하거나, 머리를 숙이고 취소하게 할 뿐인 결과가 되어버린다.

더욱이 공장에 문제가 생겨 매월 5,000개의 제품밖에 생산할 수 없게 된다면 어떨까. 원재료의 절반은 위약금을 물고 취소하거나 장소 비용을 지불하고 어딘가에 보관해야만 한다. 우수한 영업부는 다시 5,000개 분의 주문에 대해 머리를 숙이는 일을 되풀이해야 한다. 그 결과 회사에 들어온 것은 어디까지 5,000개 분의 매출뿐이다.

이런 상황은 전체최적화와는 멀어진 상태로 병목은 말할 것도 없이 5,000개밖에 만들 수 없는 제조능력이다. 이 병목이 있는 한 아무리 영업부가 우수해도, 아무리 원재료를 안정적으로 조달하는 능력이 있어도, 회사에 들어오는 돈은 5,000개 분의 매출밖에 없다. 하지만 거꾸로 말하면, 영업능력에 비해 낮은 조달과 제조능력을 개선할 수 있다면, 이 기업의 생산성은 크게 향상될 것이다(〈도표 4-5〉).

이것은 어디까지나 단순한 사례지만 부서 간 또는 부서 내에서도, 기업 내 모든 업무는 서로 연관되어 있으며 의존관계다. 거래처에서 납품되지 않은 것을 창고에 보관할 수는 없으며, 창고에 없는 것을 트럭으로 실어 나를 수는 없다. 마케팅에 의해 유망 잠재고객의 목록을 만들 수 없다면 영업활동의 효율은 눈에 띄게 떨어질 것이다. 공장이든 레스토랑의 주방이든 프로그래머가 모이는 개발실이든, 자세히 세분하면 얼마든지 업무의 연관성이나 의존관계를 볼 수 있다.

무엇이든 상관없으니 무조건 데이터를 이용해 성과를 높이라는 말을 들었을 때 당신이 경영전략이나 인적자원관리, 마케팅전략의

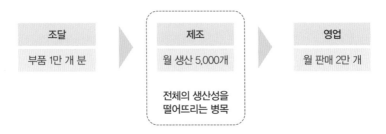

도표 4-5 기업의 병목 사례

조달	제조	영업
부품 1만 개 분	월 생산 5,000개	월 판매 2만 개
	전체의 생산성을 떨어뜨리는 병목	

변경에까지 권한이 미친다면 반드시 이를 시험해보기 바란다. 이것들을 근본적으로 새로운 눈으로 보는 것에 성공한다면 기업의 수익성이 크게 향상되기 때문이다.

그렇게까지 거창한 이야기는 어렵다면, 일단 자기에게 부여된 권한이 미치는 한에서 병목을 생각해보자. 아마도 그것이 당신이 가장 크게 전사적인 생산성 향상에 기여할 수 있는 분석과제일 가능성이 높다. 권한이 허용되는 범위에서 의존관계에 있는 전후의 자원을 쓸모없게 하거나 남게 하거나, 기다리게 하거나, 반대로 재촉하는 등의 악영향을 낳는 경우가 많은 곳을 찾아내는 것이다.

이상과 같은 점을 잘 이해한 다음, 기업의 다양한 부서에 있어서 어떤 아웃컴과 해석단위를 생각해 어떻게 분석하는 것이 좋을지를 알아보자.

03
가치사슬과
부서별 아웃컴, 해석단위

여기서부터 경영전략, 인적자원관리와 마케팅 이외의 모든 비즈니스 영역에서 부서별로 어떤 아웃컴과 해석단위를 생각하면 좋을지를 설명한다.

가장 문제가 되는 것은 부서나 업무를 어떻게 나눌 것인가다. 기업에 따라서는 조직을 나누는 방식이 다르며, 업무 내용은 같더라도 부서명이 다른 경우도 있다. 또 다른 기업에서는 나뉘어 있는 조직이 하나의 부서로 통합된 경우도 있다.

만약 내가 여러분과 개인 상담을 하게 된다면 업무 내용을 들은 다음 아웃컴이나 해석단위의 후보를 제안할 수 있을 것이다. 그러나 책으로는 그런 방법이 힘들다. 그래서 적어도 많은 기업에 있어서 최대공약수가 될 기준으로 기업 조직을 분류하고, 각각에 대해 아웃컴이나 해석단위의 정석을 설명하겠다.

가치사슬 사고방식

기업조직을 나누는 방식으로 경영학에서 가장 대중적인 것이 가치사슬(Value Chain)이다. 이는 포터의 《경쟁 전략》에 버금가는 또 한 권의 명저인 《경쟁우위 전략》에 제시되어 있는데 기업 활동별로 발생하는 '가치'와 '비용'을 〈도표 4-6〉과 같이 정리하려는 것이다.

포터는 《경쟁우위 전략》에서 어떤 시장에서 싸우는가 하는 포지셔닝만이 아니라 시장 내에서 우위성을 갖기 위한 기업 내 경쟁자원이나 역량에 착안했다. 이 책에서 제시된 가치사슬은 기업활동을 분류할 때 전 세계적으로 많이 이용된다.

포터에 따르면 기업활동은 '주활동'과 '지원활동'으로 크게 나뉜다. 주활동에서는 원재료를 구매해 운송(구매물류), 가공하거나 물건을 만든 후(제조), 완성품을 판매처까지 운송한다(출하물류). 그리고 마케팅이나 세일즈로 판매한 후 실제 제품을 사용하기 전후까지 관리한다(서비스).

한편 이들 공정에 공통적인 지원활동으로 기업 인프라, 인적자원관리, 기술개발 이외에 원재료나 필요한 자재를 구매하기 위한 조달활동 등이 존재한다. 사무환경을 정리하거나 회사 전체의 경리 작업을 담당하거나 하는 등의 총무나 경리 부문도 '회사 전체의 기초가 되는 인프라'라는 의미에서 기업 인프라로 분류된다.

물론 업종이나 기업 전략에 따라서는 이런 활동의 일부가 불필요하거나 일부만을 담당하기도 한다. 서비스업에는 물류 개념이

지원활동	기업 인프라					
		인적자원관리				마진
		기술개발				
		조달활동				
주활동	구매물류	제조	출하물류	마케팅과 영업	서비스	

거의 존재하지 않을지도 모른다. 반대로 AS를 일체 제공하지 않음으로써 싼 가격에 제품을 제공한다는 전략을 취하는 제조업도 존재할 수 있다. 그러나 이들 과정에 공통적으로 '적은 비용이나 자본으로 큰 가치를 낳는' 것이 가능하다면 그것이 마진, 즉 이익으로 이어지는 경쟁우위성이 된다.

실제 포터가 생각했듯이, 각 활동으로 어느 정도의 비용을 쓰거나 가치를 낳고 있는가는 관리회계적으로도 파악하기 어려운 문제다. 그러나 기업 인프라를 제외하고 모든 활동에서 어느 정도 명확하게 비용으로 이어지는 지표와 가치로 이어지는 지표를 생각할 수 있다. 그것들이 분석해야 하는 아웃컴이며 적절한 해석단위란 무엇인가까지 포함해서 생각하면 지금까지와 마찬가지로 분석의 정석으로 정리할 수 있다.

먼저 대전제로 2장에서도 이야기했듯이 모든 영역에서 '직원'이라는 해석단위는 하나의 선택이 될 수 있다. 기술개발이나 조달활동,

구매나 출하물류 따위의 물건이나 기술 등에 눈길이 쏠리는 경향이 있는데 같은 업무에 수십 명 이상의 사람이 관련된다면 '왠지 생산성이 높은 직원과 그렇지 않은 직원의 차이' '왠지 문제를 일으키는 경향이 있는 직원과 그렇지 않은 직원의 차이'는 분석해볼 가치가 있다.

다만 여기서는 '생산성'이나 '비용'이 구체적으로 무엇에 해당하는가 하는 점과 직원(명)보다 작은 입자 수준에서 생각하기 위한 '물건' '행위' '수단' 등의 해석단위는 무엇인가 하는 점을 설명한다.

구체적인 아웃컴과 해석단위

• 인적자원 관리

인적자원관리 영역에서는 이후 이야기하는 모든 부서별로 다른 '생산성'이나 '성과' 등이 아웃컴이 되는 것은 두말할 것도 없다. 이외에도 단순히 비용 문제로서 '이직'이나 '채용' 등의 아웃컴을 생각할 수도 있다. 이직률이 높고 직원이 자주 바뀌면 생산성이 떨어진다는 에비던스에 대해 2장에서 이야기했는데, 이 결과를 무시한다해도 이직률이 높은 것은 비용요인이다. 신입이든 경력자든, 채용이나 훈련에는 돈이 들기 때문이다.

일 잘하는 중견사원이 퇴직한 틈새를 경력자 채용으로 메우려고 스카우터에게 상담을 하려면 퇴직한 사원 연봉의 반년~1년치 정도를 지불해야 한다. 마찬가지로 리크루팅이나 구인 비용을 들여 거기서 몇 명이 응모했고, 몇 명을 채용하게 되었는가 하는 점도 분석할 가치가 있다. 채용방법이 타당하다면 한 명을 채용하는 데 드는 비용을 줄이는 것보다 좋은 일은 없다. 단 경영진이나 전문직 등, 인재 한 사람 한 사람의 생산성 차이가 엄청난 부문에서는 이야기가 달라진다. 이 경우, 비용보다는 일단 최고의 인재를 놓치지 않고 채용할 수 있는가를 생각한다.

사람보다도 작은 입자 수준의 해석단위로는 '면접' '구인매체' '연수' 등이 있다. 대기업에서는 매년 수백 번 또는 수천 번 이상의 채용면접을 한다. 그렇다면 구글처럼 '면접에서 어떤 질문을 할까'를 미리 깔끔하게 정리해두면 어떨까. 어떤 상황에서 어떤 질문을 한 결과 채용된 사람의 성과가 높은지를 분석할 수 있다. 이처럼 면접의 질을 향상시킴으로써 우수한 인재를 채용하는 동시에 쓸데없는 면접을 줄일 수 있다면 신입 채용에 드는 비용이 줄어들 가능성이 있다.

• 기술개발

기술개발은 불확실성이 높은 영역이지만 분석이 불가능하지는 않다. 기술개발에서 직접 이익으로 이어지는 아웃컴으로 '그 기술이 채택된 제품의 매출'이나 '그 기술에 의한 라인센스 수입'을 들 수 있다. 이런 금액에 대해 타당한 데이터를 얻기 힘들다 해도, 최소한 전문가에 의한 '경쟁자원으로서의 강점 평가'나 취득된 '특허 수', 출판된 '논문의 인용 수' 등의 형태로의 평가는 가능하다. 해석

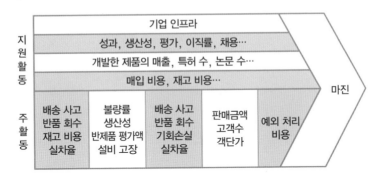

도표 4-7 부서별 아웃컴 사례

	기업 인프라					마진
지원활동	성과, 생산성, 평가, 이직률, 채용…					
	개발한 제품의 매출, 특허 수, 논문 수…					
	매입 비용, 재고 비용…					
주활동	배송 사고 반품 회수 재고 비용 실차율	불량률 생산성 반제품 평가액 설비 고장	배송 사고 반품 회수 기회손실 실차율	판매금액 고객수 객단가	예외 처리 비용	

도표 4-8 부서별 '사람' 이외 해석단위 사례

	기업 인프라					마진
지원활동	면접, 구인매체, 연수…					
	특허, 실험, 프로젝트…					
	부품, 로트, 거래, 거래처…					
주활동	포장 컨테이너 트럭 물류 거점	공장 생산라인 가동일 설비	포장 컨테이너 트럭 물류 거점	광고 매체 이벤트 방문 콘택트	방문 접객	

단위로 지금까지 취득한 특허를 각각 보는 것도 좋다. 또는 1~수년 정도의 연구 프로젝트별로라든지 좀 더 세세하게 분류하면 노트에 기록된 실험 한 번 한 번마다 기술개발의 진척으로 이어졌는지 그렇지 않은지를 분석해도 좋다.

그런 분석 결과 만약 기술개발을 크게 진척시키는 실험의 대부분이 오전에 집중되어 있음을 안다면, 밤늦게까지 연구소에 틀어박

히는 업무방식을 바꾸는 것이 좋을지 모른다.

• 조달활동

조달부서에서는 당연히 조달에 드는 비용을 줄이는 것이 일순위인데, 단순히 단가만을 분석하면 되는 것이 아니다. 단가만 낮추고 싶다면 대량의 로트(동종 제품의 한 무더기)를 일괄구입하면 되지만, 그러면 창고 비용이 들거나 모델 변화가 쉽지 않아지고 시간의 경과에 따른 감가상각으로 폐기해야 될지도 모른다. 또는 조달한 부품이나 원재료 중에 불량품이 섞여 있는 경우 제조나 판매 등의 과정에서 비용이 어느 정도 들지를 통합적으로 생각해야 한다.

해석단위로서는 물론 '부품/원재료' 등의 '물건'별로 보는 것이 기본인데, 그보다 세세하게 한 번 한 번의 '거래'별이라는 분석에 의해 '어떤 시기에/어떤 방법으로 거래를 하면 조달 가격을 낮추기 쉬울까' 등을 알 수 있을지 모른다. 물론 앞에서 이야기했듯이 '직원'이라는 해석단위로 '조달교섭을 잘하는 사람과 그렇지 않은 사람'의 차이를 찾아내도 상관없다. 반대로 약간 큰 수준에서 '거래처 기업'이라는 해석단위를 생각해도 좋다. 특정 설비를 공장에 갖고 있는지 아닌지에 의해 자사에 있어서 중요한 부품의 품질이 크게 다른 것을 안다면, 앞으로 새로운 매입처를 선정할 때에도 참고가 된다. 또는 특정 국가에서 매입하는 원재료만 가격이 안정되지 않는다는 것을 알면 환율 리스크를 피할 수 있다.

• 구매물류와 출하물류

주활동에서 '구매물류'와 '출하물류'는 둘 다 늦은 배송이나 배송이 되지 않는 등의 문제에 의한 기회손실이 하나의 중요한 아웃컴이다. 이런 문제 자체가 별로 좋은 것이 아니며, 클레임 대응이나 긴급배송 등의 예외 처리 비용이 든다. 심지어 '물건이 없어서 공장을 가동할 수 없다' '물건이 없어서 팔 수 없다'는 상황에 빠졌다면 치명적인 비용요인이 된다. 반대로 이런 일이 거의 일어나지 않는다는 것은 뒤집어 생각하면 '다소 물건이 배달되지 않더라도 문제가 없는 재고가 있다'는 것이다. 그러면 조달 대목에서 언급한 보관이나 폐기 비용이 많이 들게 될지도 모른다.

자비로 운용하는 트럭 등으로 원재료나 제품을 운반하고 있다면 실차율이나 적재율, 사고 등도 비용요인으로 생각하는 것이 좋다.

해석단위로서는 '1회 1회의 배송' '창고 등의 거점' '포장' '트럭' 등을 생각할 수 있다.

• 제조

제조에 있어서는, 앞에서 이야기했듯이 불량률 등의 품질과 '하루에 어느 정도 만들 수 있는가'라는 생산성, 제조설비의 고장에 대해서는 잘 분석되어 있다. 이외에도 조달이나 물류일 때와 마찬가지로 반(半)제품, 즉 원재료와 완성품의 중간인 '일부 작업은 끝난 상태인 상품'의 평가액도 하나의 아웃컴이 된다. 반제품이 공장에 많다는 것은 원재료나 완성품의 재고가 많을 때와 마찬가지로 나름의 공간을 사용하므로 비용이 든다. 게다가 그 자산을 회사가 현금이나 예금의 형태로 갖고 있다고 한다면 그만큼 현금 유동성이 생기고 은행에 이자를 지불하고 빌리지 않아도 좋은 돈도 있었을지 모른다. 특정 반제품이 많아지는 경향이 있다는 것은 그 주변의 공정에 어떤 병목이 존재할 가능성이 높다는 뜻이다.

해석단위로는 하나하나의 '제품' (한 번에 만드는) 제조 로트' '공정(동종의 물건이 수십 가지 이상 있다면)' '설비' '라인' '공장' 등을 생각할 수 있다.

• 마케팅과 영업

마케팅과 영업에 대해서는 3장에서 이미 이야기했듯이 아웃컴으로는 '구매금액'이나 그것에 직결되는 '고객 수'와 '객단가' 등을 그대로 사용할 수 있다. 해석단위로는 직원이나 고객 등의 사람보다도 더 세세한 입자로 한 건 한 건의 '광고' '매체' 'DM'이나 '콜센터 등으로부터의 접촉' '잠재고객을 모으기 위해 개최한 행사' '영업방문' 등을 생각할 수 있다.

• 서비스

마지막으로 서비스 영역에 있어서는 이탈을 줄이고 재구매나 계약유지율 등이 아웃컴이 된다. 단순히 클레임 처리나 예외에 대응하기 위한 비용도 아웃컴이다.

해석단위로는 '한 번 한 번의 접객' '문의/클레임 대응'이나 '애

프터서비스를 위한 방문' 등을 생각할 수 있다.

가치사슬이라는 딱 떨어지는 조직 분류법만 보더라도 고려할 수 있는 분석 방침은 참으로 다양하다. 이것을 참고로 여러분이 소속된 조직에서 데이터 분석과 그 결과의 활용을 검토해준다면 좋겠다.

04
업무 데이터에서
분석을 위한 데이터로

아웃컴과 해석단위가 결정되었다면 그다음은 설명변수의 문제다. 분석방법에 대해서는 지금까지 여러 번 설명했듯이 아웃컴이 수치라면 다중회귀분석, 어떤 상태에 해당하는가라면 로지스틱회귀분석을 사용한다.

앞에서 제시한 여러 부서의 모든 분석방식을 전 장에서와 같이 상세하게 예를 들어 설명할 수는 없지만 그럼에도 한 가지, 모든 것에 공통된 방식을 소개한다. 업무를 개선하기 위한 데이터 분석을 할 때 맨 처음 분석해야 하는 것은 업무 관련 정보 시스템 안의 데이터다. 이것만은 반드시 기억하기 바란다. 그중 앞에서 든 아웃컴을 나타내는 정보를 가공하고 그것 이외의 데이터를 모조리 설명변수의 후보로 변수 선택법을 사용하여 분석하는 것이 기본이다.

조달이든, 물류든, 제조든, 고객 서비스든 현재 많은 기업은 나름의 정보 시스템을 도입하고 있다. SAP로 대표되는 ERP(Enterprise Resource Planning) 시스템 등이 대표적이다. 이런 영역에서 '지금까지 대부분의 데이터를 활용하지 않았다'면 갑자기 어떤 조사를 하려 한다든지, 데이터를 모으는 구조를 만들려고 하는 생각을 잠시 멈추기 바란다. 그보다도 일단 현재 갖고 있는 데이터만을 가지고 무엇을 알 수 있고 없는지 실제 분석해보는 것이 좋다.

데이터를 분석 가능한 형태로 만든다

여기서 문제가 되는 것이 사내 정보 시스템에 축적된 데이터를 어떻게 모으고, 어떻게 분석 가능한 상태로 만들 것인가다. 정보 시스템은 어디까지나 '업무를 원활하게 진척시키기 위해' 만들어져 있으며, 분석을 하려고 한다는 것은 2차적 목적이다. 업무를 위해 필요한 데이터와 분석을 위해 필요한 데이터에는 갭이 존재한다.

1장에서 이야기했듯이 분석을 위한 데이터는 해석단위 하나당 1행, 아웃컴과 설명변수가 세로로 놓여 있으며, 내용이 빠지거나 누락이 없는 표의 형태여야 한다. 설명변수는 기본적으로 모두 '값의 크고 작음을 나타내는 데이터'이거나 '(적어도 수십 개 정도의) 유한한 상태로 분류하는 데이터'뿐이다. 원 데이터에는 자유 형식으로 들어 있는 정보라도 위에서 이야기한 형태 중 하나로 가공한 상태가 아니면 분석은 불가능하다.

업무를 위한 데이터는 종종 '사람이 나중에 내용을 보고 확인할수 있으면 충분하다'라는 성질을 띤다. 거래처 주소라는 데이터에대해 전각숫자와 반각숫자와 한자 숫자가 섞여 있든, 도도부현(都道府県, 일본 행정구역 단위)명이 생략되어 있든, 그 정보를 봉투에 인쇄해 우편함에 넣으면 우편물은 배달된다. 그러나 이대로는 '도호쿠지방이나 규슈 지방 등 어디로 보내는가 하는 차이에 의해서 수송과배송 문제가 일어나기 쉬운 것은 바뀔 것인가?'는 분석할 수 없다.

지역이라는 '한계가 있는 상태로 분류하는 데이터'를 만드는 수고가 필요해지는 것이다.

이것이 도도부현과 시구군 이하를 다른 데이터로 취급하고, 각각의 누락은 허용되지 않는 데이터가 된다면 이야기는 간단하다. 더욱 좋은 것은 도도부현명을 자유 형식이 아니라 홋카이도가 01, 아오모리가 02… 와 같은 두 자릿수 코드 형태다.

최소한 주소 정보는 반드시 도도부현명부터 쓴다는 룰이 철저하다면 '처음 두 글자를 읽고 판단한다'는 프로그램을 쓰면 된다. 그러나 '사람이 읽어내면 괜찮다'는 정도의 기준으로 관리되어 있다면오사카에 거점을 둔 기업의 흐리멍덩한 담당자가 오사카 시 후쿠시마 구의 주소를 '후쿠시마 구~'부터 입력해버릴 수도 있다. 이를 단순히 '처음 두 글자를 읽는' 프로그램에 넣으면 후쿠시마 현으로 잘못 분류해버릴 수도 있다.

데이터를 묶는다

또 한 가지 생각해야 하는 점은 업무를 위해 축적된 많은 데이터가 자신들이 지향하는 해석단위와는 다른 입자 수준으로 기록되어 있는 점이다. 이런 상황에서 분석을 위한 데이터를 준비하려면 이것들을 묶고, 때로는 집계를 내야 한다.

최근에는 '사물인터넷(Internet of Things, IoT)'이라든지 '인더스트리 4.0'이라는 말이 나오게 되었기 때문인지, 공장의 생산설비에서도 동작 로그를 네트워크를 거쳐 서버로 보내는 경우가 계속 증가하고 있다. 동작 로그는 기본적으로 부품이나 장치, 제품이 기계를 통과하는 한 번의 동작마다 1행의 데이터가 생긴다. 데이터의 내용물로는 어떤 기계에서 배출되는 정보인지를 나타내는 ID와 로그가 기록된 날짜 시각, 그 시점에서 다양한 센서가 감지한 온도나 습도 등이 포함된다. 또 어떤 형식번호의 제품을 만들려고 하는 상황인가, 어떤 이상이나 경고가 감지되었는가 등의 정보도 있다.

이런 데이터를 분석하려는 시험은 지금 많은 기업이 하고 있지 않은가?

그들이 이런 데이터를 사용해 무엇을 분석하려 하는가 하면, 같은 공정을 담당하는 몇 개의 기계에 있어서 '이상정지하기 쉬운 것과 그렇지 않은 것의 차이는 어디에 있는가'다. 그런데 현재의 데이터는 '동작'이라는 입자 수준으로 1행씩 정리되어 있다. 그러나 앞의 분석을 하기 위해 이것을 '기계별'이라는 해석단위별로 1행이라는 형태로 가공해야 한다. 그러기 위해 어떤 형태로든 집계가 필요하다. 하나의 기계에 반드시 여러 개(그 수도 기계에 따라 다르다)의 동작 로그가 존재하기 때문이다.

　여기서 다양한 집계를 생각할 수 있다면 그만큼 설명변수의 후보는 증가하고, 생각지도 못한 분석 결과가 나올 가능성도 커진다. 내부온도가 같다면 어떤 기계가 고장 나기 쉬워지는 리스크는 과거의 평균에 의해 정해지는 것일까 아니면 최대에 의해 정해질까? 동작 로그의 시간 기록을 사용해 시간대별로 다시 집계해보면 동종의 기계를 사용하더라도 왠지 우연히 심야에 가동하면 고장률이 높다는 것을 알아낼 수도 있다. 또는 '휴일도 아닌데 24시간 이상 동작 로그가 기록되지 않은 날은 가장 최근에 며칠 전인가'를 판정함으로써 최후의(정지를 동반한) 점검부터 며칠 연속해 계속 가동하는가 하는 설명변수를 정의하는 것도 가능하다.

　설명변수를 늘려 분석 결과를 풍부하게 하려면, 이 동작 로그 이외의 데이터에도 뭔가 사용할 수 있는 것은 없는지 탐색해보아야 한다. 각 기계 자체의 특성으로, 어떤 메이커에서 언제 매입한 어떤 형식번호의 기계이며 어떤 스펙을 갖고 있는가 같은 정보도 마음먹으면 조사할 수 있다. 또 기계를 도입한 공장에 어떤 직원이 몇 명이나 일하고 있는지의 데이터도 회사 내부의 어딘가에 존재한다.

　이런 정보를 묶어 필요에 따라 집계를 해 '이 스펙을 중시해 조달하는 것이 좋다'든지 '이런 속성의 직원이 많이 일하는 공장에서는 왠지 기계가 잘 망가지지 않는다' 등을 발견할 수 있을지 모른다.

IoT의 동작 로그를 사용한 분석의 설명변수 사례

원래의 동작 로그

로그의 설명변수화	설비 데이터	직원 데이터
기계 ID ※ 내부온도 평균값 내부온도 최댓값 시간대별 가동률 점검으로부터 경과한 일수 …	기계 ID ※ 설치공장 ID 메이커 납품일 스펙 …	근무공장 ID 직원 수 평균 근속 연수 교육력 비율 연수 수강률

※ 해석단위

하지만 막상 묶은 분석 데이터를 만들려고 할 때 'ID의 정합성(整合性)'이라는 벽에 부딪치는 경우가 종종 있다. 이번 사례로 말하면 동작 로그가 어떤 기계에서 생긴 것인가를 특정하기 위한 ID와, 설비 관리를 위한 '어떤 형식번호의 기계를 언제 사서 어디에 둘 것인가'라는 데이터에 있어서 각각의 기계를 식별하기 위한 ID가 통일되어 있지 않은 상태다.

ID만 통일되어 있으면 데이터베이스를 관리하는 언어인 SQL의 JOIN구(句)라는 명령이나, 최악의 경우 엑셀의 VLOOKUP 함수 등조차도 데이터를 결합하는 것은 가능한데 말이다. 결국 오로지 종이 자료와 씨름하면서 수작업으로 대응표를 만들어야 한다는 수고가 데이터 분석의 장벽을 높인다.

이것은 다른 분석 목적, '최종 검사에서 불량품과 정상품의 차이는 무엇인가' 하는 분석에 있어서도 마찬가지다. 다른 공정에서 배출된 동작 로그의 각각이 최종 제조번호로 어떤 제품에 대응하는지를 묶을 수 있어야 한다. 그렇지 않으면 '어떤 공정에서 울리는 경고음이 최종 불량률에 크게 관련하므로 대책을 취해야 한다'는 결과는 모르는 것이다.

숙련된 공장 관리자가 열심히 눈으로 쫓으면 시간과 공정표에서 어느 정도 그런 원인을 찾아낼 수 있다. 그러나 데이터 분석이란 사람이 모두 볼 수 없을 정도의 정보량을 잘 처리하기 위해 존재한다. 즉 분석을 하고 싶다면 인간이 눈으로 확인해야 하는 것 등은 거의 없고, 기계적으로 분석할 수 있는 상태로 만들어두는 것이 바람직하다.

05
데이터의 품질 향상과
가공 시 주의점

이런 데이터의 품질과 분석 데이터의 가공에 대해 가려야 할 세심한 주의점을 들기 시작하면 한이 없으며 업무나 데이터의 특성에 따라 주의해야 하는 것도 크게 달라지기 때문에 여기서 이것 이상을 쓸 수 없다. 하지만 한 가지, 모든 사람에게 공통적인 충고를 해둔다.

그것은 분석을 위한 데이터의 질을 올려야 한다고 해서 '처음부터 모든 데이터를 완전하게 하자' 등으로는 생각하지 않는 것이다. 관계 있는 회사 내의 모든 데이터를 긁어모으고, 각 데이터의 정의나 ID 관리방법 등을 파악하고, 이상이나 데이터의 누락을 확인하고, 일원화된 데이터베이스를 구축함으로써 언제 어떤 분석 요청이 와도 대응할 수 있는 기반을 만들자. 이것은 멋진 아이디어지만 내가 아는 한 별로 이런 구조를 만들기 위한 투자가 적합한 성과를 거뒀다는 말은 들은 적이 없다.

이런 작업에는 엄청난 수고가 든다. 단순히 부서의 장벽을 넘어 데이터를 모으려는 생각 자체가 파벌주의에 의해 어마어마한 사내 조정의 수고를 필요로 하는 경우도 있다. 또 업무 시스템을 관리하는 각각의 부서 담당자조차도 자기들이 관리하는 시스템 내의 데이터가 어떻게 되어 있는지 제대로 알지 못할 수 있다. 경우에 따라서는 몇 십 년 전에 만들어진 이후 쭉 '특별히 업무에 지장이 없으므로' 그대로 사용하는 업무 시스템도 존재한다. 이것들은 당시의 사정을 아는 사람은 이미 퇴직하고, 제대로 된 서류도 남겨져 있지 않아 어떤 경로로 그렇게 되었는지도 알 수 없는 채로 계속 유지되고 있는 것이다.

이런 고난을 넘어 '전사적인 분석 기반'을 어느 정도 완성하려면 연(年) 단위의 시간과 억 단위의 비용이 드는 경우도 종종 있다. 그러나 그사이 프로젝트의 시작 시점에서는 존재하지 않았던 새로운 정보 시스템이나 데이터, 운용 룰의 변경 등이 사내에 생기기도 한다. 규정 준수를 위해서라든지, IoT 영역에 대한 투자라든지, 각각의 변화는 합리적이라 해도 '전사적인 분석 기반'이 시간이 아무리 지나도 완성되지 않는 것에는 변함이 없다.

무엇보다도 큰 문제는 데이터를 완벽하게 하기까지 마냥 기다리고 있으면, 아무리 시간이 지나도 분석하거나 성과를 올릴 수 없다는 것이다. 데이터를 모으는 과정의 사내 조정 단계에서 '데이터를 깔끔하게 관리함으로써 어느 정도의 이점이 있는가' '어떤 상태로 하면 분석에 적합한 데이터가 되었다고 말할 수 있는가'라는 이야기가 당연히 나올 것이다. 그러나 이 질문에 답하기 위해 최소한 한 번 정도는 분석하고, 그 결과를 토대로 취한 조치에서 이익을 얻어 보아야 한다. 즉 닭이 먼저냐 달걀이 먼저냐 하는 문제와 마찬가지로 데이터가 정비되어 있지 않으면 분석이 불가능하고, 분석이 되지 않으면 데이터를 정비하는 이점도 설명할 수 없다.

그래서는 아무리 시간이 지나도 사내조정이 끝나지 않고, 데이터에서 어떤 가치도 생기지 않는다.

'답답함'을 느꼈다면 된 것이다

내가 추천하는 것은 '아무튼 가능한 범위라도 좋으니 분석해본다'는 방식이다. 로그 데이터밖에 없다면 로그 데이터만을 사용한다. 기계의 스펙에 대해 수작업으로 작성한 데이터 정도밖에 없다면 그것도 함께 사용해본다.

아무튼 다양한 설명변수를 생각하고 분석한 결과, 어떤 것을 말할 수 있고 어떤 행동을 취하면 이익으로 이어질 것 같은지를 떠올린다. 그리고 가능하면 그것을 (다시 한 번 말하지만 랜덤화 비교 실험 등을 통해서) 실증해보는 것이다.

그런 다음, 여러분은 아마도 내가 '답답함'이라고 표현한 느낌을 느낄 것이다. 즉 '어쩐지 이런 것을 말할 수 있을 것 같은 느낌이 들지만 데이터가 부족하다'라는 감각이다. 지금까지의 과정을 실제 체험해봄으로써 분석을 위한 데이터는 어떤 상태가 되어 있어야 하는지를 알 것이다.

이런 상태가 되어 비로소 자기가 원한다고 느끼는 다른 데이터를 찾고, 필요한 상태로 가공한다. 새로운 분석 가능 데이터가 증가함으로써 지금까지와는 다른 이해단위나 아웃컴의 분석도 가능해질지 모른다.

이렇게 조금씩 분석을 하고, 행동을 취하는 범위를 넓히고, 어느 정도 수작업 내용도 정형화한다. 바로 이 시점에 '제대로 된 분석 기반을 만들어야' 한다. 앞에서 사내조정 때 토론할 문제가 된다고 말한 '어떤 이점이 있는가' '어떤 상태로 하면 좋은가'라는 질문에 이 시점이라면 금방 술술 설명할 수 있다.

이쯤 되면, 이쪽에서 머리를 숙이며 데이터를 달라고 부탁할 때는 귓등으로도 듣지 않던 부서 책임자가 자진해서 적극적으로 관여하겠다고 제안해오는 경우까지 있다.

무리하게 '가설'을 생각하지 않는다

설명변수를 생각하는 것은 '가설을 생각한다'와 다른 것임을 기억하자. '가설을 생각하자'라고 하면 무심코 좋은 것을 말해야 한다든지, 틀린 것을 말하면 안 된다는 압력으로 이어진다. 원래 좋은 가설이란 직감에 반하거나 지금까지 생각한 적이 없는 의외성을 가진 것인데 '생각한 적도 없는 것'을 생각해내기는 어려우며, 기껏 떠올려도 회의실 안에서는 초점이 어긋난 것으로 들려서 부정될지도 모른다.

그것보다 임시라도 좋으니 해석단위를 정하고, 그 해석단위의 특징을 지금 갖고 있는 데이터에서 정의하기로 한다면 어떤 것을 생각할 수 있는가 하는 아이디어를 모조리 끄집어내는 것이 좋다. 이것이 설명변수를 생각한다는 것이다. 앞에서도 이야기했듯이 '숫자로 나타낼 것인가' (수십 개 정도의) 유한한 상태로 분류하는가' 하는 시점에서 지금 있는 자유 형식 데이터를 분류하거나, 다양한 집계 방법이나 복수의 예를 조합한 계산방법을 생각하는 것이다. 같은 데이터를 분석한다 해도, 여기서 얼마나 다양한 아이디어를 낼 수 있는지가 최종적인 결과의 풍성함을 크게 좌우한다.

소규모 데이터라면 엑셀 함수나 피봇 테이블(Pivot table) 등을 구사한다는 방법도 있는데, 대규모 데이터 등을 엑셀에 넣어 읽으면 일반적인 PC에서는 바로 메모리가 부족해진다. 그런 경우에는 한 번 데이터베이스에 넣어 읽은 다음 SQL을 사용해 집계하거나 SAS나 R, Stata의 코드를 쓰거나 해야 한다. 여기서 어떤 도구를 사용해도 괜찮으며, 경우에 따라서는 사내외의 프로그래머를 불러와도 좋다.

실제 외부의 데이터 과학자 등이 합류한 데이터 분석 프로젝트 등에서도 가장 수고와 비용이 드는 게 데이터 가공 단계다. 그래서 1억 엔의 프로젝트 중 8,000만 엔 정도가 이런 데이터 가공에 드는 일조차 있는 듯하다.

나 자신도 지금까지 수없이 이런 데이터 가공을 경험했지만 대부분은 유한한 아이디어의 조합이다. 그러므로 처음에는 힘들지만 기본적으로는 익숙함의 문제다. 내가 '데이터 비히클(Data Vehicle)'이라는 이름의 소프트웨어 개발회사를 창업한 것도 분석 이전의 이런 데이터 가공의 수고를 자동화하기 위한 툴이 세상에 없었기 때문이다. 데이터 드라이버(Data Diver)라는 툴은 깔끔하게 ID 등이 통일된 데이터를 업로드하고, 해석단위와 아웃컴을 정하기만 하면 모든 설명변수의 후보를 자동적으로 가공한다. 거기에서 변수선택을 한 다음 얻어진 다중회귀분석이나 로지스틱회귀분석의 결과를 자연언어로서 상호 관련성이 있는 그래프로 알려준다.

데이터 페리(Data Ferry)라는 툴을 사용하면 어떤 프로그래밍을 할 필요도 없고, 권한만 주어진다면 사내의 데이터베이스에 접속해 거기에서 얻어진 데이터를 결합하거나, 누락이나 이상값 등 분석에 문제가 되는 내용을 정리할 수 있다. 누구라도 깔끔한 분석용 데이터를 얻는 조작을 할 수 있다.

필요하다면 이런 툴을 활용해도 좋으며 이번 기회에 SQL이나 SAS, R 등에 의한 데이터 가공 기술을 배우자. 어느 쪽이든 지금 당장 얻을 수 있는 데이터부터 조금씩 분석 범위를 넓혀 언젠가는 커다란 성과로 이어지면 좋겠다.

06
통찰을 위한 분석과
예측을 위한 분석

지금까지 기업의 다양한 부서에서의 해석단위와 아웃컴에 대해 이야기했다. 사용할 수 있는 데이터는 회사마다 다르겠지만, 거기에 있는 데이터에서 생각할 수 있는 한의 설명변수를 제시하고, 해석단위에 대해 1행씩 나열하는 방식으로 가공해가는 것도 설명했다. 아무래도 하나하나 구체적인 분석 결과의 예를 제시하다 보니 언급해야 하는 업무의 범위가 넓어지고 말았는데, 1~3장까지에서 여러 번 이야기했으므로 되풀이할 필요는 없을 것이다.

다중회귀분석과 로지스틱회귀분석, 변수 선택을 사용해 '아웃컴이 이상적인 해석단위와 그렇지 않은 해석단위의 차이는 어디에 있는가'를 찾아낸다. 그리고 그 차이를 잘 바꾸거나 늦추는 행동을 시험해보면 좋을 것이다. 그런 의미에서 이미 이 책은 설명을 마친 셈이다.

예측을 위한 분석

마지막으로 이 책에서 지금까지 이야기하지 않았던 또 하나 통계학의 역할에 대해 이야기한다. 바로 '예측을 위한 분석'이라는 측면이다. 지금까지 이야기한 것은 모두 '통찰을 위한 분석'이었다.

하나의 다중회귀분석 결과가 있다고 하자. 해석단위는 상품이며 아웃컴은 판매 수량이다. 이 결과를 토대로 설명변수별 회귀계수를 읽어내고 '어떻게 하면 좀 더 매출을 늘릴 수 있을까' 생각하는 것이 지금까지 몇 번이나 되풀이해서 이야기한 접근법이다.

매출을 올리기 위해 제품의 기능, 스펙, 디자인, 패키지, 가격, 중점적으로 영업해야 하는 소매점, 광고 카피나 모델, 광고하는 매체 등 모든 것을 바꿀 수 있다. 이중 무엇을 어떻게 바꾸면 매출이 오를까? 그런 통찰을 함으로써 조금씩 비즈니스를 유리하게 해가는 것이 이 책에서 지금까지 설명해온 방식이다.

한편 같은 분석 결과에 대해서도 다른 관심을 가진 사람이 있다. 어떻게 하면 매출이 오를 것인가는 제쳐두고 결국 현재 상태에서 몇 개의 제품을 구입하거나 배송하거나 제조하면 좋은가를 정확하게 예측하고 싶다는 입장이다. 이런 실무에 관계하는 사람은 팔리는 수량을 미리 정확하게 안다면 필요한 만큼 구매하거나, 제조하거나, 어딘가의 창고에 보관할 수 있다. 이런 숫자 해독이 크게 어긋나면 쓸모없는 재고를 끌어안고 비용이 들거나 현금 흐름에 압박을 받게 된다. 한편 너무 적으면 기회손실이 생긴다.

이런 목적을 위해 사용되는 것이 '예측을 위한 분석'이다. 물건의 수뿐만 아니라, 콜센터의 대기 인원수나 서버의 컴퓨팅 자원 등, 비즈니스 관련 모든 자원에 있어서 필요량을 잘 예측만 할 수 있다면 쓸데없는 비용을 줄일 수 있을지 모른다.

그러나 내가 이 책도 포함해 예측보다 통찰을 위한 통계학을 많이 언급하는 것은, 그렇게 하는 것이 대다수 직장인들이 자기 강점을 살릴 수 있는 간단한 행동이기 때문이다.

'통찰을 위한 분석'에서는 암묵지가 무기가 된다

강점을 살린다는 것은 어떤 의미인가? 그것은 고도의 분석과 IT 기술, 거기에 슈퍼컴퓨터 수준의 자원을 잘 사용하는 분석 전문가가 현직 업무 경험자보다 통찰을 잘할 수 있는 것은 아니라는 뜻이다.

2장에서 이야기한 '언어적 지능이 높을수록 영업맨의 성과는 낮은 경향이 있다'는 체계적 문헌 연구의 결과를 떠올려보자. 이런 관련성이 당신의 기업에도 존재한다면, 분석 전문가들은 입사 시 SPI 데이터와 영업 성적을 묶어서 분석함으로써, 금방 이런 결과에 이를 수는 있을 것이다. 하지만 그 결과를 어떻게 활용하면 좋은지에 반드시 유용한 견해를 얻을 수 있다고는 할 수 없다. 그대로 솔직하게 '영업부서는 SPI의 언어 성적이 낮은 사람을 채용하는 것이 좋을 것 같습니다' 정도의 제안밖에 못할지도 모른다. 또는 제대로 설명을 못하고 '이 설명변수를 제외하고 다시 분석해보겠습니다'라는 말이 나올지도 모른다.

우리 회사의 공동 파트너는 일본의 IT 기업에서 이름 난 영업 전문가인데, 그에게 이 연구 성과에 대해 이야기했을 때의 반응은 이러했다.

"젊고 우수하고 말도 잘하는 영업맨이 성과가 높지 않는 경우 언어 능력이 좋은 탓에 모든 것을 말로 설득하려고 하는 문제가 있기 때문이다. 손님은 당연히 제품의 기능이나 장점에도 관심을 가지지만 취급 상품에 따라서는 아무리 설명을 들어도 불안한 경우가 있다. 그런 상황에서는 멋지게 말로 하는 설명을 듣기보다는 뭔가 문제가 생겼을 때의 대응을 신뢰할 수 있는가가 중요하다."

이것이 전문가가 분석한 통찰이다. 그렇다면 언어 지능과 상관없이 신뢰를 얻기 위한 비언어 커뮤니케이션 방법을 훈련시키거나 영업용 자료를 준비하면 되지 않을까 하는 전략의 유효성이 시사되는 것이다.

이런 분석 결과를 해석하고, 행동으로 이어가기 위해서는 업무 중의 암묵지가 중요해진다. 즉 여러분이 데이터 분석 요령을 약간 익힘으로써, 여러분의 암묵지는 지금 이상으로 큰 무기가 된다는 것이다. '듣고 보니 이런 것이다!'라고 분석 결과를 봄으로써 마침내 언어화가 가능한 암묵지가 업무 전문가들의 머릿속에 많이 잠들어 있을 터이다.

이것이 예측이 되면 어떨까. 기계학습 등의 고도의 분석방법을 사용하면 예측 가능성이 크게 향상되지만 이런 분석의 결과가 어떻게 해서 나왔는지는 알 수 없게 된다. 이런 방법에서는 회귀분석의 결과 등과 같이 '어떤 설명변수가 얼마나 아웃컴과 관계하는가'를 알기 힘들어도 된다. 하지만 설명변수를 복잡하게 변환하고, 조합하고, 아무튼 예측값과 실제값의 차이가 적어지게 하는 방식으로 종종 높은 예측 기능을 제시하는 것이다.

당연히 이런 방법을 이해하고 잘 사용하기 위해 수리적인 이해나 프로그래밍 기술이 필요해진다. 데이터 양이 증가하면 그것을 고속으로 처리하기 위한 컴퓨팅 자원이 필요해진다. 또는 예측에 영향을 줄 것 같은 정보를 포함한 '빅데이터'를 갖고 있는지 여부도 예측의 정밀도를 가른다.

이런 분야에 대해 '나 혼자 어떻게든 해봐야겠다' 하는 생각을 할 필요는 없다.

'예측을 위한 분석'이 어려운 두 가지 이유

여기까지가 '강점을 살린다'는 이야기인데, 통찰과 비교한 예측의 어려움에 대해서도 설명하자.

숙련된 의사가 전자 카르텔에 들어 있는 데이터와 고도의 분석 툴을 잘 사용한다고 해서 어떤 사람이 앞으로 몇 년을 살 수 있을지 정확히 예측하기는 힘들다. 물론 일반론으로 평균수명은 알 수 있으며, 혈압이나 BMI가 높다는 등 건강 상태에 따라 사망률이 높아진다는 것은 연구를 통해 명백하게 밝혀져 있다. 하지만 그런 분석 결과에서 추정되는 예측값과 실제값의 오차는 적지 않다.

80~94세라는 고령에다 전신에 전이가 보이는 말기 폐암환자는 앞으로 몇 년이나 살 수 있을까? 기본적으로는 '1년 이내 죽을 것이다'라고 생각하는 것이 타당하다. 전국암센터협의회는 가맹된 의료시설 환자 데이터에서 인터넷에 나이·암의 종류·진행 정도별로 몇 년 살았는지를 공개하고 있다. 그 자료에 따르면 이런 환자의 80% 정도는 1년 이내에 사망한다고 생각된다. 하지만 반대로 말하면 1~2년을 살 수 있었던 사람도 약 10% 정도는 존재하며, 불과 몇 % 정도이기는 하지만 그때부터 5년 살았던 사람도 없지는 않다(〈도표 4-10〉).

즉 가장 가능성이 높은 '1년 이내'라는 예측을 했지만 몇 %의 환자나 그 가족으로부터는 '완전히 틀리잖아요!'라는 말을 듣게 된다.

고령의 말기 암환자조차도 그렇다면 다소 건강하지 않은 40대 남성의 예측은 더욱 어렵다. 유전자 등도 포함해 아무리 현재 생각할 수 있는 한도의 설명변수와 고도의 통계방법을 사용해 예측했다 해도 몇 년, 아니 10년 이상 예측이 어긋나버릴 가능성도 충분히 있다.

한편으로 통찰이라는 점에서는 어떨까. 의학 연구자들은 과거 수십 년 이상에 걸쳐 혈압이나·BMI는 물론 특정 혈액검사값이나 유전자 패턴이 사망률이나 어떤 질환의 발병과 관련되어 있다는 분석 결과를 통찰해왔다. 거기에서 많은 유효한 치료법이 나오기도 했다.

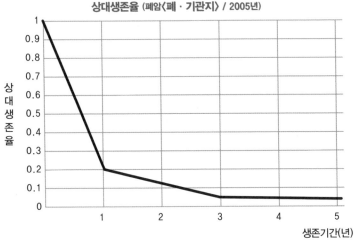

상대생존율 (폐암〈폐 · 기관지〉 / 2005년)

전국암(성인병)센터협의회
https://kapweb.chiba-cancer-registry.org/

앞으로 몇 년 살 수 있는지는 정확하게 알 수 없다 해도 적어도 어떤 약을 먹거나 수술을 받거나, 생활습관을 바꾸면 몇 년 정도는 오래 살 수 있다는 것은 랜덤화 비교실험으로 실증할 수 있다.

이런 예측과 통찰의 난이도 차이는 어디에 있을까? 하나는 앞의 예측은 개인을 대상으로, 통찰은 집단을 대상으로 하는 이야기라는 점이 있다. 인체는 복잡하고, 한 사람 한 사람의 체질은 크게 다르다. 그러므로 같은 나이에다 같은 암에 걸렸다 해도 오래 살 수 있는 사람과 그렇지 않은 사람의 예측은 곤란한 것이다. 통찰은 어디까지나 집단 수준에서의 인과관계를 논의한다. 개인 수준에서 보면 같은 상황에다 어떤 약을 먹든 전혀 효과가 없는 사람도 있을지 모른다. 그리고 그것이 어떤지를 정확하게 판단하는 기술을 인류는 아직 갖고 있지 않다.

그러나 여기서 100명씩 랜덤한, 즉 확률적으로는 거의 모든 조건이 균등하다고 생각되는 그룹으로 나누어 한쪽에게는 이 약을 먹게 하고 다른 한쪽에게는 먹지 않게 하는 랜덤화 비교실험을 한다. 그 결과, 약을 먹은 그룹이 우연한 분산이나 오차의 범위를 넘어 명백하게 수명이 길어졌다면 이 약은 앞으로 사용해야 한다고 실증되게 된다. 반드시 모든 사람에게 효과가 있다고는 할 수 없으며, 어떤 사람에게 효과가 있을지는 알 수 없지만, 이 약을 사용하겠다고 판단하는 것이 집단 전체로서 명백하게 수명이 연장되어 이득이라고 시사되는 것이다.

기업에서 통찰을 하는 경우에도 같은 말을 할 수 있다. 어떤 연수를 했다고 해서 모든 직원의 생산성이 올라가지는 않지만, 사내 전체로서 생산성은 올라갈 것 같음을 알 수 있다. 어떤 광고를 접했다고 반드시 모든 고객의 구매욕구를 높이지는 않지만, 그럼에도 이 광고는 시장 전체로서 매출을 상승시킬 것 같음을 알 수 있다.

보험회사는 보험 계리사(actuary)라는 전문직이 병이나 사고, 사망 위험을 계산해 보험 적립금과 지급금의 균형을 유지함으로써 이익을 창출한다. 이런 예측이 가능한 것도 어디까지나 집단에 대한 예측이기 때문이다. 개인이 언제 어디서 죽을지는 알 수 없지만, 몇만 명 이상 있으면 그중 몇 %가 죽는지에 대해서는 어느 정도 정확하게 계산할 수 있다.

어떤 달에는 우연히 예측값보다 사망자 수가 적었다든지, 어떤 달에는 많았다는 일은 있지만 그런 분산의 위험을 추가하여 적립금을 설정해두면 장기적으로는 안정된 이익으로 이어진다는 비즈니스 사고방식이다.

그러나 업무에 있어서 예측이 중요해지는 것은 전체나 오랜 기간에 걸친 평균이 아니라 '언제' '어디서' '무엇을'이라는 구체적이고 개별적인 숫자다.

어떤 창고에서 필요하다고 여겨지는 제품의 수는 그날그날 예측값보다 많거나 적을지 모른다. 같은 제품의 색 변화에 의해서도 많거나 적을지 모른다. 거기서 '1년간을 합해 말하면 일본 전국에서 모든 색깔을 합쳐 10만 개의 제품이 필요하다'는 말을 들어도 별로 기쁘지 않다. 보관이나 배송 비용과 기회손실 목록을 최적화시키기 위해 그들 중 어떤 색의 물건을 언제 어디에 몇 개를 두어야 하는지를 알고 싶은 것이다.

더욱 예측을 곤란하게 하는 것이 '이 데이터 외의 조건은 일반적인 것으로 하고' '이 상태가 앞으로도 계속된다고 하고'라는 가정이다.

경쟁 제품이 엄청난 히트를 기록해 시장점유율을 빼앗겼다든지, 반대로 어떤 계기로 자사 제품이 급격히 히트하게 된다든지, 큰 재해나 경제위기가 생긴다든지, 정부의 경제정책이 성공하거나 실패해 소비에 영향을 미치는 일이 10~20년 정도의 기간에 한두 번쯤 일어날 수 있다. 즉 몇 년에 한 번 정도 이들 가운데 뭔가 하나쯤은 예측이 완전히 빗나가는 일이 반드시 생긴다.

이는 확률적으로 그리 낮지 않지만, 그럼에도 언제 일어날지를 예측하는 것은 어렵다. 앞의 예에서 든 의료계의 수명 예측에서도 '30년 이내에 획기적인 치료법이 발명된다' '어떤 계기로 환자가 급속히 생활습관을 개선한다'는 확률은 그리 낮지 않지만, 그런 조건을 예측에 집어넣는 것은 거의 불가능하다.

구글의 독감 환자 예측 실패

사실 그 유명한 구글에게도 거대 데이터와 막대한 계산 자원을 썼지만 예측은 어려운 일이었다. 빅데이터의 훌륭함을 제시하는 예로 '구글이 자사 검색이력을 사용해 독감 환자의 발병 수를 예측하는 데 성공했다'고 자주 소개되는 '구글 독감 동향(Flu Trends)'이라고 불리는 웹서비스가 있다. 그러나 하버드 대학교 정치경제학 분야 통계학의 게리 킹(Gary King) 교수를 포함한 그룹이 2014년에 발표한 논문에 따르면 이 구글 독감 동향은 별로 정밀도가 높지 않다고 한다.

이 논문은 〈구글 독감 동향은 여전히 아픈 것 같다(Google Flu Trends Still Appears Sick: An Evaluation of the 2013~2014 Flu Season)〉라는 제목을 갖고 있다. 2013~2014년 독감 유행 시기에 구글의 예측값과 독감 환자 수의 '정답'인 CDC(Centers Disease Control and

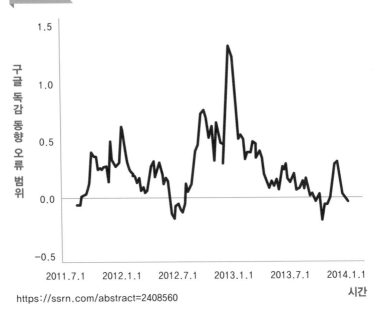

Prevention, 미국질병예방관리센터)의 통계를 대조해 과연 얼마나 적중했는지를 검정한 결과가〈도표 4-11〉과 같다.

세로축의 0이라 쓰인 곳을 통과하는 수평선이 'CDC의 통계와 일치하는 곳'이다. 전 기간의 4분의 3에 있어서 구글의 예측은 CDC 것보다 과잉이며, 전체적으로 3할 정도 예측값이 높은 경향이었다. 5할 이상 높게 예측한 경우도, 배 이상 높게 예측한 곳조차 있다.

구글은 물론 이 예측 시스템을 만들었을 때는 '데이터에서 가장 예측 정밀도가 높아지도록'이라는 검색 결과로부터 독감 환자 수를 예측하는 계산식을 만들었다. 그러나 어느새 이 정도로까지 예측값과 실측값이 어긋나게 된 것이다. 이 정도의 정밀도라면 사람이 직감으로 맞히는 것이 더 맞을지 모른다. '빅데이터나 IoT로 수요 예측을 하자'라는 제안을 하는 IT나 컨설팅 기업은 지금도 다수 있겠지만 구글조차도 이런 상황인데 과연 그들을 신뢰해도 좋을까?

그러나 게리 킹의 논문은 '예측이란 어려운 것이다'라는 결론뿐만 아니라, 실제 데이터로 검정한 결과 '단순한 자기회귀 모델 쪽이 예측 정밀도가 높은 것 같다'는 결론을 맺고 있다. 여기서 예측을 위한 방법에 더 깊이 파고들어갈 필요는 없겠지만, 이 책의 마지막으로 이 '단순한 자기회귀 모델'과 거기에서 발전한 시계열(時系列) 예측 방법을 소개하고, 데이터로부터 예측이 잘되고 있는지 아닌지 공정하게 평가하기 위한 방식에 대해 이야기하고 마무리를 짓기로 하자.

07
자기회귀 모델과 교차타당도

그럼 게리 킹 등이 구글 방식보다 성능이 좋았다고 한 기본적인 시계열 분석방법인 자기회귀 모델에 대해 설명해보자.

자기회귀 모델이란 '자신의(이전의 시계열의) 값을 사용한 회귀분석'이라는 의미다. 두 발명자 이름을 따서 그 후의 보다 발전된 형태가 된 방법들도 포함해, 박스-젠킨스 모델(Box-Jenkins model)이라고도 한다. 자기회귀 모델은 영어로 오토리그레시브 모델(Autoregressive Model)인데, 줄여서 AR 모델이라고 부르기도 한다.

조달해야 하는 부품 수나 만들어야 하는 제품 수, 특정 창고에서 보관해야 하는 수, 콜센터 통화 수 등에 대해서도 자연스러운 직감으로 '지난주에 생각 이상으로 많았다면 이번 주도 많아지는 것 아닐까' 하는 예측이 성립하는 일이 있다. 반대로 '지난주에 너무 많았던 탓인지 이번 주는 별로 늘지 않는다', 즉 수요를 당겨 쓴 것과 같

도표 4-12 자기회귀모델로 준비하는 데이터 이미지

	당월의 출하 수	전월 출하 수	2개월 전 출하 수	...	12개월 전 출하 수
2010년 1월	581	450	260	...	535
2010년 2월	399	581	450	...	357
...				...	
2016년 9월	401	203	332	...	357

여기의 값을
예측하고 싶다

은 현상이 일어날 수도 있다. 이것들은 한 달 전이나 지난주의 값과, 플러스 또는 마이너스의 상관이 생겨난 것이다.

이런 시계열로 분석하는 경우 주별로 볼 것인가, 월별로 볼 것인가, 또는 일별이나 시간별, 때로는 분별로 볼 것인가 하는 것은 자유다. 콜센터로 들어오는 통화 수에서 필요한 인원을 생각한다는 목적이라면 일별로, 좀 더 정밀하게 보려고 한다면 시간별로 수요 예측을 해야 할지도 모른다. 또는 수주와 발주를 월 단위로 하는 제품은 월별로 분석하면 충분하다.

지금까지 이 책의 설명에 따른다면 자기회귀 모델이란 해석단위가 일 · 주 · 월 등의 '시계열'이고, 설명변수가 '어떤 시점 이전의 자기 자신의 값'인 다중회귀분석과 같다고 할 수 있다. 즉 분석 데이터로 〈도표 4-12〉와 같은 것을 준비한 상태로 다중회귀분석을 하면 대략적인 자기회귀 모델의 예측이 가능해진다.

자기회귀 모델의 결과

설명변수	회귀계수	p-값
절편	500	⟨0.001
1개월 전	−0.40	0.004
2개월 전	0.15	0.033
4개월 전	0.20	0.017

보다 정식인 방법으로는, 자기회귀 모델에서는 율 워커(Yule Walker) 방정식으로 회귀계수를 추정해 값을 예측하는데 다중회귀분석과 같은 방법을 사용해도 대체로 같은 결과를 얻는다.

과연 1시점 전의 값만으로 예측 가능할 것인가, 2시점 전의 값도 고려하는 것이 좋지 않을까, 3시점 전이나 4시점 전의 값은 어떨까 하고 생각한다면 한이 없지만, 내가 종종 취하는 것은 다음과 같은 방식이다. 월 단위라면 12개월 전, 사분기 단위라면 8분기(2년 전) 등과 같이, 주기성을 1~2회(cycle) 잡은 상태에서 설명변수의 후보를 준비하고 거기에서 변수 선택을 하는 것이다.

여기서 실제 월별로 제품 출하 수를 이런 자기회귀 모델에 의한 분석에 걸었더니 〈도표 4-13〉과 같은 결과를 얻었다고 하자.

즉 한 달 전에 한 개 제품이 팔릴 때마다 이달의 매출은 0.4개 감소한다는 '수요를 당겨 쓰는' 것 같은 현상이 보인다. 한편으로 두 달 전에 한 개 제품이 팔릴 때마다 0.15개, 넉 달 전에 한 개 제품이 팔릴 때마다 0.2개씩 매출이 증가하는 경향이 있다는 것이다.

통찰의 분석에서는 이런 회귀계수 자체에 대해 여러 가지 고찰을 했는데, 예측의 분석에서는 그것보다도 실제의 예측값이 중요해진다. 다음달의 수요를 예측하려 할 때 그 한 달 전인 이번 달은 400개, 두 달 전인 지난달은 600개, 다음달부터 보면 넉 달 전인 석 달 전의 매출은 300개라고 한 경우, 어떤 예측값을 얻을 수 있을까?

답은 500-0.40×400+0.15×600+0.20×300=490개다. 이렇게 해서 계산한 예측값과 실제값의 차는 만족할 만한 정도로 충분히 작은지 그렇지 않은지가 문제가 되는 것이다.

과적합에 주의한다

이것보다 더욱 예측 정밀도를 올린다면, 기본적으로는 통찰의 때와 마찬가지로 설명변수의 후보를 늘린 다음 변수 선택에 건다는 것이 기본적인 생각이다. 자기회귀 모델의 발전형이 되는 박스-젠킨스식의 분석방법에는 ARIMA 모델이나 SARIMA 모델 등이 있다. AR 모델에 더해 Seasonal(계절적)이라든지, Integrated(통합된)라든지, Moving Average(이동평균)라든지 하는 요소를 합친 것이 이렇게 불린다. 즉 자기회귀 모델 방식에 더해 '이전 시점의 예측값과 실제값의 오차를 설명변수로 한다'든지 '계절적인 변동도 설명변수로 한다' 등도 집어넣는 방법이다.

그 밖에도 해석단위인 그 시계열(월/주/일/…)의 특징을 설명변수의 후보로 하는 방식도 있다. 몇 월인가, 무슨 요일인가 등의 정보도, 그 시점의 온도나 습도 등도 설명변수의 후보로 해도 되는 것이다. 심지어 '이날에 온도가 높았다면 잘 팔린다'와 같은 동 시점에서의 효과만이 아니라 '전날에 온도가 높았다면 잘 팔린다' 등과 같은 시계열이 오차가 생긴 상관이 일어나는 것도 생각할 수 있다. 그렇다면 '1시점 전의 기온' '2시점 전의 기온' 등도 설명변수의 후보로 상관없다.

다만 여기서 주의해야 할 것은 설명변수의 후보는 아무리 늘려도 문제없지만 최종적으로 적절한 변수를 선택해야 한다는 점이다.

1장에서 이야기했듯이 해석단위의 수가 30개(이번 회로 말하면 30시점)밖에 없는 경우, 29개의 설명변수로 이루어진 분석을 하면 연립방정식을 풀어서 '완벽하게 예측값과 실제값이 일치한다'라는 상황은 간단히 달성할 수 있다. 하지만 여기서 생기는 예측방법이 앞으로 유용한 경우는 없다. 이것은 오버 피팅(Overfitting) 또는 과적합이라 불리는 현상인데, 요컨대 원래 예측하려 했던 값과 아무 관계도 없는 설명변수까지 사용해 무리하게 데이터에 맞게 해버린 상태다. 그런 까닭에 앞으로 실제 예측에 적용하려 하면 이 무리한 부분 때문에 왜곡이 일어나 과녁을 벗어난 결과에 빠지고 만다.

교차타당도로 검정한다

거기서 과적합을 피하고 현실적으로 유용한 예측을 하기 위해, 최소한 AIC(Akaike Information Criterion, 또는 아카이케 정보량 기준)를 최소화하는 변수 선택을 할 필요가 있다. 이것은 원래 통계수리연구소의 아카이케 히로쓰구(赤池弘次)가 1973년 발표한 것으로 근사적인 계산이기는 하지만 예측력이 높은 설명변수만을 포함한 예측식을 선택하기 위한 기준이다.

일본인이 통계학에 공헌한 것 중 가장 유명하며, 오늘날에는 전 세계적으로 통계 툴에서 당연하게 표시되게 되었다.

가능하다면 AIC에 의한 평가보다 더욱 바람직한 것이 교차타당도(cross validation, 교차검정법이라 불리기도 한다)에 의한 검정이다.

다중회귀분석이든 로지스틱회귀분석이든, 회귀계수나 오즈비의 추정은 기본적으로 '분석용 데이터에 가장 적합하도록' 행해진다. 그러기 위해 설명변수를 너무 늘리면 과적합이 생기기도 하지만 알고 싶은 것은 과적합을 제외하고 앞으로 어느 정도의 정밀도로 예측값을 맞힐 수 있느냐다.

거기서 교차타당도는 적용하는 데이터와 그것의 정밀도를 검정하기 위한 데이터를 랜덤하게 나눈다. 일반적으로 전자를 예측 모델을 '훈련하기 위한 것'이라는 의미에서 트레이닝 데이터, 그리고 그것의 정밀도를 검정하는 후자의 데이터를 테스트 데이터라 부른다.

가장 대중적인 10폴드(10-fold) 교차타당도라 불리는 방식에서는 먼저 데이터 전체를 랜덤한 열 그룹으로 나눈다. 그중 아홉 그룹을 트레이닝 데이터, 나머지 한 그룹을 테스트 데이터로 하는 방식을 10회, 전 그룹이 한 번씩 테스트 데이터가 되도록 반복해서 정밀도를 검정한다. 분석 툴 중에는 '교차타당도에 토대해 가장 성능이 높을 듯한 예측 모델을 만든다'는 기능을 가진 것도 있다.

이런 검정의 결과 예측값과 실제값의 차를 계산하면 플러스 값(예측값이 높다)이 되는 경우도 있고 반대로 마이너스 값(예측값이 낮다)이 되는 경우도 있을 것이다.

그것이 어느 정도의 범위에서 분산되어 있으며 플러스 방향과 마이너스 방향의 각각에서 최대 어느 정도 오차가 있는지를 본다. '어느 정도의 범위에서 분산되어 있는가'를 보기 위해 표준편차를 사용하면 좋다. 대략적으로는 '대부분의 경우 예측 정밀도는 표준편차의 두 배 이내로 수렴한다'고 생각해도 된다. 구체적인 예측 정밀도의 허용 범위나 목표가 '± 얼마 이내'와 같이 결정된다면 '모든 데이터 중 허용 범위 내에서 예측할 수 있었던 기간의 비율' 등을 모아도 된다.

그런 예측 정밀도의 평가 결과에 대해 〈도표 4-14〉와 같이 나타낼 수 있다.

표준편차는 60이므로 대략적으로 ±120개 이내 정도로 예측되어 있는 듯하다. 최대 150여 개로 어림잡고, 최소 140개 적게 어림잡은 것이 있다. 목표로 했던 오차가 ±50개 이내라고 하면 그 예측에 성공한 것은 분석에 사용한 전체 60개월의 데이터 중 40개월

도표 4-14	교차타당도에 의한 예측 정밀도 평가 사례	
		값
(예측값−실제값)의 표준편차		60
(예측값−실제값)의 최댓값		+150
(예측값−실제값)의 최솟값		−140
목표값(±50) 이내의 개월 수		60개월 중 40개월(66.7%)

(66.7%)이라는 것이다.

이런 결과를 토대로 실제 실무를 할 경우, 그저 예측값대로 매입하거나 배송하면 되는 것이 아니다. 품절에 의한 기회손실이나 긴급배송 비용, 재고 과잉에 의한 보관비 중 어느 것이 더 걱정되는가 하는 점도 근거로 해 종합적으로 판단할 필요가 있다.

만약 보관비가 별로 크지 않으므로 일단 기회손실을 피하고 싶다면, 언제나 예측값보다도 140개 정도 많은 재고를 준비해두면 좋다. 이 5년간의 동향에서 상상도 하지 못했던 사태가 일어나지 않는 한 품절은 피할 수 있다. 다만 이 경우 평소에도 많을 때는 260개(=140+120), 그리고 최대 290개(=140+150)나 되는 재고를 끌어안는 달도 존재한다.

여기서 더 나아가 약간의 여유분을 고려한 다음, 그래도 감과 경험에 의존했던 지금까지의 수요 예측에 토대한 것보다는 재고를 줄일 수 있을 것 같다면, 그것은 소소하지만 이익으로 이어지는 예측에 성공했다는 것이다.

물론 데이터의 종류를 늘리거나, 보다 고도의 방법을 적용하면 훨씬 예측 정밀도가 올라갈 여지는 있다. 그런 툴이나 서비스를 제공하려 하는 기업은 세상에 얼마든지 존재하므로 흥미가 있다면 해보기 바란다.

이런 방법에 대해 많은 사회인이 반드시 모든 것을 이해할 필요는 없지만, 과적합에 의한 겉보기만의 예측 정밀도에 속지 않는 자세만은 갖고 있으면 좋겠다. 그리고 실무 판단을 할 때는 이런 교차 타당도와 현실적인 비용을 고려하여 종합적으로 해야 한다는 것만은 대단히 주의를 기울이기 바란다.

4장 정리

지금까지 이 책의 많은 지면을 기업에 있어 보다 큰 이익으로 직결되는 영역을 분석하고, 그 결과를 통찰해 살리는 방법에 할애해왔다. 구체적으로 1장에서는 자사가 싸우는 무대인 시장에서 어떤 기업의 수익성이 높은가 하는 경영전략을 생각했다.

그런 경영전략을 실현하기 위한, 사내의 인재와 사외의 고객이라는 두 종류의 '인간'을 해석단위로서 생각하는 방식이 2장과 3장의 내용이었다.

더 나아가 보다 개별적인 '물건'이나 '사물' 등에 이르기까지 분석하면 그것은 실무의 개선으로 이어진다. 조달, 물류, 기술개발, 서비스 등 모든 영역에 걸쳐 기업의 이익으로 이어지는 다양한 아웃컴을 생각할 수 있다. 그것을 정리하면 〈도표 4-15〉와 같다.

이것들을 참고로 모든 부서에서 아웃컴 개선에 뛰어드는 것도

이 책에서 소개한 부서별 아웃컴과 해석단위 사례

	아웃컴	해석단위
인적자원관리	성과, 생산성, 평가, 이직률, 채용 등	면접, 구인 매체, 연수 등
기술개발	개발한 제품의 매출, 특허 수, 논문 수 등	특허, 실험, 프로젝트 등
조달활동	구매 비용, 재고 비용 등	부품, 로트, 거래, 거래처 등
제조	불량률, 생산성, 반제품 평가액, 설비 고장 등	공장, 생산라인, 가동일, 설비 등
물류	배송 사고, 반송 횟수, 재고 비용, 실차율 등	포장, 컨테이너, 트럭, 물류 거점 등
마케팅 · 영업	판매금액, 고객 수, 객단가 등	광고, 매체, 이벤트, 방문, 콘택트 등
서비스	예외 대응, 이탈 등	방문, 접객 등

하나의 방법이지만, 보다 우선시해야 하는 것은 기업 전체의 '병목'을 해소하는 것이다. 제조나 부품의 조달이 따라가지 못할 정도로 영업을 강화해봤자 의미가 없으며, 팔리는 양을 뛰어넘어 제품의 생산성을 향상시켜도 마찬가지다. 가능하면 기업 전체에서, 그것이 무리라면 적어도 부서 전체에서 어떤 활동이 병목인지를 잘 생각한 다음 분석과 개선에 뛰어들어야 성과가 클 것이다.

ERP(Enterprise Resource Planning, 전사적 자원관리)를 필두로 한 IT의 보급 덕분에, 이미 많은 기업이 이런 실무 관련 업무 데이터는 축적하고 있다. 어떤 창고에 어떤 부품이 몇 개 있으며, 어느 공장에 어떤 기계가 있고, 그것은 언제 어디에서 누가 담당해 조달된 것이며 등 여러 정보가 아마도 많은 기업에서 어떤 분석도 되지 않은 채로 잠들어 있을 것이다. 여기서 앞의 해석단위와 아웃컴을 의식해 분석을 향한 첫발을 내디딜 수 있다.

그런데 업무 데이터를 분석 데이터로 만들기 위해서는 적지 않은 수고가 든다. 분석이 가능한 것은 기본적으로 수치나 유한한 상태에의 분류 등의 정보뿐이며, 자유 형식의 주소나 코멘트 등을 그대로는 분석할 수 없다. 또 복수의 데이터베이스에 걸쳐 있는 정보를 결합해 분석하려 하면 ID 체계가 제대로 갖추어져 있어야 한다.

그러나 이것들을 대규모로 정비해 '전사적인 분석 기반을 만들자'라고 하는 것은 잠시 보류했으면 한다. 그것보다도 우선 수작업 베이스로, 사용할 수 있을 듯한 최소한의 데이터로 한 번 분석을 해보는 방식을 추천한다. 정비된 데이터 그 자체는 가치가 없으며, 정비된 덕분에 분석 가능하다는 시점이라도 가치는 없다. 데이터의 가치는 그것을 분석한 결과를 활용해 이익으로 이어질 때 비로소 생긴다. 우선은 소규모라도 그런 사이클을 돌려보고, 거기에서 천천히 데이터의 정비나 분석 툴의 도입 등을 생각하는 것이 생산적이다.

이런 '통찰'과는 다른 또 하나의 데이터 활용방법으로 매입이나 생산, 자원 배분 등을 적정화하기 위한 '예측'이라는 측면에 대해서도 이 장의 마지막에 보충해두었다. 엄청난 빅데이터와 컴퓨팅 자원을 사용한 구글의 도전조차도 잘되지 않았던 적이 있다는 것은 데이터를 활용한 예측에 도전할 때 대단히 주의를 기울여야 한다는 의미다. 하지만 한편으로 단순한 자기회귀 모델이라도 인간의 직감적인 예상보다는 어느 정도 높은 정밀도로 예측 가능하다.

　어떤 방법을 사용하든, 그 예측방법이 유효한지 아닌지는 교차타당도 등의 방식을 사용해 검정한다. 즉 과적합의 영향을 제거한 다음 실제 어느 정도 해당하는가 또는 실제 어느 정도 예측값과 실제값이 어긋날 위험이 있는지를 올바르게 평가해야 한다.

　반대로 말하면, 통찰의 경우와 다른 예측에 관해 일반적인 비즈니스맨은 개별 예측방법의 이해보다 교차타당도에 의해 평가한다는 사고방식이 중요해진다. 예측 분야는 어느 정도 전문업자에게 맡겨지지만 얼마나 최신 방법인가, 이론상 뛰어난가, 그 예측방법을 채택하는가 어떤가는 교차타당도에 토대해 하면 기본적으로 잘못은 없다.

　비즈니스에 있어서 중요한 것은 '어느 정도 정밀도한가' 하는 단순한 수치만이 아니라 '빗나간 경우에 어떤 문제가 생기는가'라는 관점이다. 기회손실을 중시해야 하는가, 아니면 자원 낭비를 경계해야 하는가, 현실적인 가능성을 고려한 데에 더해 어느 정도의 유연성을 갖고 예측 결과에 따를 것인가? 지금까지 이야기한 것을 알고 있다면 아마도 예측을 위한 데이터 분석도 실무 개선에 있어서 큰 가치를 낳을 것이다.

집단지성을 활용한 예측방법
- - - - - - - - - - - - - -

장기적 또는 추상적 데이터에 대한 예측에서는 분석에 충분한 데이터를 갖출 수 없는 경우가 종종 있다.

본문에서도 이야기했던 상품의 매입 수와 같이 정상적이고 현재 이미 수십 시점에 걸쳐 데이터가 얻어진 것이 있는가 하면, 박스-젠킨스법이나 훨씬 복잡한 기계학습적 방법 등이 유효하게 작동하는 경우도 있다. 그러나 비즈니스에서 예측하고 싶은 것은 이런 것만은 아니다. '자율운전차의 신규 판매 대수가 미국에 있어서 운전차를 웃도는 것은 몇 년 후인가' 또는 '10년 후 IT 업계에서 가장 영향을 갖는 기술은 어떤 분야인가'라는 의문이다. 이것을 알 수 있다면, 그에 맞춰 투자를 진행시키고 싶다며 예측을 하려는 기업도 많을 것이다.

이런 예측을 현행 데이터로 하는 것은 어렵지만 센스가 좋은 사람 중에는 자신이 가진 언어화하기 힘든 정보 등도 종합해 적합한 용어로 설명하는 이들이 있다. 한편 전문가이면서도 나중에 돌아보면 전망이 완전히 빗나간 예측밖에 하지 못하는 사람도 있으므로, 누구에게 예측을 의뢰하면 좋을지는 어렵다. 그렇다고 해서 복수의 전문가를 모아서 위원회 등을 조직해 의논을 거듭하는 방식은 추천

델파이법 이미지 ①

응답자 수

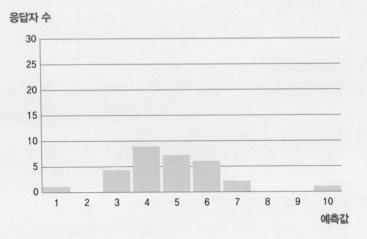

예측값

할 수 없다. 빗나간 예측을 하는 사람의 목소리가 크므로 그의 의견에 끌려가고, 다른 의견이 나와봤자 최종 결론은 역시 빗나갈 것이기 때문이다.

그래서 현재 제안되는 접근법은 전문가의 집단지성을 활용하려는 방식이다. 대표적인 것에 델파이(Delphi)법이 있다.

델파이법에서는 먼저 복수의 입장이 다르고, 서로의 판단을 위한 정보원이 공통되지 않는 듯한 전문가에게 개별적으로 예측값을 묻는다. 이들끼리의 상담은 엄금된다.

거기서 얻어진 응답을 집계하고, 그 결과를 전문가들에게 피드백해 다시 예측값을 받는다.

〈도표 4-16〉이 '자율운전차의 점유율이 자동차를 웃도는 것은 몇 년 후인가'라는 질문에 대한 답이었다고 하자. 응답자에 따라서

응답자 수

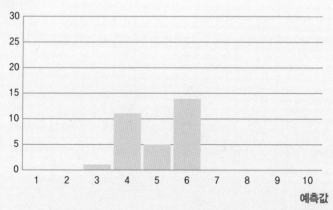

예측값

는 '기세가 있으니 몇 년 정도면 되지 않을까?'라는 사람도 '아니, 10년 정도는 걸리지 않을까' 하고 답하는 사람도 한 명씩 있는데 결과를 피드백한 후에 다시 예측을 하게 하면 약간 생각을 바꾸는 사람이 나온다.

'아무래도 내년은 무리인가' '의외로 10년도 걸리지 않을지도 모른다'와 같은 답이 나오는 것이다.

이것은 3~7년의 일반적인 햇수를 답했던 사람도 마찬가지이며 4년이라고 답한 사람이 6년이라고 다시 답을 하기도 한다(〈도표 4-17〉).

경우에 따라서는 양극단적인 응답은 조사측에서 제외한다는 개입을 하는 경우도 있지만, 어쨌든 이런 사이클을 여러 번 되풀이하면서 전문가들의 응답이 거의 같은 값으로 수렴되어간다. 이 대답은 현재 이 전문가들의 집단지성에 한해서, 가장 가능성이 높은 예측값이라고 생각할 수 있다.

여기서는 수치에 관한 델파이법을 소개했지만 '10년 후의 IT 업계에서 중요한 기술 분야'와 같이 정성적인 예측에 대해서도 개별적으로 전문가에게 프리 코멘트로 묻고, 그 결과를 분류해 유한한 선택지에 넣으면 '어떤 카테고리에 몇 명 해당' 등의 집계가 가능하다. 그 결과를 피드백해 경우에 따라서는 한 명밖에 응답하지 않았던 선택을 제외하고 다시 예측을 묻는다는 사이클을 되풀이하면, 역시 마찬가지로 '집단지성으로 가장 가능성이 높은 예측'을 얻을 수 있다.

데이터 등을 통해 예측하기는 어렵지만 비교적 단기간에 답을 알고, 소수의 전문가보다는 일반 시민이나 소비자의 감각이 중요한 경우도 있다. 이럴 때는 좀 더 참가자를 늘려서 '예측시장'이라 불리는 접근을 할 수도 있다.

10년 후가 아니라 내년 1년 동안 어떤 분야의 IT 투자가 많을지를 예측하고 싶다고 하자. 정보 시큐리티 대책이냐, 기존 시스템의 클라우드 이행이냐 디지털 마케팅 추진이냐 등 다양한 분야가 존재할 것이다. 이 가운데 어떤 영역의 투자가 활발해질까 하는 것은 IT 전문가 이상으로 발주하는 쪽의 사원이 예측에 유리한 정보를 갖고 있을지 모른다. 또는 자사가 안고 있는 리스크에 대해 외부의 컨설턴트가 아무리 인터뷰를 해도, 정말로 걱정되는 안건은 아무도 입을 열고 싶어 하지 않는다. 그러나 경영자의 눈이 닿지 않는 곳에서는 은밀히 많은 사원이 문제를 인식하고 수군거리고 있을지 모른다.

거기서 그런 사람들에게 협력을 요청하고 가공의 '주식시장'과 같은 것에 참가하게 하는 것이 예측시장의 방식이다. IT 투자 영역으로 생각할 수 있는 것을 열 가지 분야로 나눌 수 있다면 열 종류의 '종목'과 시장에서 거래를 하기 위한 버추얼한 통화가 참가자 전원에게 배포된다. 그리고 내년도가 끝난 시점에서 조사에 토대해 정말로 '가장 투자가 많이 된 영역'이 판명되면, 그 종목 한 장당 일정한 상금이 지급된다. 상금이 지급되기까지의 기간, 참가자는 주식시장과 마찬가지로 자유로운 가격에 자유롭게 자신이 가진 종목을 서로 거래할 수 있다.

　　이런 버추얼한 시장의 귀결로서, 얼마의 시장가격에서 균형이 이뤄지는가 하는 점에서 예측을 하는 것이 예측시장이다. 시장에서도 가장 최고가에서 균형을 이루는 종목은 '상금이 지급될 가능성이 가장 높다'고 판단된다.

　　일본에서도 시즈오카 대학교의 연구에서 2007년에 중의원 선거의 의석수를 이 예측시장을 통해 예측하는 실증 실험을 한 결과 실제 얻은 의석수에 상당히 가까운 값을 예측할 수 있었다는 사례가 존재한다.

　　여기서는 극히 단순한 예만을 소개했지만 이런 주관적인 정보도 일종의 데이터이며, 거기서 어떻게 타당한 예측을 끌어낼까 하는 목적에서도 물론 통계학은 유용하다. 이 분야에서 요즘은 특히 베이즈 통계학의 공헌이 크며 베이지언(Bayesian) 자백 유도제(truth serum)라 불리는 방법의 논문이 2004년에 〈사이언스〉 지에도 실렸을 정도다. 이처럼 불확실성이 높은 사물이나 현상, 수치를 예측하려고 한다면 기계학습적인 인공지능뿐만 아니라 인간의 '천연지능'을 통계학으로 어떻게 활용할지를 검토하는 것도 하나의 방법이다.

시리즈의 첫 책《통계의 힘》에서부터 계속해서 하는 말이지만, 이 시리즈의 커다란 주제는 '거인의 어깨' 위에 올라서게 해주는 것이다. 아이작 뉴턴이 거인의 어깨라고 비유한 위대한 조상이 쌓아올린 지혜를 되도록이면 부담 없게, 우리 삶에서 활용하려면 어떻게 하면 좋을까 하는 말이다. 이 점에서 통계 리터러시는 대단히 유용하다.

한 사람의 통계학자에 불과한 내가 어떻게 수많은 기업의 수익성을 향상시키는 방법을 생각할 수 있을까. 그것은 전적으로 수많은 경영학자나 응용심리학자들이 쌓아올려온 과학적인 근거 덕분이다. 1990년대에 의학 연구의 세계에서 태어난 과학적인 근거, 즉 에비던스에 토대한다는 사고방식은 이후 교육학이나 정책과학 등 많은 분야로 조금씩 퍼졌는데 경영학도 예외는 아니다. 특히 지난 20여 년간 다양한 이론이나 관점이 통계학에 의해 실증되고 계통적으로 정리되었다. 본문에서 소개한 연구 성과를 낳거나 거기에 영향을 끼친 조상님들께 그저 감사할 따름이다. 이런 지혜를 접하는 것이 얼마나 강력한 힘을 주는지 여러분에게 약간이라도 전달되었다면 다행이겠다.

조상들의 지혜 외에도 이 책에서는 다양한 데이터 수집이나 분석상의 구체적인 주의점에 대해서도 공유했다. 이들에 대해 실제 분석 기회와 데이터를 제공해주신 클라이언트와 데이터 소유자에게 깊은 감사를 드린다. 대학에서 수식이나 코드를 들여다보는 것만으로는 상상도 할 수 없었던, 다양한 과제나 제약에 대해 배울 수 있었던 점에서 나는 정말 축복받았다고 생각한다. 이것들에 대해서도 이 책을 통해 여러분과 공유함으로써 사회에서 데이터 활용이 보다 활성화된다면 정말로 기쁠 것이다.

바쁜 와중에도 내용을 확인해주신 와세다 대학교 이리야마 아키에 교수와 나가야마 쓰쓰무 교수, 센슈 대학교 오카다 겐스케 교수에게도 이 자리를 빌려 감사를 드린다. 경영학적인 면과 통계학적인 면 양쪽에 있어서 전문가들의 조언을 받음으로써 이 책의 질이 한층 높아졌다. 이 책의 내용에 오류가 있다면 그것은 모두 나의 책임이라는 것은 두말할 것도 없다.

마지막으로 공적으로 사적으로 언제나 나를 지지해주는 아내와 아이들에 대한 감사를 여기에 표하는 점, 양해해주기 바란다.

프롤로그·이 책의 구성

Creswell JW. Research Design: Qualitative, Quantitative, and Mixed Methods. 4th ed. SAGE Publications, Inc;2013. 原著第二版の日本語訳は操華子(訳), 森岡崇(訳). 研究デザイン―質的・量的・そしてミックス法. 日本看護協会出版会;2007.

Barney JB. Gaining and Sustaining Competitive Advantage. 4th ed. Pearson;2010. 原著第二版の日本語訳は岡田正大(訳). 企業戦略論―q競争優位の構築と持続(上・中・下). ダイヤモンド社;2003.

久保拓弥. データ解析のための統計モデリング入門―般化線形モデル・階層ベイズモデル・MCMC. 岩波書店;2012.

1장

野中郁次郎ら. 戦略の本質―戦史に学ぶ逆転のリーダーシップ. 日本経済新聞社;2005.

水越豊. BCG戦略コンセプト. ダイヤモンド社;2003.

Slater R. The New GE: How Jack Welch Revived an American Intitution. McGraw-Hill;1992. 日本語訳は牧野昇(監訳). GEの奇跡―ジャック・ウェルチのリストラ戦略. 同文書院インターナショナル;1993.

Kim WC, Mauborgne R. Blue Ocean Strategy, Expanded Edition: How to Create Uncontested Market Space and Make the Competition Irrelevant. Harvard Business Review Press;2015. 日本語訳は入山章栄(訳), 有賀裕子(訳). [新版]ブルー・オーシャン戦略―フー゜競争のない世界を創造する. ダイヤモンド社;2015.

Hill T, Westbrook R. SWOT Analysis: It's Time for a Product Recall. Long Range Planning. 1997;30(1):46-52.

Porter ME. Competitive Strategy. FreePress;1980. 日本語訳は土岐坤(訳), 服部照夫(訳), 中辻萬治(訳). 競争の戦略. ダイヤモンド社;1995.

Barney JB. Gaining and Sustaining Competitive Advantage. 4th ed. Pearson;2010. 原著第二版の日本語訳は岡田正大(訳). 企業戦略論―&競争優位の構築と持続(上・中・下). ダイヤモンド社;2003.

入山章栄. ビジネススクールでは学べない世界最先端の経営学. 日経BP社;2015.

Ries E. The Lean Startup: How Today's Entrepreneurs Use Continuous Innovation to Create Radically Successful Businesses. Crown Business;2011. 日本語訳は井口

耕二(訳). リーンスタートアップ―ミムダのない起業プロセスでイノベーションを生みだす日経BP社;2012.

Grant RM. Contemporary Strategy Analysis. 9th ed. Wiley;2016. 原著第六版の日本語訳は加瀬公夫(訳). グラント現代戦略分析. 中央経済社;2008.

小本恵照. 企業経営に与える産業要因と企業要因の相対的影響. ニッセイ基礎研所報.2008;49:16-39.

Gadiesh O, Gilbert JL. Profit Pools: A Fresh Look at Strategy. Harvard Business Review. 1998;May-June:139-148. 日本語訳はDIAMONDハーバードビジネスレビュー1998年11月号.

経済産業省. 平成26年企業活動基本調査確報―平成25年度実績. 2015.

Newbert SL. Empirical Research on the Resource-Based View of the Firm: an Assessment and Suggestions for Future Research. Strategic Management Journal. 2007;28:121-146.

岩崎学. 不完全データの統計解析. エコノミスト社;2010.

高井啓二, 星野崇宏, 野間久史. 欠測データの統計科学―医学と社会科学への応用. 岩波書店;2016.

Hastie T, Tibshirani R, Friedman J. The Elements of Statistical Learning: Data Mining, Inference, and Prediction. 2nd ed. Springer;2009. 日本語訳は杉山将ら(訳). 統計的学習の基礎―データマイニング・推論・予測. 共立出版;2014.

Verbeke G, Molenberghs G, editors. Linear Mixed Models in Practice: A SASOriented Approach. Springer;1997. 日本語訳は松山裕(訳), 山口拓洋(訳). 医学統計のための線形混合モデル-SASによるアプローチ. サイエンティスト社;2001.

Misangyi VF. A New Perspective on a Fundamental Debate: A Multilevel Approach to Industry, Corporate, and Business Unit Effects. Strategic Management Journal. 2006;27(6):571-590.

2장

Pfeffer J, Sutton RI. Hard Facts, Dangerous Half-Truths And Total Nonsense: Profiting From Evidence-Based Management. Harvard Business Review Press;2006. 日本語訳は清水勝彦(訳). 事実に基づいた経営―なぜ「当たり前」ができないのか?. 東洋経済新報社;2009.

Schmidt FL, Hunter JE. The Validity and Utility of Selection Methods in Personnel Psychology: Practical and Theoretical Implications of 85 Years of Research Findings. Psychological Bulletin. 1998;124(2):262-274.

Brooks Jr FP. The Mythical Man-Month: Essays on Software Engineering. Anniversary ed. Addison-Wesley Professional;1995. 日本語訳は滝沢徹ら(訳). 人月

の神話【新装版】. 丸善出版;2014.

Bock L. Work Rules: Insights from Inside 구글 That Will Transform How You Live and Lead. Twelve;2015. 日本語訳は鬼澤忍 (訳), 矢羽野薫(訳). ワーク・ルールズ―君の生き方とリーダーシップを変える. 東洋経済新報社;2015.

Spearman C. "General intelligence" Objectively Determined and Measured. The American Journal of Psychology. 1904;15:201‐292.

Robbins SP, Judge TA. Organizational Behavior. 17th ed. Pearson;2016. 原著第八版の日本語訳は髙木晴夫(訳). 【新版】組織行動のマネジメント―入門から実践へ. ダイヤモンド社;2009.

Fiedler FE, Chemers MM. A Theory of Leadership Effectiveness. McGraw-Hill;1967.

Vinchur AJ, et al. A Meta-Analytic Review of Predictors of Job Performance for Salespeople. Journal of Applied Psychology. 1998;83(4):586-597.

Harter JK, Arora R. The Impact of Time Spent Working and Job Fit on Well-Being Around the World. International Differences in Well-Being. 2010;389-426.

Thurstone LL. A new conception of intelligence. Educational Record. 1936;17:441-450.

Goleman D. Emotional Intelligence: Why It Can Matter More than IQ. 1st ed. Bantam;1995. 日本語訳は土屋京子(訳). EQ~こころの知能指数. 講談社;1996.

Baumeister RF, Tierney J. Willpower: Rediscovering the Greatest Human Strength. Penguin Books;2011. 日本語訳は渡会圭子(訳). WILLPOWER 意志力の科学. インターシフト;2013.

小塩真司, 阿部晋吾, カトローニピノ. 日本語版 Ten Item Personality Inventory(TIPI－J)作成の試み. パーソナリティ研究. 2012;21:40-52.

豊田秀樹. 因子分析入門―Rで学ぶ最新データ解析. 東京図書;2012.

Safari A, Jafary MR, Baranovich DL. The Effect Of Anger Management, Intrapersonal Communication Skills and Stress Management Training on Students' Emotional Intelligence(EQ). International Journal of Fundamental Psychology and Social Sciences. 2014;4(2):31-38.

戦略人事論―競争優位の人材マネジメント. 須田敏子. 日本経済新聞出版社;2010.

Combs J, et al. How Much Do High-Performance Work Practices Matter? A Meta-Analysis of Their Effects on Organizational Performance. Personnel Psychology. 2006;59(3):501-528.

Petty MM, McGee GW, Cavender JW. A Meta-Analysis of the Relationships Between Individual Job Satisfaction and Individual Performance. The Academy of Management Review. 1984;9(4)712-721.

Westlund H, Adam F. Social Capital and Economic Performance: A Meta-analysis of 65 Studies. European Planning Studies. 2010;18(6):893-919.

Park TY, Shaw JD. Turnover Rates and Organizational Perfodrmance: A Meta-analysis. Journal of Applied Psychology. 2013;98(2):268‒309.

Hambrick DC, Mason PA. Upper Echelons: The Organization as a Reflection of Its Top Managers. The Academy of Management Review. 1984;9(2):193-206.

山本勲. 実証分析のための計量経済学. 中央経済社;2015.

3장

OReilly M. Internet Addiction: a New Disorder Enters the Medical Lexicon. Canadian Medical Association Journal. 1996;154(12):1882-1883.

Kim WC, Mauborgne R. Blue Ocean Strategy, Expanded Edition: How to Create Uncontested Market Space and Make the Competition Irrelevant. Harvard Business Review Press;2015. 日本語訳は入山章栄(監訳), 有賀裕子(訳). [新版]ブルー・オーシャン戦略—競争のない世界を創造する. ダイヤモンド社;2015.

Cano CR, Carrillat FA, Jaramillo F. A Meta-Analysis of the Relationship Between Market Orientation and Business Performance: Evidence From Five Continents. International Journal of Research in Marketing. 2004;21(2):179-200.

Kotler PT, Keller KL. Marketing Management. 15th ed. Pearson;2015. 原著第12版の日本語訳は恩藏直人(監修), 月谷真紀(訳). コトラーケラーのマーケティング・マネジメント. 丸善出版;2014.

Ries A, Trout J. Positioning: The Battle for Your Mind. McGraw-Hill Education;1981. 日本語訳は川上純子(訳). ポジショニング戦略[新版]. 海と月社;2008.

Lee NR, Kotler PT. Social Marketing: Changing Behaviors for Good. 5th ed. SAGE Publications, Inc;2015.

Lee NR, Kotler PT. Marketing in the Public Sector: A Roadmap for Improved Performance. Pearson Education;2006. 日本語訳はスカイライトコンサルティング(訳). 社会が変わるマーケティング—民間企業の知恵を公共サービスに活かす. 英治出版;2007.

Farrelly MC, et al. Evidence of a Dose-Response Relationship Between "truth" Antismoking Ads and Youth Smoking Prevalence. American Journal of Public Health. 2005;95(3):425‒431.

Fishbein M. The Role of Theory in HIV Prevention. AIDS Care. 2000;12(3):273‒278.

Glanz K, Rimer BK, Viswanath K, editors. Health Behavior: Theory, Research, and Practice. 5th ed. Jossey-Bass;2015. 統合行動理論の前身である計画的行動理論について言及される原著第三版の前半についてのみ日本語訳書が出版されており, そちら

は曽根智史ら(訳).健康行動と健康教育—理論,研究,実践.医学書院;2006.

平井有三.はじめてのパターン認識.森北出版;2012.

4장

Freiberg K, Freiberg J. Nuts: Southwest Airlines' Crazy Recipe for Business and Personal Success. Broadway;1996. 日本語訳は小幡照雄(訳). 破天荒. 日経BP社;1997.

吉田耕作.統計的思考による経営.日経BP社;2010.

Gabor A. The Man Who Discovered Quality: How W. Edwards Deming Brought the Quality Revolution to America. Penguin Book;1992. 日本語訳は鈴木主税(訳). デミングで甦ったアメリカ企業.草思社;1994.

Goldratt EM, Cox J. The Goal: A Process of Ongoing Improvement. 2 Revised ed. The North River Press;1992. 日本語訳は三本木亮(訳). ザ・ゴール-企業の究極の目的とは何か.ダイヤモンド社;2001.

Porter ME. Competitive Advantage: Creating and Sustaining Superior Performance. FreePress;1985. 日本語訳は土岐坤(訳). 競争優位の戦略-いかに高業績を持続させるか.ダイヤモンド社;1985.

全国がんセンター協議会. 全がん協生存率：KapWeb. https://kapweb.chiba-cancer-registry.org.

Lazer D, et al. 구글 Flu Trends Still Appears Sick: An Evaluation of the 2013-2014 Flu Season. Available at SSRN 2408560;2014.

Linstone HA, Turoff M, editors. The Delphi Method: Techniques and Applications. Addison-Wesley;1975.

Thompson DN. Oracles: How Prediction Markets Turn Employees into Visionaries. Harvard Business Review Press;2012. 日本語訳は千葉敏生(訳), 普通の人たちを予言者に変える「予測市場」という新戦略-驚異の的中率がビジネスと社会を変革する.ダイヤモンド社;2013.

Prelec D. A Bayesian Truth Serum for Subjective Data. science. 2004;306(5695):462-466.

빅데이터를 지배하는
통계의 힘 데이터활용 편

초판 1쇄 발행 2017년 6월 5일
개정판 1쇄 발행 2023년 5월 12일

지은이 니시우치 히로무
옮긴이 위정훈
감 수 홍종선
펴낸이 이범상
펴낸곳 (주)비전비엔피·비전코리아

기획 편집 이경원 차재호 김승희 김연희 박성아 김태은 박승연 박다정
디자인 최원영 한우리 이설
마케팅 이성호 이병준
전자책 김성화 김희정
관리 이다정

주소 우) 04034 서울특별시 마포구 잔다리로7길 12 (서교동)
전화 02) 338-2411 | **팩스** 02) 338-2413
홈페이지 www.visionbp.co.kr
인스타그램 www.instagram.com/visionbnp
포스트 post.naver.com/visioncorea
이메일 visioncorea@naver.com
원고투고 editor@visionbp.co.kr

등록번호 제313-2005-224호

ISBN 978-89-6322-205-9   14320

도서에 대한 소식과 콘텐츠를
받아보고 싶으신가요?